Libres de le dire

DES MÊMES AUTEURS

Taslima Nasreen

Lajja, Éditions Stock, 1994 ; Le Livre de poche, 1996.
Femmes, manifestez-vous !, Éditions Des femmes, 1994.
Une autre vie, Éditions Stock, 1995.
Un retour ; suivi de *Scènes de mariage*, Le Grand Livre du mois, 1995 ; Le Livre de poche, 1997.
Une jeune femme en colère, Éditions Stock, 1996 ; Le Livre de poche, 1999.
L'Alternative ; suivi de *Un destin de femme*, Stock, 1997 ; Le Livre de poche, 1999.
Enfance, au féminin, Éditions Stock, 1998 ; Le Livre de poche, 2000.
Femmes : poèmes d'amour et de combat, Librio, 2002.
Vent en rafales, Éditions Philippe Rey, 2003 ; Points, 2005.
Rumeurs de haine, Éditions Philippe Rey, 2005 ; Points, 2007.
De ma prison, Éditions Philippe Rey, 2008 ; Points, 2010.

Caroline Fourest

Le Guide des sponsors du Front national et de ses amis, Éditions Raymond Castells, 1998.
Les Anti-pacs ou la dernière croisade homophobe, avec Fiammetta Venner, Éditions ProChoix, 1999.
Foi contre choix : La Droite religieuse et le mouvement Pro-life aux États-Unis, Éditions Golias, 2001.
Tirs croisés. La laïcité à l'épreuve des intégrismes juif, chrétien et musulman, avec Fiammetta Venner, Éditions Calmann-Lévy, 2003 ; Le Livre de poche, 2005.
Frère Tariq. Discours, stratégie et méthode de Tariq Ramadan, Éditions Grasset, 2004 ; Le Livre de poche, 2010.
La Tentation obscurantiste, Éditions Grasset, 2005 ; Le Livre de poche, 2009.
Le Choc des préjugés. L'impasse des postures sécuritaires et victimaires, Éditions Calmann-Lévy, 2007.
Les Nouveaux Soldats du Pape. Légion du Christ, Opus Dei, traditionalistes, avec Fiammetta Venner, Éditions du Panama, 2008.
La Dernière utopie. Menaces sur l'universalisme, Éditions Grasset, 2009.

Taslima Nasreen & Caroline Fourest

Libres de le dire

Conversations mécréantes

Flammarion

Ces « conversations mécréantes » ont été retranscrites et traduites de l'anglais par David Rochefort – que nous remercions vivement – avant d'être revues et corrigées par les auteures.

ISBN : 978-2-0812-3300-3

Avant-propos

Ce livre s'est imposé à nous. Nos conversations privées n'en sont pas. Elles portent sur des sujets d'actualité, souvent survolés ou abordés dans la passion. À force de les côtoyer, ils sont devenus d'une familiarité presque intime. Un livre de conversation publique nous permet de partager ce regard.

Lorsque nous sommes interviewées, surtout Taslima, l'urgence ou la gravité nous impose un propos concis et intense. L'essentiel cache parfois le recul, le discernement, et même une forme d'humour qu'il faut pour tenir et penser malgré l'intensité d'une vie confrontée au fanatisme. Je connaissais déjà, comme tout le monde, le courage et la détermination de Taslima Nasreen. J'avais envie de faire connaître cette face plus méconnue. Taslima l'a rendue possible en désirant ce livre.

Nous nous sommes croisées la première fois à Paris, en 2004, lors d'un colloque organisé par des athées de culture musulmane. Nous avions des amis communs, et surtout des combats en commun. En mars 2006, juste après l'affaire des caricatures de Mahomet, nous avons signé ensemble un manifeste revendiquant le droit à la liberté d'expression : notre seule arme face au danger totalitaire représenté par l'islamisme. Depuis, nous figurons ensemble sur la liste des douze personnes à abattre selon un site jihadiste domicilié à Londres. Une menace de plus dans la vie de Taslima, presque la routine ; la seconde de ce type me concernant.

Un autre site internet, français celui-là, avait déjà publié un message de menace (avec mon adresse et mon code de porte) le lendemain de la sortie de mon livre critique sur Tariq Ramadan, *Frère Tariq*. Ces vécus créent des liens de solidarité immédiats, difficiles à expliquer. Et pourtant, ils n'ont pas du tout la même ampleur. Je n'ai jamais eu à payer le prix que Taslima paie pour s'être levée face à l'intégrisme dans son pays natal, le Bangladesh. C'est aussi de cette différence dont nous avions envie de parler.

Depuis des années, nous nous succédons aux mêmes tribunes. Des rencontres toujours brèves. Jusqu'à tout récemment, Taslima vivait en Inde, où elle a dû s'exiler après plusieurs fatwas la condamnant à mort. Elle aimait venir à Paris pour des conférences, mais ne restait jamais longtemps loin de sa terre d'adoption. L'an dernier, elle a dû s'exiler pour de bon. Cette fois, ce n'est pas à la demande de la majorité musulmane mais de la *minorité* musulmane, agitée par les extrémistes, qu'elle fût chassée de Calcutta (Kolkata en bengalî). Des émeutiers ont marché vers son domicile pour réclamer sa peau et son départ. Le gouvernement communiste du Bengale-Occidental a cédé. Au lieu de sévir contre les émeutiers, il a choisi de punir Taslima. On la ballotta de cachettes improbables en maisons sécurisées, où elle vivait recluse et prisonnière. Nous étions quelques-uns à recevoir ses e-mails déchirants. À s'inquiéter. Son deuxième exil était pire que le premier. Car cette fois, elle ne savait pas où aller. L'Europe lui tendait les bras mais seulement pour lui remettre des prix et se faire photographier à ses côtés. Comment y s'y établir quand on vit seulement de droits d'auteurs ? Contrairement à ce que les extrémistes fantasment pour dévaluer le prix du courage, les droits d'auteurs indiens de Taslima ne lui permettent pas de payer un loyer en Europe, encore moins la protection dont elle a besoin pour rester en vie.

Des politiques de tous bords l'ont reçue et écoutée, mais le problème reste entier. Taslima a souhaité me rencontrer pour en parler. Nous avons dîné avec son agent, sa traductrice et une amie, refait le monde, partagé nos pessimismes et nos sources d'espoir. Le lendemain, il devenait évident qu'il nous fallait faire un livre. Pour croiser nos regards et nos expériences sur des sujets – les droits des femmes, la liberté d'expression, la religion, l'intégrisme – au cœur de nos deux vies, mais que nous avions affrontés dans des conditions si différentes.

Taslima s'est trouvée sous le feu de l'intégrisme, là où j'ai choisi de le disséquer. Le défi n'est pas le même selon que l'on ait grandi dans un pays musulman de la rive asiatique ou dans le plus laïque des pays de la rive européenne. Nous avons sans doute la même approche humaniste et féministe, la même analyse de l'intégrisme, mais cette expérience tempère et nuance nos regards portés sur la religion. Peut-être est-ce la plus belle démonstration que la laïcité aide à produire du respect, là où les pays laissant le religieux persécuter les laïques génèrent de la révolte.

La plupart de nos entrevues se sont déroulées à mon domicile, en anglais, avant d'être traduites et retravaillées en français. La dernière fois, Taslima est repartie en taxi. Le lendemain, je recevais cet e-mail : « Sur le chemin du retour, le chauffeur de taxi m'a demandé si j'étais Taslima, l'écrivaine du Bangladesh. Apparemment, il était originaire du Maghreb et musulman. Son attitude m'a fait peur. Il a commencé à me crier dessus en français. J'ai cru comprendre qu'il me traitait de menteuse. Il avait l'air très en colère. Je l'ai fait s'arrêter au milieu de la rue, je ne voulais pas qu'il voie où j'habite, même si je lui ai donné l'adresse en montant. Cela m'arrive souvent, dans de nombreux pays. Quand les chauffeurs de taxi me reconnaissent, ils se mettent à m'agresser verbalement... »

Or Taslima peut difficilement prendre les transports en commun, le métro, ou marcher trop longtemps, sans courir un risque encore plus grand. Voilà le quotidien d'une femme qui ne sera jamais en paix nulle part à cause du fanatisme. La moindre visite à Delhi se fait sous conditions et haute protection. Le moindre propos rapporté par la presse, souvent sorti de son contexte, y déchaîne des foules d'émeutiers en colère, prêts à tout casser. Tout ça pourquoi ? Pour avoir osé parler librement. Taslima n'y a jamais renoncé. Ni face à la violence des menaces, ni face à la censure feutrée des tabous. Nos échanges se devaient d'être à cette image : libres de le dire.

Caroline Fourest, Paris, le 15 février 2010.

Chemins mécréants

Caroline Fourest : Nous ne sommes pas venues à ce combat contre l'intégrisme par les mêmes chemins. Je suis née dans un pays laïque[1], la France, vous êtes née dans un pays musulman et peu sécularisé, le Bangladesh. Comment êtes-vous entrée en dissidence ? Aviez-vous choisi de résister ou cette résistance s'est-elle imposée à vous ?

Taslima Nasreen : J'ai toujours résisté. Très jeune, vers cinq ou six ans, dès qu'on m'a demandé d'apprendre à lire l'arabe.

CF : Pour des raisons religieuses ?

TN : Oui, bien sûr. Notre langue est le bengalî, pas l'arabe. La plupart des musulmans dans le monde sont non arabophones et lisent le Coran sans le comprendre. Il faut donc apprendre l'arabe… C'était la règle pour les enfants : apprendre suffisamment

1. « Laïque » qui adhère à la laïcité ou sécularisé. « Laïc » veut dire non religieux.

l'arabe pour connaître l'alphabet et pouvoir lire le Coran. J'ai trouvé ça extrêmement ennuyeux, je n'aimais pas. Je préférais jouer dans les champs. Donc, quand j'étais jeune, ça n'allait pas, j'étais battue…

CF : Par qui ?

TN : Mon professeur d'arabe me frappait, tout comme ma mère. Je résistais. « Non, je ne veux pas lire le Coran, je ne veux pas prier. » Nous ressemblions à des perroquets. Il fallait apprendre tous les versets par cœur. On me disait qu'Allah serait content de moi si je parvenais à me souvenir des versets : « se souvenir », c'est-à-dire simplement les réciter, sans avoir besoin d'en connaître le sens. Je trouvais cela très étrange. Je disais toujours à ma mère : « Quand je lis le Coran ou quand je prie, je parle une langue bizarre que je ne comprends pas. » Je voulais connaître la signification du Coran, le sens des versets que je récitais. Mais ma mère ne pouvait pas répondre à mes interrogations, parce qu'elle non plus ne savait pas ce que voulaient dire les versets. J'étais donc curieuse, mais je n'avais aucun moyen de découvrir le sens des versets que nous lisions.

CF : Comment votre mère vivait vos doutes ?

TN : Ma mère était profondément choquée quand je lui demandais : « Pourquoi devons-nous prier en arabe ? Nous pourrions prier en bengalî. Allah ne comprend-il pas le bengalî ? Est-ce qu'il ne comprend que l'arabe ? » Ma mère disait toujours qu'Allah savait tout… je voulais donc savoir pourquoi il ne comprenait pas le bengalî !

CF : Oui, ce n'est quand même pas si difficile d'apprendre le bengalî quand on est Dieu…

TN : (*Sourires.*) Oui, j'étais très surprise. À cause de sa méconnaissance de notre langue, nous devions prier en arabe. C'est comme cela que j'ai eu mes premiers doutes.

CF : C'est à ce genre de questionnements qu'on reconnaît un esprit critique. C'est une constante chez toutes les femmes de culture musulmane que je connais. Elles ont eu leurs premiers doutes dès qu'on leur a demandé de réciter par cœur des versets sans chercher à comprendre leur sens. Les enfants peuvent poser des questions qui font trembler d'effroi les croyants… Dans *Musulmane mais libre*, Irshad Manji, qui est née en Ouganda, raconte comment elle s'est fait exclure de sa madrasa parce qu'elle posait trop de questions embarrassantes : « Pourquoi les femmes ne peuvent-elles pas diriger les prières ? », « Si le Coran a été révélé au Prophète comme un message de paix, comment se fait-il qu'il ait commandé à son armée de tuer une tribu juive dans son ensemble ? »[1] Ça n'a pas plu à ses professeurs…

TN : Mes questions ne plaisaient pas non plus. Un jour, comme je rappelais souvent à ma mère l'ignorance d'Allah, elle m'a rétorqué : « Si tu dis quoi

1. Irshad Manji, *Musulmane mais libre*, Grasset, 2004.

que ce soit de mauvais à propos d'Allah, ta langue va tomber. » J'avais huit ans. Je suis allée dans la salle de bains, j'ai fermé la porte à clé et j'ai dit toutes les insultes contre Allah que je connaissais. Ensuite, je me suis inquiétée. Peut-être que ma langue allait tomber ? Mais une minute passa, puis deux, puis cinq et ma langue était toujours à sa place. J'ai compris que je pouvais dire tout ce que je voulais à propos d'Allah et que ma langue ne tomberait jamais. Ma mère avait tort.

CF : Je me souviens aussi d'avoir fait ce genre de tests. On ne m'a pas enseigné un Dieu vengeur, mais un Dieu capable de faire des miracles. Alors, quand j'étais enfant, j'ai souvent prié très fort pour obtenir des miracles ou voir mes souhaits se réaliser. J'essayais de faire passer les feux au vert plus vite, d'ouvrir les portes avec la concentration, de déplacer des objets. Quand je souhaitais quelque chose, je pensais en mon fort intérieur : « Dieu, si tu existes, prouve-le en exauçant mon vœu. » Évidemment, il ne se passait rien. Et puis juste après, je me disais : « Mais si Dieu existe… Tu imagines le nombre de sollicitations qu'il doit avoir, pourquoi devrait-il s'occuper de toi en priorité ? Pour qui te prends-tu ? N'est-ce pas égoïste de vouloir que TON miracle se réalise quand d'autres en ont sûrement plus besoin ? Comment Dieu fait-il pour choisir ? Et s'il n'a pas le temps de choisir, c'est que nous ne devons compter que sur nous-mêmes… Du coup, Dieu ne sert à rien. » Je ne détestais pas l'idée de cette existence d'un être bon et suprême, mais elle ne servait à rien. Puisqu'il fallait tout faire soi-même. J'ai donc quitté cette idée à peu près aussi facilement que j'ai renoncé à faire bouger les objets avec ma seule force mentale.

Mais en vous disant cela, je mesure la grande facilité avec laquelle on peut quitter la religion catholique dans un pays laïque. La conversation se passe dans sa conscience. Il n'existe aucun signe visible de ce divorce, donc aucun compte à rendre. Tandis que dans un pays moins laïque, où la religion tient à marquer ses fidèles dans l'espace public, notamment par le port de vêtements distinctifs, ce simple questionnement devient un acte de rébellion… À quel âge votre révolte s'est-elle vue ?

TN : Quand je suis devenue un peu plus grande, peut-être vers treize ans. C'est l'âge où il faut cacher ses seins parce qu'ils commencent à pousser. On m'a dit qu'il fallait que je porte une espèce de châle par-dessus mes vêtements, au niveau de la poitrine, pour que personne ne puisse voir que quelque chose se développait à cet endroit. J'étais opposée au voile, j'étais contre le fait de porter un vêtement supplémentaire pour dissimuler mes seins. Je résistais. Un autre jour, quand j'ai eu mes premières règles, ma mère m'a dit : « À présent, il ne faut plus que tu sortes. Tu dois rester à l'intérieur, tu es une FEMME maintenant. Tu ne dois pas toucher le Coran. » Je lui ai demandé pourquoi, et elle m'a répondu : « Parce que maintenant, tu es impure. » On m'avait appris qu'un chien était impur et je découvrais qu'une femme ayant ses règles l'était également, qu'elle n'avait pas le droit de toucher le Coran. Je me suis insurgée. « Et si je touche le Coran, que se passera-t-il ? » Je l'ai touché pendant que j'avais mes règles : il ne s'est rien passé. Le Coran était donc un livre comme les autres.

CF : On retrouve cette hantise des règles et de l'impureté des femmes dans le judaïsme. Selon les commentaires rabbiniques du Talmud, si une femme au début de ses règles passe entre deux rabbins, l'un des deux en mourra… Quelle arme de destruction massive quand on y pense ! (*Rires.*)

Il faut vraiment être un homme pour inventer une superstition pareille. C'est la même chose à propos du voile, qu'on fétichise, comme s'il s'agissait d'un pilier de l'islam, simplement pour renforcer la domination visible des femmes… Alors que le Coran ne parle que de rabattre un voile sur la « poitrine », dans un contexte bien particulier. À Médine au VIIe siècle, les femmes de Mahomet se faisaient agresser et violer par les ennemis de la nouvelle religion. Le Coran parle donc de *tirer un voile* pour que les visiteurs de Mahomet ne voient pas ses femmes quand ils lui rendent visite et conseille « aux femmes de Mahomet » de se couvrir la poitrine quand elles sortent dehors, surtout pour faire leurs besoins la nuit. Il faut vraiment une volonté machiste d'instrumentaliser la religion pour que le voile soit devenu à ce point un uniforme et un emblème. Dans *Le Voile démystifié*, Leïla Babès raconte très bien l'aberration et les intentions de cette fétichisation à outrance, qui vise à marquer le corps des femmes pour des raisons plus politiques que religieuses[1]. A-t-on voulu vous imposer de le porter ?

---

1. Leïla Babès, *Le Voile démystifié*, Bayard, 2004.

TN : Oui. Ma mère, sous l'influence de son chef spirituel, a voulu que je porte un voile intégral. Elle-même portait ce qu'on appelle dans le sous-continent indien un purdah, une sorte de burqa[1]. Elle a tenté de me convaincre. J'étais tellement furieuse contre elle que j'ai jeté la burqa et j'ai arrêté de lui parler. Je n'ai jamais porté la burqa de ma vie. Et je ne supportais pas quand ma mère le faisait. Elle ressemblait à un fantôme.

CF : C'est glaçant comme apparition. La première fois que j'ai vu de mes yeux l'un de ces fantômes, c'était au Yémen. J'avais été invitée à participer à un colloque organisé par l'UNESCO. Dans le convoi qui nous amenait de l'aéroport à l'hôtel, alors que la nuit commençait à tomber, je regardais par la fenêtre depuis peut-être trente minutes quand j'ai aperçu une silhouette spectrale. Une femme voilée rasant les murs. Je me suis rendue compte que je n'avais vu que des hommes jusque-là... Même dans la salle où se tenait la conférence, toutes les femmes portaient ce voile intégral noir : l'uniforme saoudien. Il est assez récent au Yémen. Dans les montagnes, traditionnellement, les femmes portent des voiles colorés, mais pas cette prison noire. Elle ne s'est répandue qu'après la réunification du Sud et du Nord, en 1990. Les

1. Dans le sous-continent indien, le mot *burqa* désigne différentes sortes de voiles intégralement couvrants, allant du *tchadri* bleu de tradition afghane au *niqab* noir saoudien, en passant par le *purdah*, souvent noir, et plutôt répandu en Inde, au Bangladesh et au Pakistan. Le mot *purdah* désigne aussi un rideau séparant les femmes des hommes, chez les musulmans comme chez les hindous.

groupes islamistes ont alors commencé à exercer leur pression, notamment en attaquant à l'acide toute femme qui sortait sans ce voile. Une seule femme yéménite échappe à ce diktat : une femme qui descend de la famille royale. Les hommes se mettent au garde-à-vous quand elle passe. Elle était la seule Yéménite à avoir écouté mon intervention non voilée. Elle est venue me voir à la fin pour me demander si j'acceptais de venir à son domicile parler avec quelques femmes française interdisant le voile et tout signe religieux ostensible à l'école publique de mars 2004. Ce fut la réunion féministe la plus bizarre de toute ma vie !

TN : Pourquoi ?

CF : Je ne sais pas si vous connaissez le kat.

TN : C'est une plante hallucinogène ?

CF : C'est ça. En tout cas, qui fait planer l'esprit. Autant dire que c'est *haram* (illicite). Autant le voile n'est pas une prescription du Coran, autant le Coran interdit clairement de se mettre la tête à l'envers et d'avoir l'esprit confus avant de prier. Pourtant, au Yémen, à partir de 15 heures et malgré les heures de prières, on se met à mâcher du kat, de 7 à 77 ans. Du paysan au ministre. Tout le monde est *stone* ! Ça me fait sourire quand j'entends certains prédicateurs islamistes vanter le Yémen comme le pays de la pureté, où la consommation américaine n'a pas ravagé le mode de vie traditionnel ni contaminé les esprits, contrairement à l'Occident où la drogue et la décadence règnent… Au Yémen, tout le monde est drogué dès 15 heures ! (*Sourires.*)

TN : Qu'en pensent les femmes avec qui vous aviez rendez-vous ?

CF : Justement. Nous avions rendez-vous dans la salle du kat, le nom qu'on donne au Yémen à la salle de réception. Elles sont arrivées une à une. Elles ont laissé leur voile intégral à l'entrée et m'ont posé des questions sur la loi de mars 2004. Elles ne comprenaient pas ce qui motivait cette loi. Je le leur ai expliqué, elles ont compris, et nous nous sommes mises à parler du Yémen. Je leur ai demandé pourquoi elles ne faisaient pas campagne sur ce paradoxe du kat. Parce qu'il faut choisir. Soit le Yémen applique la charia, et alors le voile est obligatoire, mais le kat est interdit… Et je pense que, accrocs comme ils le sont, beaucoup de Yéménites auraient volontiers abandonné le port du voile pour pouvoir continuer à *katter*… Soit ils tiennent au kat et alors la charia ne s'applique pas, donc le voile n'est pas obligatoire. Je croyais tenir un argument fort mais je n'ai pas eu le succès escompté…

TN : Qu'ont-elles répondu ?

CF : Elles ont sorti leur botte de kat et se sont mises à mâcher d'un air très inquiet : « Oh mais le kat, on ne l'abandonnera jamais ! »

La plante avait raison de leur combativité. Elles semblaient résignées. En tout cas, elles mastiquaient plutôt que de se battre contre le port du voile.

TN : Moi, même jeune, je ne voyais aucune raison justifiant le fait qu'une femme porte la burqa. Je ne comprenais pas quels buts cela pouvait bien servir. Les hommes ne la portaient pas, pourquoi les femmes devaient-elles le faire ?

CF : Il s'agissait d'un voile intégral ? Comme le niqab en Arabie Saoudite ?

TN : Oui.

CF : Sans même un espace pour le visage ?

TN : Pas même le visage.

CF : Mais c'était pourtant assez rare au Bangladesh ?

TN : Ma mère était très influencée par ce groupe religieux.

CF : De quel groupe s'agissait-il ?

TN : C'était un groupe religieux fondamentaliste. Le chef était venu d'Inde en 1947, après la partition du pays. Son but était de parler aux gens du Coran et des hadiths – ces traditions orales relatives aux faits et paroles du prophète Mahomet. C'était donc une sorte d'œuvre missionnaire, mais pas complètement, parce que son programme d'enseignement lui rapportait de l'argent.

CF : Une sorte de gourou, comme ces prédicateurs évangéliques qui cherchent à réveiller la foi…

TN : Exactement. Il fallait être un disciple du chef religieux, et se rendre chez lui régulièrement pour apprendre l'islam. Au Bangladesh, on trouve encore ce genre de chefs religieux. Ils ont de nombreux disciples. De nos jours, ils s'impliquent même en politique. Dans *Enfance au féminin*[1], j'ai raconté comment ma mère avait l'habitude de m'emmener là-bas. C'était une curieuse maison : tout le monde disait que si je ne priais pas cinq fois par jour, si je ne jeûnais pas pendant le ramadan et si je n'aimais pas Allah du fond de mon cœur, j'irais en enfer. D'après eux, mon père irait en enfer parce qu'il n'était pas croyant ; j'y étais moi aussi destinée puisque j'allais à l'école laïque et que j'étudiais les sciences. Pour y échapper, je devais interrompre ma scolarité afin d'étudier le Coran et les hadiths. Ils étaient très fiers d'eux-mêmes, et du fait qu'ils iraient au paradis. Le chef prétendait être un grand ami d'Allah : il lui parlait directement pendant la nuit. Ses disciples faisaient tout pour lui plaire dans l'espoir d'obtenir une place au paradis.

CF : C'est fou le nombre d'hommes qui ont la ligne directe de Dieu et des places à revendre pour le paradis… Quel regard portiez-vous sur ce type de discours ?

TN : J'étais dégoûtée quand le chef racontait les souffrances et les douleurs de ceux qui se trouvaient

1. Livre de poche, 2000.

en enfer. Les gens commençaient à hurler en entendant sa description. Les pécheurs brûleraient en enfer, seraient piqués par des insectes et des serpents, et ne pourraient rien boire d'autre que de l'eau bouillante et du pus. Je ne comprenais pas pourquoi des adultes avaient une telle peur du feu, des petits insectes, des serpents, de l'eau bouillante et du pus. Ma mère me disait toujours qu'Allah était grand, bon et miséricordieux. Mais je ne comprenais pas. Qu'a-t-il de tellement bon et miséricordieux s'il n'hésite pas à brûler ceux qui ne lui obéissent pas ? Après avoir entendu ces horribles descriptions de l'enfer, j'étais certaine qu'Allah était un homme cruel et méchant.

CF : Votre mère a été convertie par ces nouveaux groupes intégristes en pleine expansion, elle n'a pas toujours été religieuse ?

TN : Non, ma mère n'était pas religieuse à l'origine. Elle l'est devenue lorsqu'elle a découvert que mon père la trompait. Elle était en permanence ignorée et insultée par mon père. Elle était tellement malheureuse qu'elle s'est réfugiée dans la religion.

CF : C'est souvent la seule fuite que s'accordent certaines femmes. Pas seulement au Bangladesh, mais parfois aussi en Europe. Avec moins d'excuses… Là-bas, une femme divorcée a certainement peu de chances d'être autonome et de pouvoir refaire sa vie. Il n'y a pas de seconde chance, donc plus facilement la tentation de se résigner. Or la religion est certainement le meilleur refuge quand on a choisi de se résigner… Et votre père, que pensait-il de cette éducation ?

TN : Mon père était laïque et rationaliste ; il avait une perspective scientifique des choses. Il était professeur de médecine légale dans une école de médecine. Plus tard, il a d'ailleurs été mon professeur quand j'ai étudié la médecine. Il ne m'a jamais demandé d'être pratiquante. Il m'encourageait à étudier, à devenir médecin, à être indépendante et à vivre dans la dignité et dans l'honneur.

CF : Le fait d'avoir un père ouvert d'esprit dans une société patriarcale change tout… Une amie à moi, Darina al-Joundi, a écrit une pièce de théâtre très forte, *Le Jour où Nina Simone a cessé de chanter* [1], qui parle de son père, poète et opposant politique syrien. C'était un libre-penseur, il l'encourageait à être libre, au point que Darina a souvent bousculé la société libanaise par sa liberté. Petite, elle a demandé à son père : « Papa, c'est quoi être croyant ? » Et son père a répondu : « Ma chérie, un croyant c'est quelqu'un qui te mène une vie d'enfer parce qu'il croit qu'il doit aller au paradis ! » (*Rires.*)

TN : J'aime beaucoup.

CF : Oui, je pense que c'est une bonne définition. Mais j'en reviens au rôle des pères. Avec Fiammetta Venner, nous avons interviewé plusieurs dizaines de femmes musulmanes du monde entier dans le cadre

1. Actes Sud, 2008.

d'un projet de film intitulé *Cent Femmes musulmanes se racontent*. Toutes celles qui étaient émancipées ont eu un père qui les a initiées au goût de la liberté. Certains pères étaient croyants, mais ils les ont quand même incitées à se libérer. Alors que la tradition et la religion sont le plus souvent le refuge des mères. Ce sont elles qui assurent la transmission des coutumes les plus sexistes. Je pense à ces mères qui excisent leurs filles, parfois dans le dos des pères…

TN : Les pères ne sont pas toujours aussi ouverts d'esprit. J'ai connu de nombreuses familles dont le père était très traditionaliste. Mon grand-père, par exemple, était conservateur, mais pas ma grand-mère – même si elle portait la burqa et priait. Elle a encouragé tous ses enfants à aller étudier à l'école laïque. Elle savait que les écoles coraniques, les madrasas, n'ouvraient pas un avenir meilleur pour ses enfants. Je pense que dans les familles dont vous parlez – où ce sont les femmes qui sont traditionalistes –, on force ces femmes à vivre dans l'obscurantisme, tandis que les hommes ont l'opportunité d'être éduqués et de connaître le monde extérieur. Pendant des siècles, on a inculqué aux femmes l'idée qu'elles étaient des êtres inférieurs, les esclaves des hommes. Cela dit, même si mon père était très dominateur, même s'il tourmentait énormément ma mère, je lui suis très reconnaissante de m'avoir poussée à étudier la médecine.

CF : Il voulait que vous fassiez des études de médecine parce qu'il l'avait décidé ou il vous a laissé choisir ?

TN : En fait, je voulais devenir artiste. J'avais un don pour la peinture et le dessin. Mais mon père ne m'a pas laissé étudier dans une école d'art. Quand je lui ai fait part de mon désir d'être artiste, il est entré dans une colère noire : « Une artiste ?! Mais une artiste ne gagne pas assez d'argent pour payer sa propre nourriture. Si tu deviens artiste, tu seras une mendiante dans la rue ! » Alors j'ai voulu être architecte. J'ai passé un examen d'entrée et je l'ai réussi. J'allais donc étudier l'architecture, mais mon père me l'a encore interdit. Il m'a dit que je devais m'inscrire en médecine. L'injonction était sans appel. Il a fait des pieds et des mains pour me faire admettre dans une école de médecine.

CF : Donc, il voulait choisir pour vous. Ces études vous ont plu ?

TN : Au début, je détestais l'idée d'étudier la médecine, j'étais très contrariée. Mais ensuite j'y ai pris du plaisir. Je me suis dit que mon père avait choisi la bonne matière pour moi. Et puis, cela m'a permis de devenir indépendante. Si mon père avait été traditionaliste, s'il ne m'avait pas encouragée à étudier, peut-être me serais-je mariée à quinze ans, comme d'autres filles de ma génération ? Peut-être qu'à l'heure actuelle, j'aurais cinq enfants ; je vivrais quelque part au Bangladesh… Et votre père, était-il ouvert d'esprit ?

CF : Très. Mon père est un bon vivant méditerranéen. Il est capable de faire des plaisanteries faussement sexistes, parce qu'il plaisante sur tout, mais il n'est pas du tout sexiste. Et pourtant j'ai grandi dans le sud de la France ! Ce n'est pas le Bangladesh, j'en conviens volontiers... Mais c'est quand même plus au sud que Paris. Et croyez-moi ou non, cela fait une vraie différence en termes de relations hommes-femmes.

TN : Vraiment ?

CF : Vraiment. Pendant des années, je n'ai pas supporté de retourner dans le Sud à cause de l'ambiance lourde et machiste. Sans parler de l'attitude xénophobe et raciste de certains Méditerranéens. Autant j'aime follement les couleurs, les odeurs et les saveurs de Provence, autant je trouve que les conversations quotidiennes de ma région d'origine ne sentent pas toujours très bon. Beaucoup de « pieds-noirs » ont quitté l'Algérie pour le sud de la France, le passé colonial y est encore moins passé qu'ailleurs... Je ne pouvais débattre avec personne sans sortir de mes gonds. Quant au sexisme, je souffrais moins des réflexions idiotes et quotidiennes de certains hommes que du modèle de femme qui fait fureur dans le Sud, peinturlurée et superficielle, dans laquelle je ne me retrouvais pas, moi qui étais plutôt androgyne et qui préférais parler politique que faire du shopping. Mon père trouvait même que j'étais trop sage, que je n'utilisais pas assez ma liberté pour faire la fête ou sortir ! Mais cela ne m'intéressait pas. J'attendais de vivre une autre vie, qui a commencé à Paris.

TN : Et votre mère ?

CF : Ma mère est ouverte d'esprit. Elle a bien essayé de corriger mon côté androgyne, mais je suis plus têtue qu'elle. D'ailleurs, l'image que je préfère d'elle c'est lorsqu'elle venait me cherchait en moto à l'école ! Ça n'a duré que quelques mois mais quelle allure ça avait ! Elle ne travaillait pas quand elle vivait avec mon père. Aucun de mes deux parents n'a fait de longues études. Mon père a réussi grâce à son sens du contact et de la communication, d'abord comme animateur, puis dans la vente. Ma mère a dû se mettre à travailler après le divorce, comme vendeuse dans une galerie d'art. C'est peut-être là aussi la différence avec grandir dans un pays plus patriarcal, comme le Bangladesh. Ma mère n'était plus heureuse avec mon père, ils n'arrêtaient pas de se disputer, mais elle n'est pas allée chercher refuge dans la religion : elle a divorcé et elle a refait sa vie. Et pourtant elle a fait ses études chez les bonnes sœurs… Mais elle a un certain caractère. Elle n'a jamais eu peur de prendre des risques pour assurer son autonomie et vivre selon ses désirs.

TN : Votre famille est catholique ?

CF : Ils ont grandi dans la foi catholique, mais avec un regard très détaché sur la religion. Ma mère ne garde pas un souvenir enchanté du caractère des bonnes sœurs qui l'ont éduquée. À part une, qui faisait du patin à roulettes, et qui était la seule à être un peu sympathique, les autres étaient plutôt odieuses et aigries. Elle me chantait souvent *Dominique-nique-nique* quand j'étais petite. J'ai compris plus tard que c'était le tube scabreux d'une religieuse déjantée, qu'elle devait chanter en douce dans les dortoirs de son pensionnat pour faire enrager les bonnes sœurs ! (*Rires.*) Mon père a été enfant de chœur. J'ai une très belle photo de lui en cagoule blanche. Mais il est trop bon vivant pour prendre la religion au sérieux. Il préfère de loin les boîtes de nuit aux églises... Même si aujourd'hui son bon côté chrétien ressort. Il est bénévole à la Croix-Rouge et aux Restaurants du cœur. Mais je crois qu'il s'identifie quand même plus à Coluche qu'à l'abbé Pierre !

TN : Le reste de votre famille n'est pas croyante ?

CF : Certains de mes oncles et tantes sont très croyants et même assez traditionnels. Je suis quand même allée pas mal de fois à la messe, notamment à celle de minuit où je m'endormais systématiquement. J'aimais certaines choses, comme la crèche provençale, ces gens déguisés en Marie et Joseph, mais j'ai toujours eu du mal à veiller passé minuit et là ça s'éternisait franchement. Une fois, j'ai ronflé tellement fort que toute l'Église en a profité. J'avais neuf ans. Ma mère a beaucoup ri. Pour tenir, je plaisantais avec mon père. Quand les gens se retournaient pour nous *donner la foi*, nous prenions un malin plaisir à faire semblant de ne pas comprendre pourquoi ils nous tendaient la main. Ils nous disaient : « Que la foi soit avec vous ! » et on répondait : « Bonjour, on se connaît ? » C'était plus solennel avec mon grand-père maternel, que je respectais beaucoup et qui, je pense, était sincèrement croyant. Il était médecin de campagne, dans un coin de Provence où il descendait souvent à la mine pour soigner ceux qui mouraient en série de maladies des poumons ou d'un coup de grisou. Il a essayé de me transmettre le goût des messes, sans succès. Je me souviens d'une petite église provençale charmante, vraiment ravissante, il faisait beau. Je la trouvais très belle de l'extérieur, mais je ne comprenais vraiment pas pourquoi nous allions passer deux heures enfermés à entendre des âneries. Je devais avoir dix ans. Pendant la messe, je ne cessais de penser à des blagues idiotes sur les curés… Mon grand-père n'a pas insisté.

TN : Et c'est tout, c'en était fini de la pression religieuse ?

CF : Ah non, ça a quand même duré quelques années… Mes parents n'étaient pas vraiment croyants, mais ils tenaient à me mettre dans le meilleur collège de la ville d'Aix-en-Provence, qui était privé et catholique. Jusqu'à leur divorce et mon départ pour Paris, vers quatorze ans, j'ai fait toute ma scolarité dans un établissement nommé La Nativité. Nous avions une église dans la cour, et des cours de catéchisme dès cinq ans…

TN : Et vous trouviez ça comment ?

CF : Au début, amusant. On me racontait des histoires, ça me plaisait. Jésus qui multiplie les pains, marche sur l'eau… Je suis incapable de dire si j'y ai vraiment cru ou si j'ai toujours considéré qu'il fallait le prendre comme une jolie fable destinée à stimuler l'imagination. Mais de fait, c'est ce qui m'en reste. Un récit qui a structuré mon imagination, et m'a donné le goût des histoires. En tout cas au primaire. Plus le temps passait, plus ça m'ennuyait. J'ai accepté de faire ma première communion parce que je voulais absolument un appareil photo (les premiers polaroïds, la nouvelle technologie de l'époque !). Je savais qu'on me l'achèterait à cette occasion. Et puis, je n'avais jamais goûté à une hostie. Je me demandais si c'était bon...

TN : Et alors ?

CF : C'est très décevant. Elle m'est restée collée au palais pendant plusieurs minutes. À tout prendre, je préfère les calissons ou les macarons. En plus, on n'a même pas besoin de supporter deux heures de sermons avant d'y goûter ! C'est une perte de motivation importante pour persister. (*Rires.*) Ceci dit, je ne devais pas être très motivée par l'appât du gain, parce que quelques années plus tard, j'ai refusé de faire ma communion solennelle alors que les cadeaux promettaient d'être meilleurs !

TN : À cause de l'hostie ?

CF : (*Sourires.*) Non. J'avais passé l'âge des fables. Je n'accrochais pas du tout aux leçons qu'on essayait de nous inculquer. Je me souviens d'une retraite de trois jours dans un centre religieux pour préparer la communion solennelle. Assommant ! Nous avons subi un bourrage de crâne du soir au matin. Tout était sinistre et grotesque. La fausse modestie de ceux qui nous faisaient la leçon, mais dont le sentiment de supériorité perçait. Je ne saurais pas dire en quoi, mais tout le lieu sentait l'hypocrisie et me filait le bourdon. C'était tout simplement sinistre. J'avais le sentiment de personnes sèches, creuses, aigries. Le contenu de ce qu'elles nous rabâchaient n'éveillait rien d'autre en moi que de l'ennui et l'envie de bâiller, à une époque où je m'ennuyais déjà terriblement. Je viens d'une famille où on lit peu, même si on débat beaucoup, de politique ou de l'actualité. À part chez mon grand-père – où j'ai lu tout Maupassant et Zola – les bibliothèques étaient vides... Je regardais surtout la télévision. Des émissions politiques. Mais j'avais vraiment besoin de stimulation, et elle ne venait pas. J'avais le sentiment de mourir à petit feu, d'étouffer et ce sentiment se démultipliait dans ces lieux où l'on pense en rond, où l'on rabâche des sornettes apprises par cœur.

TN : Vos parents n'ont rien dit quand vous avez refusé de faire votre communion solennelle ?

CF : Mes parents m'ont toujours laissé faire ce que je voulais. Il y a eu très vite un code entre nous. Ce sont mes parents, je les respecte et je les aime, mais il était admis que j'étais suffisamment mûre pour décider seule. Notamment pour les études, qu'ils n'ont pas faites. J'ai toujours eu le dernier mot. Un jour, j'ai voulu m'inscrire aux Guides d'Europe pour être avec une amie de mon lycée. C'est un mouvement de scouts catholiques franchement à droite. Mon père m'a dit : « Tu vas détester, tu ne tiendras pas une semaine. » Il avait raison, j'ai détesté, mais j'ai tenu une semaine et un jour pour lui donner tort quand même. (*Rires.*)

TN : Qu'est-ce qui était le plus terrible ?

CF : Tout ! Passer plusieurs jours avec des jeunes de mon âge était en soi une épreuve, je préférais largement la compagnie des adultes. En plus, ils nous faisaient courir dans les bois par moins cinq degrés. Une joie à laquelle je n'ai jamais été réceptive. Mais la goutte d'eau, ça été le coup des bénédicités.

TN : Des quoi ?

CF : Les prières que l'on est censé faire avant de manger. Parce qu'ils vous font courir des heures dans le froid, ils vous préparent un plat de pâtes infâme et, en plus, il faut faire semblant de remercier Jésus en lorgnant sur le plat de longues minutes avant d'avoir le droit d'y toucher. J'ai décrété qu'en plus d'être ennuyeux et fachos, ces gens étaient sadiques. Même s'il faut bien avouer que ce type de tortures est assez loin de celles que l'on inflige au nom de la religion au Bangladesh...

TN : Pourquoi alors s'être intéressé à l'intégrisme ?

CF : C'est une question que l'on me pose souvent et parfois je sens bien que mes interlocuteurs attendent une confession sur un traumatisme, un curé violent ou pervers, je ne sais pas... Comme si on ne pouvait pas être laïque par conviction. Mon rejet de l'intégrisme est lié à mon allergie pour toute mentalité sectaire ou d'extrême droite. Au fond, l'une des choses que je détestais depuis tant d'années chez les gens qui se présentaient à moi comme catholiques, c'était leur côté intolérant, moutonnier, réactionnaire.

Je n'aime pas non plus l'attitude sectaire et doctrinaire quand elle vient de la gauche. Je me méfie instinctivement de ceux qui pensent comme ci ou comme ça pour avoir l'air dans la norme. Lorsque j'étais dans mon école privée catholique à Aix-en-Provence, la norme était d'être catholique et intolérant. Quand je suis arrivée à Paris dans une école publique, la norme était d'être de gauche pour avoir l'air tolérant. Moi, je ne savais qu'une chose : je tenais à l'égalité et aux libertés individuelles. Ceux qui se disaient de gauche avaient l'air assez bornés, alors je n'arrêtais pas de les contredire. Ma professeure de sociologie a voulu nous faire découvrir un livre de Marx, mais je n'ai jamais réussi à le lire jusqu'au bout… Je ne sais pas si ça me rappelait trop le catéchisme, mais le ton dogmatique et doctrinaire du *Manifeste du Parti communiste* m'a braquée. Je l'ai dit à ma professeure, elle n'a pas apprécié.

Mais ce que je supportais encore moins, c'était de voir un parti comme le Front national monter. Comme beaucoup dans ma génération, j'ai construit mon engagement politique dans le rejet du FN, par antifascisme. La projection de *Nuit et Brouillard* – qui raconte l'horreur des camps –, la visite d'un camp de concentration au lycée, m'ont beaucoup marquée. Là, je découvrais une injustice qui me donnait envie de me révolter, contre le fanatisme et contre le racisme. Cela peut paraître bizarre à ceux qui me soupçonnent d'être raciste parce que je travaille sur l'islamisme, mais c'est exactement l'inverse. Je travaille sur l'intégrisme musulman parce qu'il me fait penser à l'intégrisme chrétien et à l'extrême droite.

Dès que je suis devenue journaliste, à vingt ans, mes premières enquêtes ont porté sur l'extrême droite. J'ai infiltré une secte chrétienne évangélique qui noyautait les campus, j'ai enquêté sur une star du porno qui sortait avec le chef des skinheads, j'ai travaillé sur les commandos anti-avortement, couvert le mouvement des sans-papiers, tout ce qui pouvait déranger le Front national. Un jour j'ai vu à la télévision une jeune femme qui m'a fascinée : Fiammetta Venner. Elle venait de sortir un livre sur les anti-IVG. Je l'ai interviewée et nous ne nous sommes plus quittées. À la vie comme dans le travail. Fiammetta avait infiltré plusieurs courants d'extrême droite, elle avait une documentation incroyable sur tous ces courants ! Et comme les hebdos ne prenaient pas toutes nos enquêtes, nous avons décidé de créer notre propre revue, *ProChoix,* pour les publier, ainsi que des articles de recherches sur des sujets comme l'intégrisme, les droits des femmes, la liberté sexuelle, l'égalité. C'est comme ça que je suis devenue spécialiste de l'intégrisme chrétien, parce qu'il était très actif au sein du FN et qu'il se met en travers de tout ce qui me tient à cœur. Souvent les gens pensent qu'il faut avoir un problème avec le religieux pour se battre contre l'intégrisme. Mais c'est l'intégrisme qui, en s'attaquant aux droits des femmes, à l'égalité et à l'émancipation sexuelle, nous contraint à nous y intéresser.

TN : Parfois, je songe que, pour beaucoup, je combats la religion. Ils pensent que c'est mon programme. En réalité, c'est faux. Depuis les débuts de ma vie, quand j'ai commencé à me dire que je devais protester, je n'ai pas pensé à la religion : je voulais m'élever contre les inégalités et injustices que subissent les femmes. Malheureusement, c'est la religion qui opprime le plus les femmes, particulièrement dans les pays islamiques. Quand je m'appuie sur mon expérience, on pourrait donc croire que je lutte contre la religion. Mais je me battrai toujours, même si la religion était totalement abolie. Imaginez qu'un beau matin, l'islam disparaisse. Que l'hindouisme, le christianisme, le bouddhisme, le judaïsme se soient envolés. Eh bien moi, je me battrai toujours – jusqu'à ce que les femmes obtiennent une liberté et une égalité totales. Pour la même raison qui me pousse à défendre les opprimés, quand des chrétiens, hindous ou musulmans sont opprimés à cause de leurs croyances. Je suis aux côtés des femmes parce qu'elles sont opprimées à cause de leur genre. Opprimées, torturées, tuées, violées, discriminées, uniquement parce que ce sont des femmes.

CF : C'est un point clé : nous nous battons parce que nous sommes humanistes. Peu importe au nom de quoi quelqu'un opprime un autre être humain, nous serons du côté de l'opprimé. Qu'y pouvons-nous si Dieu reste le nom le plus utilisé pour tyranniser ? Ce n'est pas de notre faute, c'est de la faute de ceux qui utilisent Dieu pour tyranniser.

TN : Exactement. Mes détracteurs font croire au monde que je suis contre l'islam. Mais c'est faux, évidemment ! Pourquoi devrais-je être opposée à l'islam ? Si l'islam traitait équitablement les femmes, je n'aurais aucun problème. Je pourrais même le soutenir ! Si l'islam pouvait honnêtement affirmer que le Coran exige des droits égaux pour les femmes, qu'il défend les droits de l'homme et la laïcité, le Coran deviendrait mon livre préféré. Mais en attendant, je continue à appeler le Coran le livre le « moins saint », parce qu'il exige une croyance absolue en ses nombreuses contradictions comme si elles étaient vraies.

CF : L'instrumentalisation du religieux est telle qu'elle nous oblige à nous plonger dans les textes religieux… On ne peut pas les ignorer puisqu'ils sont si souvent invoqués contre les femmes et contre les libertés. J'ai lu tous les textes religieux dans l'ordre chronologique : l'Ancien Testament, le Nouveau Testament et le Coran. J'ai essayé de les lire en retrouvant ce qui me plaisait dans mon école catholique : le goût des histoires. Je suis allée en Israël et en Palestine en lisant la Bible et le Nouveau Testament pour trouver des connexions entre ces lieux et ces histoires…

TN : C'est comme des contes de fées. Je pense que les gens aiment lire des contes de fées. Aucun enfant ne devrait être considéré comme chrétien, bouddhiste, hindou, musulman ou juif. Un enfant ne peut pas choisir sa religion. Il peut découvrir les contes de fées de toutes les religions. Et s'il aime les contes de fées, il choisira celui qu'il préfère. Et s'il n'aime pas ces contes, il choisira l'athéisme. « Je n'aime pas ces contes de fées, j'aime les livres scientifiques. » On devrait encourager les enfants à lire les histoires de toutes les religions, à avoir conscience de leurs possibilités.

CF : Pour moi, c'est un peu plus que de simples contes de fées. On s'en aperçoit en les lisant ; ce sont des histoires qui ont été compilées par beaucoup de personnes. C'est en partie inventé et en partie fondé sur des faits réels. Du point de vue ethnologique, la

Bible est passionnante parce que c'est sans doute l'un des tout premiers livres à narrer une partie de l'histoire de son époque. Mais c'est un chaos de choses fausses et vraies. On peut le voir et faire le tri si on a…

TN : Un cerveau…

CF : Oui, un esprit critique. On peut voir les parties où les hommes et femmes de l'époque essayent d'influencer politiquement leur message. À la base, c'est une histoire d'activistes. Je ne suis pas loin de penser que Jésus a réellement existé, mais que c'était un doux illuminé, plutôt *baba cool*. Certes, il était prêt à diviser chaque famille à coup de glaive pour faire triompher la secte qu'il venait de monter, mais dans l'ensemble c'était un juif plutôt progressiste, proche des pauvres, et qui face à une femme prostituée qu'on va lapider, s'élève en disant : « Que celui d'entre vous qui est sans péché lui lance la première pierre. » À cette époque, c'est courageux, car la pratique de la lapidation est très répandue. Encore que d'après l'Ancien Testament, elle est censée concerner les apostats. Mais comme quelques rabbins progressistes demandent déjà la fin de ces châtiments corporels, Jésus ne fait que s'inscrire dans ce mouvement réformateur… La même posture aujourd'hui serait un recul dramatique. Faire croire qu'on est un réformateur parce qu'on propose un « moratoire » sur la lapidation en 2010, c'est aberrant ! Jésus s'y est opposé il y a 2 000 ans, et Mahomet est allé plus loin en posant des clauses qui rendent impossible le fait de lapider pour adultère ! Mais à l'époque, cet acte symbolique est un progrès, de ceux qui vont d'ailleurs permettre le succès de l'Islam et du christianisme. Beaucoup de juifs se sont convertis parce que le christianisme propose une réforme qui est plutôt une « bonne nouvelle » comparée à l'orthodoxie juive. Pourtant, ce n'est pas cet élan que semblent vouloir conserver les « Pères de l'Église » ni les premiers auteurs chrétiens, qui la bâtissent surtout sur le fait de se sentir dans le vrai par rapport aux autres, avec un langage arrogant et dominateur, aggravé par la mentalité patriarcale de leur époque.

On pense à saint Paul, le converti zélé, qui n'arrête pas de sermonner les Corinthiens sur leur sexualité pour faire oublier l'« épine » torturant sa propre chair. Il recommande le voile aux femmes en signe de « sujétion » : « L'homme, lui, ne doit pas se couvrir la tête, parce qu'il est l'image et la gloire de Dieu ; quant à la femme, elle est la gloire de l'homme. Ce n'est pas l'homme en effet qui a été tiré de la femme, mais la femme de l'homme ; et ce n'est pas l'homme, bien sûr, qui a été créé pour la femme, mais la femme pour l'homme. Voilà pourquoi la femme doit avoir sur la tête un signe de sujétion, à cause des anges. » Il a écrit les pires pages du christianisme. On pourrait aussi parler de Tertullien ou de saint Augustin qui ont écrit des horreurs sur les femmes, qu'ils comparent à des scorpions. Tertullien écrit : « La sentence de Dieu sur ce sexe vit encore de nos jours. Eh bien, oui, qu'elle vive ; il faut que ce crime demeure comme un opprobre éternel. Ô femme ! Tu es la porte par où le démon est entré dans le monde ; tu as découvert l'arbre la première ; tu as enfreint la loi divine ; c'est toi qui as séduit celui que le démon n'eut pas le courage d'attaquer en face ; tu as brisé sans effort l'homme. » Ils puisent tous leur inspiration dans le mythe d'Ève la tentatrice, dans la Bible. Il faut voir les horreurs qu'elle contient concernant les femmes. La Genèse fait parler l'« Éternel » ainsi : « À la femme il dit : "J'aggraverai tes labeurs et ta grossesse ; tu enfanteras dans la douleur ; la passion t'attirera vers ton époux, et lui te dominera[1]." » On ne peut pas dire que le christianisme soit une religion naturellement féministe...

TN : Que ce soit le judaïsme, l'islam, l'hindouisme, le bouddhisme ou la chrétienté, tous se rejoignent dans l'oppression des femmes. Depuis toujours, je me suis insurgée contre cela. Dans le Coran, les choses sont claires. Le livre d'Allah affirme qu'elles sont inférieures aux hommes. Leurs maris ont le droit de les fouetter si elles désobéissent (4 :34). Il est conseillé aux hommes de battre leurs femmes. Celles-ci iront en enfer si elles désobéissent à leurs maris (66 : 10). Le Coran maintient que les hommes possèdent un avantage sur les femmes (2 : 228). Non seulement il dénie aux femmes des droits égaux, mais il décrète que leur témoignage n'est pas recevable devant les tribunaux (2 : 282). Cela signifie concrètement qu'une femme violée ne peut accuser son violeur, à moins de pouvoir présenter un témoin masculin. Le saint Prophète autorise les musulmans à épouser jusqu'à quatre femmes, et il leur donne le droit d'avoir des relations sexuelles avec leurs esclaves et autant de femmes « captives » qu'ils le peuvent (4 :3), même si ces femmes sont déjà mariées. C'est d'ailleurs ce que lui-même a fait.

1. Genèse III, 16, *La Bible du rabbinat*, Colbo.

CF : Le Coran contient beaucoup d'injonctions incompatibles avec la notion d'égalité. Elles portent la marque de la mentalité patriarcale de la péninsule arabique du VIIe siècle. Mais Mahomet a vécu bien après Moïse et Jésus, et il est parfois plus ouvert sur la question des femmes que la Bible. Comme lorsqu'il explique à un père qu'une femme ne peut être mariée sans son consentement, ou lorsqu'il se bat pour qu'une femme puisse hériter à moitié. Bien sûr, c'est injuste qu'elles n'héritent que de la moitié mais à l'époque les femmes n'héritaient pas du tout, c'était donc un progrès... Il a aussi combattu l'excision, mais là on se demande si ce n'est pas par intérêt pour le plaisir sexuel...

TN : (*Rires.*) Non, non ! Avec l'excision, il peut éprouver du plaisir, pas les femmes ! Vous pensez que Mahomet se souciait du plaisir des femmes ? Je ne le crois pas.

CF : Je pense que Mahomet accordait une place très importante à son plaisir sexuel. Mais qu'il a essayé de modérer certaines pratiques contre les femmes, et que ce n'est pas totalement inintéressant.

TN : Les modérer ? Mais dans l'histoire préislamique, les femmes avaient davantage de droits ! Elles faisaient des affaires, elles faisaient la guerre. Sa première femme, Khadija, était veuve et avait de l'argent, elle avait son propre commerce – Mahomet n'était qu'un simple caravanier. En fait, il s'occupait du commerce de Khadija. Et elle l'a choisi, lui, le beau jeune homme, pour l'épouser. Vous savez, de nos jours, ce serait impossible qu'une femme de quarante ans choisisse d'épouser un homme de vingt-cinq. À l'époque, les femmes choisissaient. Elles ne portaient pas le voile. Mahomet est venu, l'islam est venu et les droits des femmes ont été restreints. Khadija, elle, avait reçu en héritage tous les biens de son mari.

CF : Je ne dis pas que Mahomet était un féministe, comme on le décrit parfois pour faire oublier tout le reste... Le « féminisme islamique » que nous vendent certains prédicateurs insiste sur deux ou trois points positifs pour sauver le fondamentalisme en disant : « Regardez, ce n'est pas l'islam qui est en cause, ce sont de mauvaises interprétations ou des coutumes qui n'ont rien à voir avec l'islam, retourner aux fondements est donc le meilleur moyen de réformer l'islam ! » Sauf que pour quelques progrès par rapport aux coutumes, comme l'excision ou les mariages forcés, le retour aux fondements valide bien d'autres injonctions sexistes, sous prétexte d'être fidèle à l'esprit de l'islam tel qu'on le pratiquait au VIIe siècle. C'est toute la différence avec un féminisme universaliste porté par des femmes de culture musulmane qui, elles, s'inspirent du mouvement pour faire ressortir la part la plus humaniste de l'islam et tenter de viser l'égalité. Elles ne retiennent ni la lettre ni l'esprit des commandements énoncés au VIIe siècle, mais leur mouvement. À savoir que Mahomet a plutôt tenté d'améliorer le statut des femmes sur quelques points et qu'il faut continuer sur cet élan. Par exemple, Soheib Bencheikh, le mufti de Marseille, explique que si on a voulu que les femmes se couvrent pour pouvoir sortir dans la rue et être autonomes sans être agressées, c'est cet exemple qu'il faut suivre. Or aujourd'hui, ce n'est pas le voile qui permet aux femmes d'être autonomes, mais l'école. Au contraire, si des femmes sortent en voile intégral en Europe, elles se font remarquer, elles peuvent se faire agresser, des métiers sont impossibles, elles sont moins autonomes… C'est donc le contraire de l'élan voulu par Mahomet et le Coran, qui n'a d'ailleurs jamais parlé de voile intégral. Mais vous avez raison sur un point : on oublie parfois à quel point les femmes n'étaient pas « vécues comme le sexe faible » avant le monothéisme. Khadija a une grande responsabilité là-dessus. C'est elle qui a donné à Mahomet les moyens de fonder l'islam…

TN : Je peux vous dire une chose, Mahomet avait peur de Khadija. Bien sûr, il se servait de son argent, mais Mahomet n'a épousé aucune femme tant que Khadija était en vie. Il n'a commencé qu'après sa mort. Jusqu'alors, c'était un bon mari.

CF : Il était sous contrôle !

TN : Ou peut-être était-ce l'argent ? S'il manquait de respect à Khadija ou s'il commençait à épouser d'autres femmes, il n'aurait plus d'argent. L'argent a son importance ici : fonder une religion, ce n'est pas seulement politique, c'est également une entreprise économique.

CF : Tant que Khadija était en vie, il était totalement dépendant. Si certaines riches femmes du Golfe tenaient un peu plus leurs maris, nous nous porterions mieux aujourd'hui… Mais Khadija ne lui a pas seulement donné de l'argent, elle lui a donné confiance en lui. Ça me fait penser à ces femmes cadres obligées de passer de la pommade sur l'ego meurtri de leurs maris parce qu'ils gagnent moins qu'elles. Il faut bien se faire pardonner. Mahomet a compensé le fait de gagner moins que sa femme en devenant prophète. Après la mort de Khadija, il est clair que certaines injonctions – dites révélées et sacrées – correspondent à ses intérêts d'homme. D'ailleurs, il y a encore beaucoup d'hommes qui adhèrent à son message parce qu'ils rêvent de continuer à vivre dans des sociétés patriarcales, où ils pourront dominer et avoir plusieurs femmes, sous prétexte d'être croyants. Ils suivent surtout la partie la plus patriarcale, « virile », de ce message, parce que c'est leur intérêt.

TN : Petite, comme je remettais déjà en question la nature sacrée du Coran, j'avais peur de demander si ça n'allait pas de soi. Si ce texte n'avait pas été écrit par un homme qui voulait accomplir ses propres désirs, notamment pouvoir disposer des femmes ? Se pourrait-il que le Coran ait été enseigné pour justifier les inhumanités de Mahomet ?

CF : Je crois que l'un des moments les plus intéressants du Coran est quand Mahomet, après avoir dit qu'il ne fallait pas convoiter la femme d'un ami, tombe sous le charme de la femme d'un compagnon à lui… et change de consigne. Ce qui n'est pas simple quand il s'agit d'une injonction divine censée être dictée par le Très-Haut ! Il passe des jours à prier dans sa caverne dans l'attente d'une nouvelle consigne et, coup de chance, Dieu lui donne sa bénédiction ! J'adore la remarque que fera Aicha, l'une de ses épouses, quelque chose comme : « C'est fou comme Dieu dit toujours ce que tu as envie d'entendre ! »

TN : Oui, Aicha dit : « Dieu vient toujours accomplir tes souhaits ! »

CF : C'est un personnage intéressant. On insiste souvent sur le fait qu'elle a été épousée jeune, à six ans, et consommée à neuf… En fait, un seul hadith nous parle de son âge et il n'est pas vraiment fiable, mais ce qui est sûr, c'est que ce n'est pas une femme soumise. En tout cas, les récits montrent une jeune femme ayant plutôt fort caractère. On la soupçonnera même de tromper Mahomet, d'avoir une liaison extraconjugale. Pour la protéger, Mahomet va transformer la lapidation pour adultère en coups de fouets et rendre cette sanction impossible à appliquer en exigeant qu'il y ait quatre témoins oculaires de la scène d'adultère. Ce qui est impossible, à moins d'un viol collectif… En tout cas, cette histoire nous montre qu'Aicha menait sa vie assez librement pour être soupçonnée d'adultère.

TN : Je pense que c'est la plus intelligente de toutes les femmes de Mahomet. Connaissez-vous l'histoire de Hafsa ?

CF : Non.

TN : Mahomet avait treize femmes. Il passait une nuit avec celle-ci, une nuit avec celle-là, etc. Cette nuit-là était consacrée à Hafsa, et Mahomet s'est donc rendu chez elle. Pour une raison quelconque, Hafsa a dû partir chez ses parents. Mais en chemin, elle s'est arrêtée : réalisant qu'elle avait oublié quelque chose, elle a rebroussé chemin. Quand elle est revenue, la porte de sa chambre était fermée et Mahomet faisait l'amour avec Maria, son esclave. Hafsa était très en colère. « Qu'as-tu fait ? Tu n'es pas censé faire l'amour avec mon esclave ! » Elle a alors appelé toutes les autres femmes : « Regardez ce que fait notre mari, il fait l'amour avec une servante. » Mahomet est sorti dans la cour, où toutes les femmes se tenaient, se plaignaient, et il a dit : « Écoutez, je ne voulais pas faire ça. C'est Allah qui m'a demandé de le faire. »

CF : Je crois que Bill Clinton aurait dû profiter de cet argument !

TN : Oui, Dieu m'a demandé d'avoir des rapports sexuels avec Monica Lewinski ! Bush aurait pu le dire, puisque c'est un chrétien évangélique. Il s'en est d'ailleurs servi, affirmant que Dieu lui avait demandé de déclarer la guerre à l'Irak.

CF : Oui, là aussi, Dieu lui a dit ce qu'il avait envie d'entendre... C'est le problème des oracles. On peut les rendre responsables de tout et n'importe quoi. Mais restons un moment sur ce rapport des religions à la sexualité. C'est le nerf de la guerre, par là que les religions et toutes les sectes tiennent leurs fidèles, pour les culpabiliser et asseoir leur emprise. Prenez le fameux épisode de Sodome et Gomorrhe, souvent utilisé pour justifier l'homophobie. Je l'avais toujours entendu raconter par des intégristes opposés au mariage homosexuel, qui allait selon eux déclencher l'apocalypse. Je me suis dit qu'il fallait le lire, puisque apparemment il me concernait beaucoup. Je devais savoir. Qu'ai-je lu ? D'abord, une histoire où ces deux villes – Sodome et Gomorrhe – sont décrites comme décadentes non pas en raison de l'homosexualité mais parce que tout le monde couche avec tout le monde. Visiblement, le moindre visiteur, qu'il soit homme ou femme, doit s'attendre à ce que les habitants souhaitent le « connaître », ce qui dans un langage biblique sous-entend « se connaître sexuellement ». Dieu envoie deux anges trouver Loth, qui habite cette ville, pour faire leur enquête et surtout trouver une raison de mettre la main sur ces terres. La Bible nous dit que Loth s'inquiète pour leur sécurité et les invite à dormir chez lui. Mais la nouvelle s'est déjà répandue et les voisins se montrent très pressants contre la porte de Loth pour « connaître » ces deux arrivants. Loth leur propose alors ses filles vierges en échange, ce qui prouve que les habitants ne sont ni spécialement homos ni hétéros, mais *pressants*... Quand s'abat la foudre ? Lorsque les habitants enfoncent la porte de Loth, autrement dit cherchent à passer outre le consentement et à violer. Il faut être vraiment vicieux pour faire de ce passage la justification de l'homophobie, un croyant de bonne foi utilisera cette histoire pour dénoncer le viol.

TN : Vous pensez que l'interprétation est bonne pour les chrétiens ?

CF : Elle l'est du point de vue humaniste, c'est l'essentiel non ? Des chrétiens féministes l'interprètent ainsi, pourquoi pas les autres ? Mais ce n'est pas ce que cherchent les intégristes. Ils préfèrent en tirer une morale contre l'homosexualité, et vont même jusqu'à l'amalgamer avec de la pédophilie. Ce qui est carrément « gonflé » au regard de l'épisode qui suit dans la Bible.

TN : Lequel ?

CF : Lorsque Loth se retrouve seul avec ses deux filles vierges dans une grotte, après que sa femme a été transformée en statut de sel pour avoir contemplé le déluge s'abattant sur Sodome et Gomorrhe. Qu'arrive-t-il alors ? Il couche avec sa fille la première nuit, et avec sa deuxième fille la seconde nuit. La Bible explique qu'il était complètement saoul, et qu'il n'a pas reconnu ses filles. C'est un peu léger comme explication. Il est seul sur la montagne avec ses deux filles, et il est tellement saoul qu'il ne réalise pas qu'il est en train de coucher avec l'une d'elle ? Mieux, la deuxième nuit, il est encore tellement saoul qu'il ne réalise pas qu'il recommence avec l'autre ? La Bible s'en félicite puisque cela permet de donner naissance à deux lignées. C'est quand même incroyable de voir ce passage de la Bible utilisé par des intégristes pour amalgamer pédophilie et homosexualité !

TN : Les intégristes sont tellement chanceux, ils parviennent à tromper tout le monde, tout le temps.

CF : Ils ont surtout la chance de pouvoir invoquer le divin pour annihiler tout regard critique concernant leurs sermons ! Je connais des prédicateurs intégristes qui sermonnent toute la journée les autres sur leur comportement sexuel, dont la double vie montre qu'ils sont totalement obsédés. Je ne citerai aucun nom parce que je suis attachée au respect de la vie privée, même des intégristes. Sauf s'ils vont trop loin dans l'atteinte à la vie des autres… mais quand même c'est fou le nombre d'intégristes qui ne pratiquent pas ce qu'ils enseignent ! Rien qu'aux États-Unis, combien de télévangélistes moralistes, de ceux qui font des sermons homophobes et puritains à longueur de journée, se sont faits prendre la main dans le sac ? On finit toujours par apprendre qu'ils fréquentent une prostituée ou qu'ils ont un petit ami culturiste ! Plusieurs églises évangéliques ont perdu leur pasteur préféré à cause de ces scandales, qui touchent souvent les prédicateurs les plus charismatiques et les plus médiatiques ! La vérité finit toujours par éclater. Mais entre-temps, ils ont le temps de nuire et de faire leur thérapie sur le dos des fidèles, qu'ils culpabilisent et rendent frustrés.

TN : La frustration, c'est ce qui permet ensuite de manipuler.

CF : Bien entendu. Au fond, c'est peut-être ce que je reproche le plus aux intégristes : cette dictature exercée sur les corps et les désirs. C'est l'hypocrisie qui m'a sauté aux yeux dès mon plus jeune âge. On nous rabâchait « Dieu est amour » pour vanter les mérites du christianisme, mais je ne voyais que des chrétiens suffisants, qui passaient leur temps à juger les autres, à se mêler de leur vie intime pour mieux les envahir et les mépriser. Avant même que je comprenne que j'aimais les femmes, ce type de sermons me paraissaient profondément injustes. En tant qu'humaniste, il y a peu de chose dont je dirais qu'elles sont à mes yeux sûres et certaines. Mais il y a une chose dont je suis sûre, l'amour n'a pas de frontières, ni de couleur, ni de sexe. L'amour des hommes n'est pas celui des animaux. Il n'a pas seulement vocation à reproduire l'espèce mais à nous élever, à nous dépasser, à nous transcender. Vouloir juger les amours des hommes sur des critères pensés pour assurer la reproduction de l'espèce, c'est faire preuve d'une ignorance qui conduit l'humanité à en rester au stade de la bestialité. C'est la même ignorance qui a conduit l'Église à persécuter Galilée, et à tolérer l'esclavage. Aujourd'hui, des siècles trop tard, l'Église consent à réhabiliter Galilée, à refuser l'esclavage, à s'excuser pour n'avoir rien dit contre la Shoah... Elle est comme ça, l'Église, elle arrive toujours trop tard. Il est loin le temps où Jésus prenait des risques pour se montrer avant-gardiste au service des plus faibles. Avec l'Église, c'est tout le contraire. Elle a toujours un train de retard et son conservatisme sert surtout les dominants... S'il y a un domaine où sa voix pourrait aujourd'hui apporter un mieux-être, c'est bien l'homophobie. Puisque c'est en son nom qu'on discrimine et même qu'on assassine des homosexuels, comme aux États-Unis où des fanatiques chrétiens passent régulièrement à l'acte. Mais non, elle se tait. Elle laisse les intolérants tuer en son nom. Il y aurait moins de persécutions si les prêtres arrêtaient leurs sermons homophobes.

TN : Surtout que normalement, les prêtres sont homosexuels ! *(Sourires.)*

CF : Oui, c'est plutôt la norme !

TN : Rarement homophobes.

CF : En réalité, ils peuvent être les deux à la fois. Ils sont très doués pour être homosexuels et homophobes en même temps.

TN : C'est extrême. Ils ne sont pas homosexuels, mais principalement pédophiles !

CF : En fait, c'est là qu'ils sont très doués. L'Église accuse l'homosexualité de mener à la pédophilie mais ne voit toujours pas de lien entre la prêtrise et la pédophilie...

TN : Vous connaissez la blague de l'avion ?

CF : Laquelle ?

TN : Dans un avion, il y a un humaniste, un fondamentaliste chrétien, un prêtre et un garçon de douze ans. L'avion va s'écraser. Le pilote annonce : « Il ne me reste qu'un seul parachute. Comme c'est de ma faute, à vous de décider qu'en faire. » L'humaniste dit : « Il faut donner le parachute au garçon. Nous avons suffisamment vécu, le garçon devrait vivre. » Le fondamentaliste dit alors : « *Fuck* le garçon, donnez-moi le parachute », et le prêtre répond : « Bonne idée, mais est-ce qu'il nous reste assez de temps ? »

CF : (*Rires.*) On va encore nous dire qu'on blasphème. Mais ce n'est pas de notre faute si un hadith raconte que Mahomet a épousé Aicha à six ans et si des prêtres violent des enfants ! Les sermons sur la vie sexuelle sont quand même difficiles à entendre de la part d'une institution qui a laissé plus de 10 000 enfants être abusés entre 1950 et 2002 par 4 392 prêtres, ne serait-ce qu'aux États-Unis ! Et encore, c'est une estimation basse. Le chiffre vient d'un rapport de l'Église, qui a fini par confesser ses crimes, mais comme toujours, bien trop tard[1]... Vous avez vu un film qui s'appelle *Délivrez-nous du mal*[2] ?

TN : Non.

CF : C'est un documentaire sur les « tournantes » au sein de l'Église. Il n'y a pas d'autre mot. C'est une vraie confession. Celle du père Oliver O'Grady, un prêtre catholique officiant en Californie. Il raconte avoir pu violer des dizaines et des dizaines de gamins grâce à cette technique. Chaque fois qu'un enfant a parlé, son supérieur demandait à la famille de se taire et mutait O'Grady dans une autre paroisse. On le faisait tourner... Il a pu violer ainsi pendant des années dans un rayon de 80 km à la ronde. Lui-même le dit : « J'aurais aimé que mes supérieurs m'arrêtent,

1. Le document précise qu'il ne s'agit pas du nombre de prêtres accusés ou d'allégations mais de ceux dont les éléments ont été vérifiés. Sont exclus des 4 392 prêtres ceux dont les témoignages concordent mais qui sont morts. Le rapport émane de la commission des évêques américains : *« A Report on the Crisis in the Catholic Church in the United States »*, 158 pages. Les associations de victimes, elles, parlent de 100 000 enfants.

2. *Délivrez-nous du mal*, un film d'Amy Berg, 2006.

me soignent et aident mes victimes au lieu de me laisser continuer. »

TN : Ses supérieurs n'ont rien dit ?

CF : Ils ont tout fait pour que la police ne l'apprenne pas et ils ont demandé aux enfants violés de se taire. Quand ses victimes ont grandi et qu'elles ont fini par exiger des comptes à l'un de ses supérieurs, le cardinal Roger Mahony a expliqué qu'il n'avait pas fait le lien entre les affaires parce qu'elles concernaient à la fois des filles et des garçons. La première fois O'Grady avait agressé une petite fille, mais son supérieur a estimé que cela pouvait être de la curiosité « normale ». Ce n'est que lorsque les attouchements ont aussi concerné des garçons que sa hiérarchie a commencé à trouver ça « obscène » ! Mais ils ont couvert ! On a compté près de 508 victimes dans les environs de Los Angeles dont Roger Mahony avait la responsabilité.

TN : Ça, c'est obscène.

CF : Le plus obscène, c'est la confusion avec laquelle l'Église tire les enseignements de ces drames. Les hauts dignitaires ayant couvert cette ignominie sont toujours en place. On a vaguement la nausée en apprenant que Pie XII va être béatifié alors qu'il s'est tu face à la Shoah. Mais certaines voix reprochent aussi à Jean-Paul II d'avoir refusé d'entendre les cris d'enfants violés, notamment les victimes du fondateur des Légionnaires du Christ, un mouvement particulièrement sectaire fondé au Mexique. Le pape l'a soutenu contre les accusations parce qu'il estimait que son œuvre d'évangélisation en Amérique latine contre le communisme était trop importante pour être compromise par ces histoires. Pourtant, les lettres de dénonciation étaient précises et venaient de l'intérieur même de l'Église, mais le cardinal Ratzinger a été chargé de les mettre au placard. On peut lui reconnaître le mérite de les avoir ressorties et d'avoir enfin mis le fondateur des Légionnaires sur la touche une fois pape, mais il a quand même couvert ses agissements pendant des années… en sachant que des enfants allaient être violés ! Et que nous dit-il aujourd'hui pour mettre fin à ces viols en série au sein de l'Église ? Pendant son séjour aux États-Unis, il a parlé de « honte », il a enfin reconnu ses propres défaillances, mais pour mieux rendre responsable la « pornographie » qui sévit à la télévision. C'est bien connu, au Ve siècle déjà, des prêtres violaient des enfants parce qu'ils regardaient trop de porno sur le câble !

Mais il y a mieux. Pour éviter tout risque de pédophilie, la Congrégation pour l'éducation catholique, chargée de la formation des séminaristes, a édité une directive pour barrer la prêtrise aux candidats potentiellement homosexuels.

TN : Ils vont perdre toutes leurs recrues !

CF : Cela veut surtout dire qu'ils n'ont rien compris. Cette Église ne comprend toujours pas qu'un pédophile n'est ni homo ni hétéro, mais attiré par les enfants, filles ou garçons. Et que le métier de prêtre les attire forcément. C'est une fonction idéale si on se sent torturé par ses désirs et qu'il faut les réprimer. Mais c'est aussi la tentation garantie puisque le statut de prêtres permet de s'introduire dans les familles, de gagner la confiance des parents et d'être sacralisé aux yeux des enfants, donc de les abuser plus facilement. C'est là-dessus, sur ce statut asexué et sacralisé du prêtre, sur la frustration sexuelle de ses serviteurs et le danger que cela représente, que l'Église devrait réfléchir au lieu de confondre homosexualité et pédophilie… Toujours pour mettre à l'index au lieu d'émanciper.

Même chose avec la croisade contre l'avortement. Il s'agit de continuer à dominer le corps des femmes, pour éviter que l'ordre patriarcal s'effondre et que la hiérarchie fondant l'Église tombe avec. Ils peuvent nous dire qu'ils sont pour la vie, tout le monde est pour la vie, mais nous militons pour un monde où tout le monde devrait avoir le choix : celui de donner naissance ou pas, de le faire dans les meilleures conditions possibles, au bon moment. Eux militent pour une vie où l'homme, une fois de plus, vit dans un état animal ; ce qu'ils appellent respecter l'ordre naturel et divin.

C'est cette vision fataliste et naturaliste que combat la revue que j'ai cofondée, *ProChoix*, il y a maintenant douze ans. À l'époque, les intégristes étaient particulièrement actifs contre le droit d'avorter. On était en pleine remontée de l'ordre moral et en pleine explosion du nombre de commandos anti-IVG. Mais pour de nombreux journalistes, c'était moins intéressant que la menace politique représentée par le Front national aux élections. Je me suis donc plus spécialisée sur cet aspect « société ». Pendant près de sept ans, j'ai travaillé exclusivement sur l'intégrisme catholique.

TN : Vous ne vous intéressiez pas à l'islamisme ?

CF : Pas à cette époque. Pendant les terribles événements en Algérie, des femmes ou des hommes algériens me demandaient : « Pourquoi mettez-vous tellement l'accent sur l'intégrisme catholique ? Ne voyez-vous pas qu'il y a beaucoup d'autres intégrismes, particulièrement en Algérie, qui menacent les gens ? » Je répondais : « Oui, je suis d'accord avec vous, mais je ne connais rien à l'islamisme. Et puis je combats le Front national, qui fantasme des immigrés envahissant la France avec leur culture et leur pratique musulmane. » C'est très difficile de conduire en même temps ces deux combats – contre la xénophobie et contre l'intégrisme.

Mais après le 11 Septembre, cela n'avait plus aucun sens de rester focalisée sur la France et sur l'intégrisme chrétien uniquement. Avec Fiammetta Venner, nous avons réfléchi à ce que nous pouvions apporter au débat, dans un monde pris en tenaille entre ceux qui refusaient de voir le danger de l'intégrisme musulman par peur du racisme, et ceux qui nous expliquaient que l'islam avait le monopole du fanatisme. Nous avons entamé l'écriture d'un long essai, *Tirs croisés*, qui compare les intégrismes juif, chrétien et musulman sur les questions des femmes, de la culture, de la liberté d'expression, de la politique et de la violence. Nous avons conclu qu'ils étaient très proches sur de nombreux points, au niveau des intentions, mais qu'il existait une grande différence en termes d'impact. Lorsque je combattais le fanatisme chrétien, je n'ai jamais pris autant de risques que des gens comme vous face à l'intégrisme musulman.

TN : Je crois que c'est là qu'on voit la différence de degré entre ces intégrismes. Vous pouvez vous élever contre le catholicisme ou le christianisme parce que vous vivez dans un État laïque. Si tel n'avait pas été le cas, ça n'aurait pas été si simple. Si vous aviez vécu à une époque où l'Église dirigeait le pays et brûlait des femmes sur des bûchers, tuait ceux qui étaient opposés au christianisme, vous auriez dû prendre des risques.

CF : J'ai dû prendre quelques risques mais ils sont sans commune mesure avec ceux que vous prenez tous les jours. Par exemple, quand j'ai sorti un livre sur le financement du Front national, des journaux d'extrême droite balançaient mon adresse à toute personne qui rêvait de nous casser la gueule. Fiammetta a reçu des cœurs de bœuf ensanglantés par la poste pour son livre sur les anti-avortements. Elle a été menacée. Après notre livre sur les soldats du pape, j'ai reçu des dizaines de mails d'injures d'une homophobie à vomir de la part d'intégristes chrétiens, ainsi que des menaces… Presque plus violentes que celles reçues après mon livre sur Tariq Ramadan, où mon nom, mon adresse et mon code de porte ont été donnés sur un forum islamiste avec cette consigne : « il faut que la louve reste dans sa tanière ». Mais vous l'avez dit, je vis dans un pays laïque. Même en défiant les intégristes de tous poils, je n'ai jamais été en danger comme vous l'êtes pour avoir été désignée « ennemie de l'islam ». C'est une étiquette qui a fait basculer votre vie.

Le prix à payer pour le dire

Caroline Fourest : Parler librement de la religion dans un pays non laïque peut coûter très cher. Vous êtes bien placée pour le savoir. On sait moins que vous n'avez pas seulement été chassée et menacée pour avoir « blasphémé »... c'est plus généralement votre liberté d'expression, sur tout un tas de sujets, dont les femmes, qui vous a valu d'être persécutée. Peut-être peut-on revenir un peu sur ces étapes de votre vie ? Comment en êtes-vous venue à dénoncer les injustices dans votre pays, comme médecin ?

Taslima Nasreen : Je n'ai malheureusement pas pu continuer à pratiquer la médecine. Ça a duré huit ans, et j'ai dû démissionner à cause du gouvernement. Il ne m'a pas autorisé à continuer à écrire si j'occupais un emploi dans un hôpital public.

CF : C'est là que les ennuis ont commencé...

TN : Non, j'avais déjà des ennuis. J'ai commencé à écrire il y a bien longtemps, quand j'étais très jeune. J'écrivais des poèmes, qui ont été publiés dans de nombreuses revues. À dix-sept ans, j'avais une revue de poésie. À cette époque – à la fin des années 1970, au début des années 1980 –, il y avait au Bangladesh beaucoup de très bonnes revues littéraires. On les appelait des *little magazines*, des petits journaux. On y trouvait de la poésie et de la prose. Tous ces petits journaux constituaient une forme de mouvement culturel : on commençait à rejeter la presse nationale, parce qu'elle ne donnait pas la parole aux idées non conventionnelles, progressistes et radicales. Ceux qui écrivaient dans ces petits journaux faisaient preuve d'une vraie liberté de penser.

CF : Vous faisiez partie d'un petit cercle d'intellectuels et d'artistes ?

TN : Ce n'était pas un petit mouvement, c'était dans tout le pays, presque dans chaque ville ou village. Nos magazines étaient simplement plus petits que la normale. Dans les revues nationales, on trouvait à pleines poignées des poètes célèbres. Nous avions plutôt envie de publier des poètes extraordinaires et prometteurs. De jeunes libres-penseurs. J'étais moi-même impliquée dans ce mouvement. On rejetait les écrits traditionalistes de la presse nationale. En résumé, ce mouvement des *little mag*, comme on l'appelait alors, était plutôt important. Il a commencé dans les années 1950, au Bengale-Occidental, en Inde, etc. D'ailleurs, il continue aujourd'hui encore.

CF : C'est fascinant de constater qu'au même moment, partout dans le monde, les années 1960 ont connu un bouillonnement intellectuel émancipateur.

Que ce soit pour l'émancipation contre la domination coloniale ou l'émancipation sexuelle. On a souvent l'impression que la libération des mœurs et la subversion n'ont concerné que certains pays du Nord, comme si les autres pays étaient figés dans la tradition… Rien n'est plus faux. Le rapport de force entre libres-penseurs et conservateurs existe partout. Et les subversifs avaient le vent en poupe un peu partout dans les années 1960. Sauf que dans les pays du Sud, l'élan émancipateur a surtout été mis au service des indépendances. Au Bangladesh, l'émancipation va surtout porter sur le fait de se séparer du Pakistan actuel pour fonder un pays dont le bengalî serait langue « officielle », c'est bien ça ?

TN : Oui, c'était l'enjeu. En 1952, les étudiants de l'université de Dhaka ont manifesté pour exiger que le bengalî soit la langue officielle du Pakistan oriental. Beaucoup ont été tués par les dirigeants du Pakistan occidental (l'actuel Pakistan). Aujourd'hui encore, le 21 février est fêté comme le « Jour de la langue ».

CF : De nos jours, on tend à tout lire au regard des identités religieuses, alors qu'elles cachent bien souvent des enjeux économiques, ethniques ou linguistiques. En l'occurrence, le conflit qui va opposer les Bengalis aux Pakistanais n'est pas religieux, il se déroule entre musulmans…

TN : Exactement. En 1947, on a créé deux pays à partir de l'Inde – le Pakistan et l'Inde – sur des critères religieux : les musulmans au Pakistan et les hindous en Inde. Le Bangladesh s'appelait le Pakistan oriental, et l'actuel Pakistan s'appelait le Pakistan occidental. Ils étaient à des milliers de kilomètres, mais ce n'était qu'un seul et même pays – à cause de leur majorité musulmane. Ils vont entrer en guerre en 1971 et prouver que l'unité musulmane était un mythe.

CF : Pourquoi cette guerre ?

TN : Les musulmans bengalîs se sont battus contre les musulmans du Pakistan occidental, qui opprimait le Pakistan oriental. Exactement de la même façon que les Anglais opprimaient les habitants de l'Inde non divisée : ils employèrent la même approche. En 1968, on a assisté à un mouvement de révolte dans le Pakistan oriental, qui a conduit à la guerre de 1971. Je n'avais que neuf ans. J'ai été témoin des pillages, des viols, des meurtres et de l'exode. Trois millions de personnes ont été tuées au cours de cette guerre, qui dura neuf mois. Puis naquit un nouvel État souverain : le Bangladesh. Notre Constitution fut rédigée dans un esprit de laïcité. Les quatre piliers de la Constitution étaient le nationalisme bengalî, le socialisme, le sécularisme et la démocratie.

CF : Voilà qui partait bien. À l'époque, le Bangladesh se sépare d'un Pakistan bâti sur une identité islamique. Il se construit en réaction. Son nationalisme bengalî et son socialisme sont « laïques ». Le contre-modèle du Pakistan aurait pu continuer à renforcer cette approche. Mais cela ne va pas durer…

TN : En 1975, le père fondateur du Bangladesh a été assassiné et l'armée a pris le pouvoir ; les choses ont commencé à changer. L'armée s'est servie de la religion pour légitimer son pouvoir et obtenir les voix des masses ignorantes. Depuis le milieu des années 1980, le pouvoir a lentement glissé vers les obscurantistes, les fondamentalistes opposés à l'indépendance du Bangladesh. Le pays n'était plus dirigé par des idées, plutôt par des pistolets. La frustration et la cupidité ont englouti beaucoup de libres-penseurs. Certains furent exclus ; d'autres en profitèrent pour mener une vie confortable. Une nouvelle jeune génération essaya néanmoins de maintenir vivante cette tradition progressiste, mais ils ne sont pas aussi radicaux que la génération des années 1960 et 1970. Ce mouvement ne s'est d'ailleurs pas produit qu'au Bangladesh mais, de façon simultanée, partout dans le monde.

CF : Autant l'émancipation a soufflé partout dans le monde dans les années 1960, autant le vent de la réaction semble se lever un peu partout à partir du milieu des années 1970. Comme un retour de bâton, qui se traduit par la remontée des autoritaires et des intégristes.

TN : De ce point de vue, la mondialisation des idées a bien fonctionné, sans outils de communication...

CF : Pas besoin d'Internet pour copier les tyrans. Des régimes autoritaires de pays du Sud extrêmement différents, mais tous marqués par un mélange de nationalisme et de socialisme, vont mettre en pratique les mêmes recettes, avec les mêmes effets dévastateurs. Que ce soit au Bangladesh ou en Algérie... À chaque fois, les démocrates laïques vont se trouver coincés entre un régime autoritaire et les totalitaires intégristes. Comment était-ce au Bangladesh. Étiez-vous libre d'écrire, comment militiez-vous ?

TN : Quand j'ai commencé à étudier la médecine, je n'avais pas tellement le temps de m'impliquer dans le mouvement des *little mag*. Mais je portais ça en moi. Dès que j'avais le temps, j'écrivais. Une fois diplômée, j'ai eu plus de temps et j'ai commencé à écrire des éditoriaux dans la presse. Mais avant cela, j'ai publié un livre de poésie qui a connu un grand succès. Des rédacteurs en chef de journaux et de magazines m'ont demandé d'écrire des éditoriaux. J'ai d'abord écrit sur les droits des femmes. Quand mes éditoriaux paraissaient, les ventes augmentaient. Je suis devenue populaire, connue. Les éditeurs voulaient publier mes ouvrages, ils me proposaient d'énormes avances pour que mes livres paraissent dans leur maison d'édition. Mes écrits étaient à la fois détestés et adorés.

CF : Aucune réaction n'était tiède sur ces sujets…

TN : En effet, rien n'était tiède. Il semblait que personne n'avait parlé des sujets que j'abordais : la liberté des femmes, comment les femmes ont été opprimées à cause de la religion, de la tradition, de la culture et des coutumes. Jusque-là, quand les femmes écrivaient sur les femmes, c'était presque toujours sur la meilleure façon de s'occuper de la maison, du mari, des enfants, sur la cuisine, les vêtements ou le jardin. Et quand elles écrivaient sur les droits des femmes, ça n'allait jamais très loin. Elles disaient « les femmes doivent être éduquées ». Mais l'accent mis sur l'éducation des femmes concernait surtout l'éducation des enfants à la maison, l'avenir du pays, comme si les femmes ne devaient pas être éduquées pour elles-mêmes mais pour les autres, uniquement en vue d'élever convenablement leurs enfants – surtout les enfants de sexe masculin. Moi, je ne parlais pas de ces choses stupides. J'affirmais que les diplômes universitaires n'avaient aucun sens tant que les hommes et les femmes ne s'éduquaient pas eux-mêmes dans l'idée qu'ils sont égaux. L'éducation pour les femmes ne vaut rien si elles ne deviennent pas économiquement indépendantes. Et cette indépendance ne vaut rien si les femmes ne combattent pas les traditions et les coutumes misogynes. Les femmes n'obtiendront jamais leur liberté si les lois sexistes – ou toute loi basée sur la religion – continuent à exister. L'État doit donc être séparé de la religion. La Constitution, la loi, l'éducation et les individus doivent tous être laïques si nous voulons vraiment l'émancipation des femmes. C'était mon message. Ma voix était forte. Sinon, pourquoi aurais-je été aussi critiquée et aimée à la fois ?

CF : Le débat était donc possible, même si c'était dans la passion…

TN : Il y avait un grand débat. Le jour où mes articles étaient publiés, tout le monde en parlait, dans toutes les sphères intellectuelles. Cela signifie que les gens réfléchissaient. Les journaux recevaient un très grand nombre de lettres de lecteurs. Les lendemains, les autres journaux commentaient mes éditoriaux. En bien ou en mal, il fallait qu'ils en disent quelque chose. Les disputes commençaient dans les foyers, entre les maris et les femmes. Les maris ne voulaient pas que leurs femmes lisent mes éditoriaux et apprennent à lutter pour leur propre liberté. Les pères ne voulaient pas que leurs filles lisent ce que j'écrivais. Mais les femmes me lisaient de toute façon ; elles cachaient mes textes sous le matelas quand les membres masculins de la famille traînaient dans les parages. C'était quelque chose d'intéressant. Je recevais des milliers de lettres de femmes me disant que c'était leur histoire que je racontais, qu'elles trouvaient de la force en me lisant. Mes premiers ouvrages ont été publiés et sont devenus des best-sellers. C'était une très bonne chose. De nombreux hommes et femmes – surtout des femmes – se sont réveillés. Au moins, j'ai réussi ça.

CF : On pense un peu à l'effet qu'a eu le livre de Simone de Beauvoir, *Le Deuxième Sexe*, sur toute une génération de femmes françaises des années 1950 et 1960. Beaucoup lisaient pour la première fois un livre qui parlait de leur vécu et leur donnait conscience d'appartenir à une « classe », à une cause. Jusque-là, elles pensaient que leurs malheurs étaient individuels, elles les affrontaient avec une certaine fatalité. En lisant, elles se sont rendu compte que c'était une histoire collective, qui pouvait donc changer.

TN : Au Bangladesh, beaucoup d'hommes et de femmes abandonnaient leur croyance dans la religion après avoir lu mes livres. Ça ne se produisait pas de façon massive, mais ça arrivait. J'étais devenue une personnalité qui divisait les gens. Il y avait des groupes pro-Taslima et anti-Taslima. Aujourd'hui encore au Bangladesh, si une fille commence à défendre ses droits, à s'opposer aux conventions, à la société, on la surnomme « Taslima ».

CF : Vous deviez terriblement inquiéter les conservateurs…

TN : Oui, il y avait un prix à payer. Les intégristes s'irritèrent. Quand j'écrivais sur la façon dont les femmes étaient opprimées, qu'elles ne devaient pas l'être – quelle que soit l'oppression –, ça ne les dérangeait pas. Quand je disais que l'hindouisme était mauvais, que le christianisme ou le judaïsme opprimait les femmes, ça allait. Quand j'écrivais que le fondamentalisme musulman était dangereux, ça allait encore. Mais dès que je parlais de l'islam, dès que j'écrivais que l'islam en lui-même opprimait les femmes et que le Prophète de l'islam opprimait les femmes – en rappelant qu'il a épousé une enfant de six ans et sa belle-fille, que c'était un pédophile, qu'il violait les femmes et pillait les biens des juifs –, alors ça n'allait plus du tout. Même si je n'inventais rien, même si tous ces récits appartiennent à l'histoire de l'islam, ça devenait dérangeant. Les fondamentalistes musulmans – et même des forces laïques non musulmanes – se sont mis à me traiter de propagandiste juive, chrétienne ou hindoue. Certains ont cru à ces calomnies. Il leur était impossible de penser que j'écrivais avec de nobles intentions…

CF : En touchant aux fondements de la religion, vous heurtiez un tabou. Vous n'aviez pas envie d'arrondir les angles, de présenter les choses autrement ?

TN : Je crois fermement que patriarcat et religion sont incompatibles avec les droits des femmes. Et je suis incapable de tromper les gens. Si je le pouvais, j'aurais dit que les droits de l'homme et les droits de la femme sont compatibles avec la religion. C'est ce que prétendent les hommes politiques et tous ceux qui ont exploité l'humanité depuis bien trop longtemps. Mais je devais m'élever contre la religion et les traditions basées sur l'inégalité, car ce sont les instruments dont se sert le patriarcat pour refuser aux femmes leurs droits. Si quelqu'un est tué pour avoir osé être en désaccord avec ça, comment la société pourrait-elle progresser ? Comment les femmes peuvent-elles espérer une égalité de droits quand les gardiens de la foi sont déterminés à protéger et à maintenir des lois sanctionnées par la religion, conservant ainsi le patriarcat en place ?

CF : Comment s'y sont pris les intégristes pour vous faire taire ?

TN : Ils ont envahi les locaux des journaux, ont porté plainte contre leurs rédacteurs en chef, et ils ont commencé à protester violemment contre moi. Mais je répondais, je survivais, je savais que j'avais des amis, des soutiens.

CF : Nous étions en quelle année ?

TN : En 1989. J'étais encore médecin dans un hôpital public. À l'époque, seuls les traditionalistes, les fanatiques et les machistes m'en voulaient.

CF : Cet intégrisme qui se ligue contre votre nom, diriez-vous que c'est un mouvement ancien ou le début d'une nouvelle radicalisation ?

TN : Il y avait déjà des intégristes. Mais ils ont essayé de trouver un prétexte pour devenir plus forts. Beaucoup de nouveaux groupes islamistes, en 1993-1994, se sont formés uniquement pour s'en prendre à moi. Une des organisations s'appelait la *United Islamic Force* : la force islamique unie, quatorze jeunes organisations musulmanes… unies pour me tuer.

CF : Comment l'intégrisme a-t-il pu devenir une force aussi importante au point de se sentir autorisée à vous menacer de mort et à faire régner la peur ?

TN : C'est le gouvernement qui les a aidés à devenir des monstres. Deux ans plus tôt, en 1992, la mosquée Babri à Ayodhya, en Inde, a été rasée par des fondamentalistes hindous. En retour, la révolte a éclaté au Bangladesh. Les fondamentalistes musulmans s'en sont pris à la communauté hindoue, qui y est minoritaire. Ils blâmaient ces hindous, même s'ils n'y étaient pour rien. Ils ont commencé à torturer les hindous du Bangladesh pour leur faire payer les crimes des hindous d'Inde. Et le gouvernement bengalî n'a rien fait. Il a observé en silence ces crimes contre l'humanité.

CF : Cet épisode de la destruction de la mosquée Babri est vraiment capital. Les extrémistes hindous ont prétendu que cette mosquée datant du XVIe siècle avait été construite sur les restes d'un ancien temple hindou. Ils avaient déjà tenté de la détruire en 1989. Ils y sont parvenus en 1992. Il faut se représenter la scène : 150 000 fanatiques ont convergé vers l'édifice et l'ont rasé comme des barbares. Dans les semaines qui suivent, on a dénombré plus de 2000 victimes musulmanes dans divers pogroms aux quatre coins du pays. Un train avec des passagers hindous a été incendié par des musulmans. C'est l'un des rares cas récents où les musulmans ont vraiment été victimes, en raison de leur religion, de fanatiques d'une autre religion. Avec bien sûr le cas de la répression au Cachemire et le génocide des Bosniaques, encore plus dramatique, mais qui dépasse largement la question religieuse… Cet épisode est trop peu connu en Europe.

TN : Comment l'avez-vous connu ?

CF : J'ai visité le site de la mosquée rasée lorsque je suis allée en Inde. Il ne reste plus aujourd'hui qu'un trou censé nous permettre d'apercevoir les ruines douteuses de l'ancien temple hindou. On peut tenter de les apercevoir depuis un grillage sous haute protection. Au-dessus des couloirs en grillage, des singes tentent d'agripper les passants et parfois urinent sur les policiers qui montent la garde. En tout cas, quand j'y étais, un singe s'est soulagé sur le détecteur à métaux du policier indien qui examinait mon passeport. Je me suis dit que si la réincarnation existait, ce singe était sûrement la réincarnation de l'un des musulmans massacrés à Babri... (*Sourires.*) Plus sérieusement, ce drame est révélateur. Presque quarante ans après la partition entre l'Inde et le Pakistan, les tensions sont toujours à fleur de peau entre la majorité hindoue et la minorité musulmane restée vivre en Inde. Là, pour le coup, l'identité religieuse est vraiment responsable de ces déchirements...

TN : Quand la révolte a éclaté au Bangladesh – les intégristes musulmans désirant se venger des hindous –, j'ai vu ce que pouvaient commettre les êtres humains juste parce que leurs croyances n'étaient pas les mêmes. Sous mes yeux, j'ai vu tellement d'hindous arriver, gravement blessés, violés, en état de choc ; j'ai dû les soigner jour et nuit. Je travaillais comme anesthésiste pour les hôpitaux des écoles de médecine de Dhaka. Dans les salles d'urgence, dans les salles d'opération, nous étions constamment occupés à fournir des traitements. Je n'arrivais pas à retenir mes larmes.

CF : Quand les chrétiens sont persécutés, en Égypte ou ailleurs, je me sens proche d'eux, par humanisme. Quand les hindous brûlent une mosquée, je me sens proche des musulmans.

TN : À Gujrât, lorsque les musulmans étaient opprimés par les fondamentalistes hindous, je les ai défendus – pas en tant que musulmans, mais en tant qu'êtres humains. Quand je prends la défense des hindous, je ne me sens pas proche des hindous, je me sens proche d'êtres humains qui sont torturés.

CF : Exactement.

TN : En Palestine, quand les musulmans sont torturés, je me sens proche de ces êtres humains opprimés. Qu'importent le genre et la religion. Je suis toujours aux côtés des opprimés, parce que je suis contre l'oppression. Je ne les traite pas comme des hindous, des musulmans, des bouddhistes ou des chrétiens, mais comme des humains. Je défends l'humanisme : quel que soit son sexe ou sa religion, personne ne devrait être opprimé à cause de ses croyances. À mon sens, les identités religieuses, linguistiques ou ethniques n'ont pas d'importance : c'est l'identité humaine qui en a.

CF : Le problème, dans cette région comme dans beaucoup d'autres parties du monde, c'est que les politiques ont intérêt à exciter les identités religieuses pour des raisons électorales.

TN : Les tensions religieuses ont été créées et avivées par les hommes politiques et les dirigeants pendant des siècles. L'horrible système de caste des hindous a obligé les castes inférieures à se convertir à l'islam ou au christianisme. Il y a seulement cinq générations, mes ancêtres étaient hindous. Dans l'Inde britannique, les Anglais ont pratiqué la politique du « diviser pour mieux régner ». Lors de la partition de l'Inde de 1947, décidée par les politiciens, les hindous et les musulmans ordinaires se sont entre-tués par haine. Mais les graines de la haine ont été semées par des politiciens habiles. À présent, en Inde, les minorités sont nettement mieux protégées qu'elles ne le sont au Bangladesh ou au Pakistan. La minorité hindoue est opprimée au Bangladesh et les chrétiens sont opprimés au Pakistan – non seulement par les fondamentalistes musulmans, mais également par les autorités. En revanche, en Inde, la minorité musulmane est protégée, parce que la démocratie indienne est bien plus forte que celle du Bangladesh ou du Pakistan. Avec une authentique démocratie, les minorités ethniques, linguistiques ou religieuses ne souffrent pas. C'est aussi simple que ça.

CF : Il faut préciser qu'en Inde, le fait d'être une démocratie laïque ne suffit pas à empêcher l'existence de groupes intégristes hindous, mais qu'au moins la loi n'est pas de leur côté. Tandis qu'au Pakistan ou au Bangladesh, l'oppression des minorités religieuses se fait avec la complicité de l'État, au nom de la loi islamique. Comment analysez-vous cela ? Les gouvernements pensent avant tout à leur réélection, donc à flatter la majorité musulmane ?

TN : Oui, naturellement. Au Bangladesh, les hindous sont minoritaires et les musulmans majoritaires. Au sein du gouvernement, on observe partout une attitude anti-hindoue. On les empêche d'accéder à des fonctions élevées. Peu d'entre eux sont membres du Parlement ou ministres. On les empêche aussi d'avoir des postes importants dans l'armée, dans l'administration, dans les institutions. Il y avait un plan non écrit des autorités – musulmanes – pour ne pas recruter d'hindous. Les non-musulmans sont traités comme des citoyens de seconde classe.

CF : Quand je pense que certains Français musulmans pensent être des citoyens de seconde classe dans un pays laïque… Ça donne envie d'organiser des voyages scolaires à la rencontre des minorités religieuses de pays comme le Pakistan, le Bangladesh ou même l'Égypte. Ils relativiseraient peut-être. Mais en vous écoutant, je réalise, ce que j'ignorais, que si vous dérangiez autant ce n'est pas seulement parce que vous critiquiez la religion dominante dans votre pays, c'est aussi parce que vous preniez la défense des minorités religieuses…

TN : C'est un aspect que les intégristes veulent oublier. J'ai écrit un livre intitulé *Lajja* qui ne parlait ni de religion ni de liberté des femmes, mais de la façon dont les hindous étaient torturés par les musulmans au Bangladesh. Ce n'est pas un roman, mais essentiellement un récit documentaire avec quelques personnages de fiction.

CF : Une sorte de roman-enquête ?

TS : Oui, je glanais des informations dans les hôpitaux où je travaillais comme médecin. Je recoupais aussi des informations de la presse. Quelques journaux publièrent des informations authentiques sur les persécutions que subissaient les hindous. J'ai questionné des amis, des auteurs et des intellectuels hindous. Je me suis rendue dans les villes et villages où les atrocités avaient eu lieu. J'étais profondément choquée. Et très surprise de constater que le gouvernement n'engageait aucune procédure contre les intégristes musulmans, qui étaient simplement libres de brûler les maisons des hindous. Partout où vivaient des hindous, les villages étaient brûlés. Ils devenaient sans abri, ils étaient violés, tués. L'exode commença. Ils quittèrent le pays pour l'Inde, par sécurité. Ils étaient pourtant citoyens du Bangladesh ! Pourquoi le gouvernement ne leur a-t-il pas garanti la sécurité à laquelle ils avaient droit ? C'est la question que posait mon livre. Six mois après sa parution, le gouvernement l'a fait interdire. Et cette censure a encouragé les intégristes musulmans à s'opposer encore plus à moi.

CF : La demande d'interdiction venait du gouvernement ou des fanatiques ?

TN : Les intégristes musulmans étaient déjà en colère contre moi à cause de mes écrits critiquant l'islam, mais dans *Lajja*, il ne s'agit pas de critiquer l'islam. Ils n'ont donc rien dit contre ce livre. D'ailleurs, avant qu'ils puissent dire quoi que ce soit, le gouvernement l'a censuré.

CF : Pourquoi ?

TN : Parce que j'avais critiqué le gouvernement et décrit les persécutions dont les hindous avaient été victimes. Il n'a pas aimé être confronté à la vérité. Mais les fondamentalistes musulmans se sont sentis confortés par cette interdiction. Ils se sont radicalisés et la fatwa a été prononcée. Ils ont mis ma tête à prix, et la grève générale contre moi a commencé dans tout le pays.

CF : Si le gouvernement montre l'exemple, les groupes intégristes se sentent autorisés à aller encore plus loin… Vous avez dû quitter le Bangladesh à cause de cette fatwa ?

TN : Pas immédiatement. Je suis venue à Paris en avril 1994, sur invitation d'Arte, du *Nouvel Observateur* et de Reporters sans frontières, pour participer à une conférence sur la liberté de la presse. À cette époque, on savait déjà en France que des intégristes musulmans avaient lancé une fatwa contre moi. Je suis rentrée au Bangladesh via Calcutta. En Inde, j'ai accordé un entretien à *The Statesman,* un journal indien anglophone. La journaliste m'a posé des questions sur l'islam, et naturellement, j'ai répondu. Mais elle a confondu le Coran et la charia (la loi islamique). Je disais qu'il fallait réécrire la loi islamique, la charia, elle s'est trompée et elle a titré : « Taslima pense que le Coran devrait être réécrit ».

CF : Aïe ! L'ignorance des journalistes sur de tels sujets peut avoir des conséquences terrifiantes…

TN : Je me trouvais toujours à Calcutta lorsque j'ai réalisé que l'intervieweuse s'était trompée. J'ai demandé à faire publier un droit de réponse qui disait : « Je n'ai pas dit que le Coran devait être réécrit, parce que je ne crois pas au Coran. Pourquoi devrais-je demander la modification d'un ouvrage auquel je ne crois pas ? Je pense que tous les textes sacrés et religieux sont hors du temps et de l'espace. » Mon droit de réponse a été publié. Mais le lendemain, lorsque je suis rentrée au Bangladesh, c'était comme si tout le pays était en feu. Ils allaient me mettre sur un bûcher. Les intégristes ont commencé à s'organiser. Il y avait peut-être 500 000 personnes dans la rue. Des intégristes musulmans des madrasas, de mosquées, de toutes les organisations islamiques du pays manifestaient. Quel était leur mot d'ordre ? « Nous voulons l'exécution de Taslima par pendaison. » Au lieu de me soutenir ou de me protéger, le gouvernement a engagé une procédure contre moi pour avoir offensé les croyances religieuses des gens.

CF : Sur quels fondements ?

TN : La loi 295-a. Une loi contre le blasphème, vieille de cent cinquante ans. Quiconque offense – délibérément ou avec de mauvaises intentions – les croyances religieuses du peuple doit être puni.

CF : Des gens pourraient penser que c'est une loi découlant de la charia... Pas du tout, c'est un héritage de la colonisation britannique.

TN : En effet. Ce sont les Anglais qui ont fait cette loi. L'Inde était une colonie britannique, donc les lois anglaises s'appliquaient sur le sous-continent indien. Elle a perduré au Bangladesh, au Pakistan et en Inde. Mais en Inde et au Bangladesh, ils se sont attaqués à cette loi (ou à ce code pénal). Ils ne prévoient pas la peine de mort. Seul le Pakistan l'applique encore.

CF : Au Pakistan, ils l'ont même durcie dans les années 1980 pour faire plaisir aux islamistes. Encore la faute d'un militaire... Un général a voulu conforter son pouvoir et amadouer les groupes islamistes en aggravant cette loi sur le blasphème. Elle sert essentiellement à opprimer les minorités religieuses, chrétiennes, hindoues ou ahmadies (une secte de l'islam) pour leur interdire de pratiquer ostensiblement leur culte. Au moment où nous parlons, deux étudiantes chrétiennes sont accusées de blasphéme contre l'islam parce qu'elles ont osé afficher un poster de Jésus-Christ en croix sur les murs de leur faculté. Or, comme vous le savez, montrer le Christ en croix est un blasphème puisque, selon l'islam, il n'a pas été crucifié. Elles risquent la peine de mort. Au Bangladesh, la loi ne va pas jusque-là, mais vous risquiez la prison et les intégristes voulaient vous tuer…

TN : Un mandat d'arrêt a été lancé contre moi. Mon avocat m'a conseillé d'entrer en clandestinité immédiatement. J'ai demandé pourquoi ? Je voulais faire face à l'arrestation, mais mon avocat m'a affirmé que ce serait dangereux. « Cela concerne les sentiments religieux, vous seriez tuée par les policiers censés vous interpeller. Ou s'ils vous emprisonnent, les prisonniers vous tueraient à cause de leurs croyances. C'est un sentiment dangereux, il faut que vous vous cachiez. » Je l'ai donc fait. Mais se cacher impliquait d'énormes difficultés : qui me fournirait un refuge ? Tout le pays savait que la police me recherchait. Tout le pays savait que des fondamentalistes étaient à ma poursuite pour me tuer.

CF : Qui vous a soutenu à cette époque ?

TN : Des personnes que je connaissais mais dont je n'étais pas particulièrement proche. En revanche, ceux qui étaient extrêmement proches de moi ne m'ont pas abritée. Peut-être pensaient-ils que la police irait chez eux en premier. Mais certaines personnes très laïques – des musiciens, des auteurs ou des artistes – m'aidèrent. Vous ne pouvez pas imaginer à quel point c'était difficile d'être simplement en vie.

CF : N'importe quel membre des familles où l'on vous hébergeait pouvait faire fuiter l'information...

TN : Il faut comprendre qu'au Bangladesh, ça n'est pas comme dans un appartement parisien, dans lequel ne vivent qu'une ou deux personnes. Là, c'est une quinzaine de personnes qui y habitent : les mères, le beau-père, les enfants, la bonne, les domestiques, etc. Je devais me cacher dans une petite pièce ou dans un cagibi, sans faire le moindre bruit. Et cela ne concerne pas qu'une seule maison. Après quelques jours, j'étais transférée dans une autre maison. On me mettait sur le siège arrière d'une voiture et on posait un tas de choses au-dessus de moi, des vêtements, des valises, comme s'il n'y avait personne. Un petit groupe s'occupait des transferts d'un endroit à l'autre, essayait de me trouver un lieu d'hébergement. C'était une tâche très compliquée. Souvent, je n'avais rien à manger, rien à boire, parce que la seule personne de la maison qui savait que j'étais là ne trouvait pas la possibilité de venir me servir. Mais je me fichais un peu de la nourriture, je vivais dans une tension terrible. Je pensais qu'à tout moment, les fondamentalistes viendraient m'assassiner, qu'ils me trouveraient.

Mon histoire prenait une tournure considérable. Il y a eu un appel à la grève générale dans tout le pays : pas de bus, pas de camions, pas de bureaux, pas d'écoles, pas de trains, pas d'avions, rien. Le pays a été paralysé plusieurs jours. Pour quelle raison ? Parce qu'ils voulaient me tuer. Je ne peux même plus penser à ces journées, c'est toujours comme un cauchemar.

CF : Malgré tout, vous résistiez. Vous ne vouliez pas partir. Qu'est-ce qui a fini par vous obliger à fuir ?

TN : À un moment, mon avocat m'a dit : « Si vous voulez survivre, vous devez quitter le pays clandestinement. » Les groupes de soutien qui me transportaient d'un endroit à un autre m'ont dit la même chose : « Il n'y a plus aucun refuge sûr. » Parce que c'était dangereux de rester au même endroit trop longtemps. On pouvait découvrir où je me trouvais.

Tout le monde savait que je me cachais. Les fondamentalistes disaient qu'ils iraient dans chaque maison pour me chercher. Puisque le gouvernement ne réussissait pas à m'interpeller, ils le feraient eux-mêmes. Même mes amis progressistes avaient peur de m'héberger. Alors, mon avocat a insisté : « C'est impossible que tu survives dans ce pays. » Ils m'ont apporté une perruque pour que personne ne puisse me reconnaître et une burqa – une véritable burqa. La perruque avait son importance parce qu'il fallait que je sois méconnaissable avec mes cheveux longs sous la burqa si jamais quelqu'un essayait de l'enlever.

CF : Décidément, les fanatiques arrivent toujours à voiler les femmes, même celles qui résistent sont obligées de se cacher sous une burqa pour ne pas être tuées…

TN : Pendant plusieurs jours, j'étais là, assise, avec une burqa et une perruque à portée de main. L'avocat disait qu'on ne pouvait plus me protéger. Le groupe de soutien qu'il n'y avait plus de maison où me cacher. J'ai dit : « Très bien, je veux me rendre », et ils m'ont répondu que c'était hors de question, qu'on me tuerait ou qu'on les tuerait : « Nous sommes vos avocats, nous ne sommes pas en sécurité, nous serions assassinés si on vous défendait au tribunal. Ce n'est pas possible. Vous devriez fuir le pays clandestinement. » J'ai refusé, j'ai protesté. Mais après deux mois de clandestinité, j'étais dehors. Après une négociation, probablement entre les gouvernements occidentaux et le gouvernement du Bangladesh, on m'a libérée sous caution. Je suis sortie de ma clandestinité et me suis présentée face à la Haute Cour, où beaucoup de policiers m'attendaient – pas pour m'arrêter, mais pour me protéger. Après ma libération sous caution, je suis rentrée chez moi et le gouvernement m'a demandé de quitter le pays. Des policiers sont venus me chercher à mon domicile et m'ont amenée à l'aéroport. Depuis, je vis en exil.

CF : Vous n'avez jamais pu retourner au Bangladesh depuis ?

TN : Si. Quand ma mère a été malade. Le médecin a annoncé qu'elle avait un cancer au stade terminal et qu'elle ne survivrait pas trois mois. Elle est venue à New York pour voir si elle pouvait suivre des traitements plus poussés pour son cancer du côlon, mais il n'y avait rien à faire. J'étais son compagnon de voyage. Quand elle a dû retourner au Bangladesh, j'ai désespérément voulu l'accompagner. À l'époque, en 1998, Hasina était au pouvoir. J'ai pris contact avec mon avocat, qui a parlé avec Hasina, mais Hasina a refusé. J'ai contacté le ministre de l'Intérieur, que je connaissais. Il a parlé de mon cas à Hasina, qui a encore refusé. C'était impossible de la convaincre de mon besoin d'être aux côtés de ma mère pour ses derniers instants.

En tant que réfugiée politique, j'avais obtenu un titre de voyage des Nations unies. J'ai dit au gouvernement suédois que je renonçais à mon asile politique, que je rendais mon titre de voyage des Nations unies et que je voulais qu'on me rende mon passeport bengalî. Je l'ai récupéré et je n'ai pas prévenu les autorités bengalîs que je retournais au Bangladesh. J'ai dit à mes parents que le gouvernement ne me laisserait pas entrer, mais que je les accompagnais pour leur tenir compagnie.

Quand j'ai tendu les trois passeports bengalîs – ceux de mes parents et le mien – à l'agent de l'immigration, il ne m'a pas reconnue. Il a tamponné nos passeports, nous permettant d'entrer dans le pays. À cet instant, j'étais la personne la plus heureuse du monde. Voilà donc comment je suis arrivée. Personne – pas même mon frère, venu chercher mes parents à l'aéroport – ne savait que j'étais là. Mais le lendemain, l'information est sortie. « Taslima est là ! » Tous les journaux ont publié la nouvelle de mon retour. Quelqu'un m'avait vue dans l'avion et avait révélé le secret. Ensuite, j'ai appris que l'homme qui m'avait permis d'entrer sans m'avoir reconnue avait été licencié. La police a commencé à me chercher partout.

Les journalistes sont venus chez moi, et ils ont vu que l'appartement était fermé. Je n'étais donc pas là. Mais s'ils avaient écrit « on ne sait pas où se trouve Taslima », ça n'aurait pas été très intéressant. Les médias ont donc fait une bonne chose pour moi. Comme tout le monde voulait savoir où j'étais, ils ont inventé des histoires. Ils ont fabriqué de toutes pièces des récits, ont écrit que je voyageais dans telle ville, que le lendemain j'étais dans tel village pour rencontrer un membre de ma famille. Chaque jour, de nouvelles histoires paraissaient sur mon emplacement. Les chiffres de ventes des journaux augmentaient grâce à ces fables.

CF : Ils inventaient ces histoires ? Vous n'aviez aucun contact avec ces journalistes ?

TN : Non, absolument aucun. Je les évitais totalement. Les journaux continuaient à écrire : « Elle est allée chez son oncle ; de là, elle s'est rendu sur la tombe des grands-parents de son père, puis elle est allée chez un ami. » Chaque journal racontait sa propre histoire. Les policiers couraient partout en fonction de ça, les fondamentalistes allaient me chercher dans ces endroits, tandis que moi, j'étais tout simplement dans mon appartement à Dhaka, fermé de l'extérieur. Les médias m'ont sauvée ! Naturellement, ce n'était pas leur but, ils voulaient juste vendre du papier. Mais ensuite, confortablement assise dans mon appartement, j'ai donné une unique interview, à la BBC, qui n'a pas révélé où je me trouvais.

CF : Maintenant, on sait comment une divinité peut être à plusieurs endroits au même moment : grâce aux médias !

TN : Mais après cela, le gouvernement et les fondamentalistes ont engagé des procédures contre moi. Et encore une fois, un mandat d'arrêt a été lancé. La même histoire recommençait, et j'ai dû me présenter une fois de plus à la Haute Cour pour être libérée sous caution. Puis, j'ai été obligée de quitter le pays.

CF : Vous espériez rester ?

TN : Bien sûr. Mais je ne le pouvais pas à cause du HuJi (Hurkat-ul-Jihad-al-Islami), un groupe qui sème encore le trouble aujourd'hui. La plupart des terroristes islamistes qui commettent des attentats en Inde et au Bangladesh viennent du HuJi. Ce mouvement est né dans les années 1990, avec l'objectif d'en finir avec moi. Quand j'étais avec ma mère sur son lit de mort, quelques membres du HuJi ont été arrêtés. Ils allaient tuer un célèbre poète. Les policiers sont tombés sur une liste de quatre personnes qu'ils comptaient abattre. Je me trouvais en première position. Puis les ambassades européennes ont commencé à faire pression sur moi pour que je quitte le pays. J'ai refusé. Je ne comprenais pas, pourquoi voulaient-ils que je parte ? Qui le leur avait demandé ? Ils me demandaient continuellement de partir alors que ma mère vivait ses derniers instants. Mais après sa mort, j'ai dû partir. C'était la fin. Il m'était désormais impossible de revenir…

CF : Votre mère s'était réfugiée dans la foi, mais les fondamentalistes sont allés très loin pour lui faire payer le fait d'être votre mère.

TN : Ma mère était croyante, mais c'était la personne la plus généreuse, gentille et honnête, que j'aie jamais connue. Aucun religieux n'a accepté d'officier pour ses funérailles. Son seul crime, c'était d'avoir été ma mère, la mère d'une infidèle. Elle avait voué sa vie entière à l'islam, mais n'a pas eu droit à une cérémonie funèbre normale lors de son enterrement au Bangladesh.

CF : Est-ce quelque chose qui vous pèse ? Ont-ils réussi ce qu'ils cherchaient : à vous faire mal et à vous culpabiliser ?

TN : Je ne culpabilise pas parce que ma mère n'a pas eu de splendide cérémonie funèbre religieuse. Pas le moins du monde. Ce qui me fait de la peine, c'est la vie misérable qu'elle a eue.

CF : Pendant ce voyage, quelles étaient vos relations avec votre mère ? Était-elle en colère contre vous ?

TN : Non. Elle a toujours considéré que les intégristes avaient tort, parce qu'elle me connaissait ; elle savait à quel point j'étais honnête, à quel point j'étais solidaire des personnes opprimées. Elle était bouleversée par ces fondamentalistes, même si c'était une musulmane dévouée, même si elle savait bien que je critiquais l'islam. Elle m'adorait en tant que personne, me soutenait beaucoup. Un jour, alors qu'elle était sur son lit de mort, j'ai fouillé dans son placard. Il y avait là beaucoup de lettres. Elle écrivait aux rédactions des journaux : « Ramenez Taslima ; ces fondamentalistes sont de vrais imbéciles, ce ne sont pas vraiment des musulmans. » Je n'aurais jamais cru que ma mère me soutiendrait à ce point, qu'elle écrirait. Je pensais qu'elle n'avait pas vraiment d'éducation, qu'elle était inculte. Elle a toujours été opprimée et délaissée par toute ma famille. Mais personne d'autre n'a écrit de courriers aux journaux pour me défendre. Personne ne s'en est pris au gouvernement pour avoir violé mes droits, le droit que j'avais de vivre dans mon pays. Il n'y a eu que ma mère pour s'opposer aux fondamentalistes et au gouvernement.

CF : C'est un bel exemple de foi et d'humanité... Tous les esprits libres ne sont pas aussi soutenus par leurs parents. Je pense à Kareem Amer, ce jeune blogueur égyptien qui est en prison à l'heure où nous parlons pour avoir écrit des articles critiques envers le pouvoir et les islamistes. Quand le verdict est tombé et qu'il a été condamné à quatre ans de prison, son père – un fondamentaliste – a dit que son fils était un « singe » imitant les Occidentaux et qu'il devait être tué s'il ne se repentait pas.

TN : Sur ce point, j'ai eu de la chance. J'ai toujours été soutenue par ma famille, par mon père, ma mère, mes frères et ma sœur. Quand je me cachais au Bangladesh en 1994 et que j'avais très peur d'être tuée par les fondamentalistes, mon père m'a fait parvenir une lettre via l'un des membres du petit groupe qui pouvait me contacter. Il m'a écrit : « Ne t'inquiète pas, n'aie pas peur. Nous mourrons tous un jour ou l'autre. Si tu dois être abattue, sois abattue. Tu te bats pour une cause. Nous sommes tous avec toi. N'abandonne pas la lutte, sois courageuse ! » J'étais surprise. Je n'arrivais pas à croire qu'un père puisse écrire une lettre comme celle-là. Ça me donnait beaucoup de courage, j'avais l'impression de recevoir une lettre d'un camarade.

CF : Quand vous avez dû repartir en exil, vous êtes allée directement en Inde ?

TN : Non, je suis retournée en Occident. Après quelques jours en Suède, j'ai emménagé dans une résidence d'artistes au Moulin d'Andé, en Normandie, pour trois mois. J'étais invitée par une organisation de producteurs de films basée à Paris pour écrire un scénario. Ensuite, j'ai vécu un an à Paris, en 2000. Et en 2001-2002, je suis retournée en Suède. Enfin, en 2003, quand l'université d'Harvard m'a proposé un poste, je m'y suis installée. Mais je voulais aller en Inde, parce que je savais que je pourrais me sentir comme chez moi à Calcutta, y parler ma langue et profiter de la culture bengalî.

De 1994 à 1999, je n'ai pas été autorisée par les autorités indiennes à m'y rendre. Finalement, en décembre 1999, j'ai obtenu l'autorisation – même si ce n'était qu'un visa touristique. J'y suis allée une ou deux fois par an. Puis j'ai demandé un permis de séjour, que j'ai obtenu fin 2004. Je m'y suis immédiatement installée, j'ai loué un bel appartement à Calcutta, j'ai acheté tout ce qu'il fallait et je l'ai joliment décoré. J'ai apporté presque tout ce que j'avais en Europe, j'ai fait tout mon possible pour y vivre et me concentrer sur mes écrits. Comme, malgré mes efforts, je ne pouvais pas revenir au Bangladesh, Calcutta était devenu ma maison. Pour la première fois dans ma vie d'exilée, je me posais quelque part.

CF : À partir du moment où vous retrouviez votre culture et votre langue maternelle, vous vous êtes sentie à la maison ?

TN : Oui, parce que comme je vous l'ai dit, à une époque, le Bengale était uni. Le Bangladesh et le Pakistan se sont séparés de l'Inde pour des raisons religieuses. Mais pour moi, qui ne crois pas à la religion, cette partition ne veut rien dire. Je me fiche des barbelés religieux qui ont séparé les Bengalis et leurs terres. J'habitais Calcutta et ce qui était merveilleux, c'est que ce n'était qu'à trente minutes de Dhaka, la capitale du Bangladesh, en avion. Les membres de ma famille, mes frères, mes tantes, mes oncles pouvaient venir me voir. Je me sentais comme à la maison. J'étais à la maison.

CF : Étiez-vous célèbre en arrivant en Inde ? Vous reconnaissait-on dans la rue ?

TN : Je l'étais depuis les années 1990. J'ai reçu un prix littéraire prestigieux en 1992 pour mon livre *Selected Columns*, qui parlait des droits et libertés des femmes. J'étais la première écrivaine du Bangladesh à recevoir ce prix. De nombreux compatriotes écrivains étaient vraiment jaloux. Donc oui, j'étais reconnue où que j'aille dans le Bengale-Occidental. À la vérité, je suis plus célèbre en Inde qu'au Bangladesh.

CF : Vous vous sentiez en sécurité ?

TN : Je me sentais en sécurité. Calcutta est bien plus sûre pour moi que Dhaka. D'une façon générale, je pense que l'Inde est bien plus sûre pour moi que le Bangladesh. D'autant qu'en Inde, j'étais constamment sous protection policière.

CF : Malgré tout, le répit a été finalement de courte durée. Quelques années plus tard, les polémiques ont recommencé…

TN : Les premières ont été initiées par quelques écrivains masculins. Ils me reprochaient d'écrire sur ma vie sexuelle. Y compris sur des gens célèbres avec qui j'avais des liaisons. Cela a fait très peur à ces auteurs. Deux d'entre eux ont intenté des procès en diffamation contre moi, réclamant 4 millions de dollars. Je n'arrive vraiment pas à comprendre comment un écrivain peut exiger cela du travail d'un autre écrivain. D'autres auteurs connus ont écrit contre moi, affirmant que je violais la vie privée. En réalité, ils ne supportaient pas qu'une femme puisse s'exprimer sur sa sexualité. Pour eux, je faisais preuve d'une grande audace, ils considéraient que c'était le seul privilège des écrivains masculins d'écrire sur la sexualité des femmes. Aucune femme n'aurait dû avoir ce droit.

CF : Il y a deux choses séparées dans ce que vous dites. Le respect de la vie privée, auquel on peut être attaché, même pour les écrivains, et la question de la liberté sexuelle. Vous pensez que le fait d'assumer une sexualité libre dans une société patriarcale a dérangé ?

TN : Si vous ne faites aucune concession à la société patriarcale, vous vous retrouverez toujours en pleine tempête. Est-ce répréhensible d'écrire l'histoire de sa vie ? Est-ce répréhensible d'exposer les vérités profondes, secrètes, de la vie telle qu'on l'a vécue ? La règle non écrite de toute autobiographie est : « Rien ne sera caché, tous les sujets seront abordés. » L'objet d'une autobiographie, c'est l'inconnu, les secrets d'une vie humaine. J'ai simplement essayé de suivre honnêtement cette règle. Les deux premiers volumes de l'histoire de ma vie, *Enfance au féminin* et *Vent en rafales*, n'ont pas soulevé le genre de controverse qu'a soulevé *Rumeurs de haine*. Beaucoup ont dit que j'avais délibérément choisi une matière sensationnaliste, que j'étais incapable de susciter autre chose que le scandale. On m'a dit que cet ouvrage avait été rédigé dans l'intention de déclencher un tollé. Est-on obligé de trouver une motivation mesquine à l'origine de chaque création ? Cette question n'a aucun sens quand il s'agit d'une autobiographie. J'ai décrit mes années d'enfance, d'adolescence, ma jeunesse, vivant et grandissant grâce à toutes mes expériences. J'ai parlé de ma philosophie, de mes espoirs et désespoirs, de ma beauté et de ma laideur, de ma joie et de mes peines, de ma colère et de mes larmes, de mon éloignement par rapport à mes idéaux. Je n'ai pas choisi un sujet émoustillant ou sensible. J'ai simplement choisi d'écrire sur ma propre vie. Si cette vie est stimulante et excitante, comment puis-je l'atténuer ?

CF : Mais que vous reprochait-on au juste, d'avoir une vie et une sexualité libres, ou de le raconter ?

TN : Les flèches acérées de la dérision venaient de tous côtés. La boue de la calomnie et de l'humiliation a été lancée pour me salir. Cet assaut n'a qu'une explication : j'ai dit la vérité. Tout le monde n'est pas capable de supporter la vérité. Les vérités d'*Enfance au féminin* et de *Vent en rafales* peuvent être supportées ; celles de *Rumeurs de haine* sont insupportables. Dans *Enfance au féminin*, lorsque je décrivais mon enfance ignoble, les gens disaient avec compassion : « Comme c'est terrible ! » Dans *Vent en rafales*, quand je racontais avoir été trompée par mon mari, ils exprimaient leur compréhension. Mais dans *Rumeurs de haine*, quand je parlais ouvertement de mes relations avec divers hommes, ils ont commencé à me montrer du doigt. On ne peut en tirer qu'une conclusion : tant qu'une femme est opprimée et sans défense, les gens l'aiment et compatissent. Mais dès qu'elle refuse de rester exploitée ou étouffée, dès qu'elle se lève et se tient droite, qu'elle impose ses droits, qu'elle brise le système social pourri qui l'enchaîne afin de libérer son corps et son esprit, elle n'est plus admirable – elle devient haïssable.

L'une des principales raisons de cette controverse a été la liberté des mœurs. Étant donné que la plupart des gens sont profondément immergés dans les traditions d'une société patriarcale, ils sont irrités, en colère et révoltés face à l'expression assumée de l'autonomie sexuelle d'une femme. Cette liberté, je ne fais pas qu'en parler. Je me la suis imposée, dans ma vie et à travers ma vie. Mais cette liberté n'est pas la licence. Les hommes ne peuvent pas me toucher dès qu'ils le souhaitent. C'est moi qui décide. Notre société n'est pas encore prête pour une telle liberté chez une femme. Elle refuse d'accepter le fait qu'une femme puisse avoir des rapports sexuels et prendre du plaisir avec tout homme qu'elle désire et que, dans le même temps, elle puisse décider de façon rigoureuse où mettre la limite dans une rencontre.

Nos auteurs renommés, fameux, aisés, prenaient du plaisir à me calomnier en me traitant de prostituée, de pute. Ce faisant, ils agissaient comme les porte-parole de cette société patriarcale dégoûtante ! Qui utilisent d'abord le mot « putes » pour leur plaisir, puis invectivent les femmes libres avec la même insulte.

CF : C'est presque un titre de gloire.

TN : Oui. Dans l'histoire du monde, dès qu'une femme s'élève contre le patriarcat, parle d'émancipation, essaie de se libérer de ses chaînes, on la traite de « pute ». Il y a bien longtemps, dans la préface de mon livre intitulé *Fallen Prose of a Fallen Girl*, j'ai écrit que j'étais enchantée qu'on m'appelle une « femme de mauvaise vie ». Parce que je sais qu'à chaque fois qu'une femme lutte contre l'oppression de l'État, de la religion ou de la société, à chaque fois qu'elle prend conscience de ses droits, la société la considère comme une « pute ». Je crois que, dans ce monde, pour qu'une femme soit pure, soit fidèle à elle-même, elle doit devenir une « pute ». C'est seulement quand une femme est traitée de « pute » qu'elle peut savoir qu'elle est libérée des diktats de la société. La « pute » est réellement un être humain pur et immaculé. Je crois profondément que si une femme veut gagner sa liberté, être un humain, elle doit mériter cette étiquette. Ce titre, venant d'une société décadente, dégénérée, devrait être considéré par chaque femme comme un honneur. Jusqu'à maintenant, de tous les prix que j'ai reçus, je considère celui-là comme la plus grande reconnaissance de ce que j'ai réalisé dans ma vie. Je l'ai mérité parce que j'ai frappé d'un coup mortel le corps décadent et pourri du patriarcat. Voilà la vraie mesure de la valeur de ma vie d'écrivain, de ma vie de femme, et de mon long combat pour devenir celle que je suis à présent.

CF : Personnellement, je suis trop connue comme lesbienne pour avoir été traitée de « pute ». (*Sourires.*) Mais le mot « lesbienne » sert aussi à insulter les femmes qui ont une liberté et une autonomie sexuelle menaçante pour le patriarcat. C'est d'ailleurs le principal moteur de la rage envers les femmes qui ne couchent pas avec des hommes. Le lesbianisme fait paniquer le patriarcat comme le boycott fait trembler le capitalisme. Autant l'homosexualité masculine est une trahison, autant le lesbianisme est tout simplement inconcevable et souvent innommé dans les sociétés patriarcales. Tout simplement parce que seule la sexualité des hommes est visible, la sexualité entre deux femmes est donc doublement invisible. Elle met en cause le fondement de cet ordre établi sur la domination masculine.

L'homophobie revient très souvent dans les insultes que je reçois de la part d'intégristes, surtout chrétiens. J'ai dû fermer les commentaires sur mon blog à cause de leur violence. J'ai aussi fini par comprendre que ma personnalité, ma liberté de choix et de vie, étaient insupportables aux yeux de certains hommes ; qu'ils soient fanatiques ou non, ils éprouvent parfois une forme de haine qui n'est pas rationnelle. Être une femme ayant une sexualité libre peut être très déstabilisateur. En Inde ou dans certains quartiers populaires, comme l'a montré le mouvement Ni putes ni soumises…

TN : Nous sommes intervenues ensemble à une table ronde lors de leur université d'été.

CF : Oui, c'était il y a quelques années maintenant. Je suis assez réservée sur ce qu'est devenu ce mouvement depuis, mais on ne peut nier le fait qu'il a libéré la parole et mis le doigt sur l'enjeu que représente la libération des femmes de culture musulmane dans les quartiers populaires. Même dans une société aussi libre que la France, la liberté sexuelle est réservée aux élites. Comme au temps de Versailles, la religion est là pour faire la morale au peuple. Sauf qu'à notre époque, ce n'est pas la faute de la monarchie (qui entretenait cette schizophrénie) mais celle des prédicateurs qui sévissent dans les quartiers populaires et entretiennent le tabou pour mieux contrôler ceux qu'ils estiment appartenir à leur « communauté ». L'élite aimerait que l'émancipation sexuelle soit valable pour tous ! Elle est pour l'égalité, la mixité, le mélange, les mariages mixtes et l'émancipation sexuelle. C'est une valeur beaucoup plus exigeante que ne le pensent les sermonneurs, qui la confondent avec la décadence. Comme vous le disiez tout à l'heure, cela n'a rien à voir avec la licence. Pour être émancipatrice et non simplement égoïste, la liberté sexuelle doit aller de pair avec le recul de la domination masculine. Elle suppose une société égalitaire et le respect du consentement. C'est d'ailleurs là qu'elle porte des coups à ceux qui préfèrent une société fondée sur la domination. Les libertins ne sont pas seulement des hédonistes mais des esprits libres. Ils dérangent parce qu'ils mettent en question l'ordre social.

On rejoint ce que l'on disait tout à l'heure sur le prix à payer pour faire trembler l'édifice. Dans votre cas, c'est carrément la double peine. Puisque après le Bangladesh, vous avez dû fuir l'Inde. Comment est-ce arrivé ? Là aussi, tout a commencé par une censure...

TN : Mon livre intitulé *Rumeurs de haine* dans lequel je critique l'islam et le prophète Mahomet – a été interdit par le Parti communiste qui dirige le Bengale-Occidental.

CF : Par des communistes ?

TN : Oui, par des communistes. Calcutta est la capitale de l'État du Bengale-Occidental. Pendant trente ans, cet État a été dirigé par des partis de gauche. Leur parti s'appelait le CPI, Communist Party of India, mais je ne crois pas qu'ils adhéraient à l'idéologie communiste. En tout cas, ils ne disaient jamais rien contre la religion. Pour obtenir les voix des musulmans, ils ont mené des politiques communautaristes, les conduisant à construire des mosquées et des madrasas pour la minorité musulmane du Bengale-Occidental. Cette minorité n'avait rien dit avant que les communistes n'interdisent le livre.

CF : C'est fou. Au Bangladesh, pays musulman, le gouvernement vous censure pour flatter l'électorat musulman majoritaire. En Inde, on vous censure pour ménager les minorités religieuses, en l'occurrence l'électorat musulman. Ça n'est jamais le bon moment d'écrire ! Quel est le statut des musulmans en Inde par rapport à celui des hindous au Bangladesh ?

TN : La condition des minorités religieuses en Inde et au Bangladesh est totalement différente. Au Bangladesh, les hindous représentent une minorité humble et opprimée. En Inde, les musulmans sont eux aussi opprimés, par les fondamentalistes hindous, mais le gouvernement et tous les partis mènent une politique d'apaisement à leur égard parce qu'ils représentent 25 % de la population, ce qui fait un assez grand nombre d'électeurs.

Les musulmans en Inde sont d'abord des musulmans, et seulement ensuite des Indiens. La plupart de ces électeurs ne votent pas de façon indépendante. Ils n'ont aucune conscience politique qui leur permettrait de choisir librement un candidat. Ils obéissent à leurs chefs spirituels. Pendant les élections, les imams et les fondamentalistes religieux qui contrôlent la communauté musulmane – ou plutôt, le troupeau de moutons – choisissent un parti politique pour qui voter. Le parti politique qui obtient leurs suffrages, c'est celui qui encourage les musulmans à pouvoir appliquer leurs lois barbares (la charia), qui les aide à bâtir des mosquées et des écoles coraniques afin que les musulmans puissent vivre dans les ténèbres et produire de plus en plus d'idiots et de fanatiques, c'est celui qui leur accorde des privilèges en créant divers fonds pour eux. Et ça marche... En Inde, il y a une compétition entre hommes politiques pour savoir qui satisfera le mieux leurs exigences. Moralité, qu'ils soient majoritaires ou minoritaires, les musulmans sont puissants.

CF : Visiblement, on a estimé que le meilleur moyen de les contenter était de vous censurer. Pourquoi ce livre spécialement ? Quel était son message ?

TN : Dans cet ouvrage, je m'élève contre le fait que le Bangladesh soit devenu un État islamique dans les années 1980, en retirant l'aspect laïque de la Constitution pour adopter une religion d'État : l'islam. Je craignais que les non-musulmans du Bangladesh ne soient traités comme des citoyens de seconde classe, et que les fondamentalistes musulmans soient encouragés à transformer l'État en théocratie.

CF : Et cette fois, quelle était la raison invoquée pour interdire le livre ?

TN : Encore le blasphème. Toujours l'article 295-a du code pénal, qui interdit d'« offenser les sentiments religieux des gens délibérément et avec de mauvaises intentions ».

CF : Cette histoire de sentiments religieux que l'on dit « offensés » ou « blessés » est un puits sans fond. Il n'y a pas d'épiderme plus sensible que celui d'un croyant. Si l'on doit tenir compte des épidermes de tous les croyants, on ne dit plus rien sur rien. Quand j'ai réalisé un hors-série sur le blasphème pour *Charlie Hebdo*[1], j'ai cru n'en voir jamais la fin... Il y avait tellement d'affaires ! Et je ne parle pas seulement du passé. À l'époque où l'affaire des « douze dessins sur Mahomet » déchaînait les foules, on recensait des dizaines d'affaires de blasphème dans le monde chaque mois. Des orthodoxes russes qui veulent interdire une exposition, des intégristes juifs qui persécutent les habitants écoutant de la musique dans certains quartiers de Jérusalem, des fous furieux qui veulent lyncher des Coptes en Égypte parce qu'ils ont entendu parler de la projection d'un film qui serait « anti-islam »...

Le pire, c'est que ces croyants – qui se disent blessés ou choqués au point de vouloir tout casser – ne savent même pas de quoi il s'agit. Combien de musulmans ayant mis le feu aux drapeaux danois en Syrie ou en Iran ont vu les dessins danois ? À mon avis, moins de 1 %. Dans *Bloody Cartoons*, un documentaire réalisé par un journaliste danois, Karsten Kjaer est allé à la rencontre de certains manifestants ayant participé à l'assaut de l'ambassade danoise. Ils n'ont fait que suivre des consignes politiques, on les a complètement manipulés ! Mais le plus tragi-comique, c'est lorsque le réalisateur s'entretient avec le principal

1. Caroline Fourest, Fiammetta Venner, *Charlie Blasphème*, hors-série n° 20, 2006.

téléprédicateur ayant incité à la haine contre ces dessins : Youssef al-Qaradhawi, théologien de référence des Frères musulmans et télé-prédicateur sur Al-Jazeera. Il a encouragé à aller manifester contre les caricatures. Pendant tout l'entretien, il dit sa colère contre ces dessins scandaleux. Une fois l'entretien terminé, la caméra tourne toujours mais il n'y fait plus attention. Le journaliste lui explique alors qu'il est venu avec une copie des douze dessins et lui demande s'il veut les voir. Il a l'air très curieux, chausse ses lunettes et les ausculte longuement... On comprend qu'il découvre ces douze caricatures pour la première fois !

TN : Les foules qui veulent me lyncher n'ont jamais lu mes livres ! Il y avait peut-être 500 000 personnes dans les rues du Bangladesh qui manifestaient contre moi pendant que je me cachais. Je n'avais rien à boire ou à manger, mais je recevais la presse. Ça, je le demandais parfois au propriétaire de la maison. Et les journalistes demandaient aux gens qui manifestaient pour ma pendaison : connaissez-vous Taslima ? Non. Alors pourquoi êtes-vous là ? Avez-vous lu les livres de Taslima. Non. Alors pourquoi êtes-vous là ? Savez-vous qui est Taslima ? Non. Alors pourquoi êtes-vous là ? Les gens répondaient qu'ils avaient entendu dire qu'une femme était en train de détruire l'islam, qu'ils étaient venus sauver l'islam. C'était la même chose au Bangladesh ou en Inde. Ils ne me connaissent pas, n'ont jamais lu aucun de mes livres, mais leurs chefs spirituels leur ont dit qu'une femme était en train de détruire l'islam.

CF : Cet esprit sectaire et suiviste, fondamentalement propice au lynchage, m'a toujours révolté. Ceux qui jugent en faisant marcher leur esprit critique, en fonction du contexte et des faits, sont très minoritaires dans le monde. Ce sont des gens rares. La plupart pensent comme des moutons, en fonction du vent, de celui qui crie le plus fort, des on-dit ou des rumeurs. Ils veulent suivre la majorité ou se fient à ceux qui leur ressemblent, sans chercher à comprendre. Les plus lâches, surtout. Ceux-là suivent les gens les plus en colère, comme ça ils se sentent protégés… Mais il y a aussi une question de contexte politique. Dans votre cas c'est flagrant, mais ça l'est pour pratiquement toutes les affaires de blasphème.

Par exemple, dans l'affaire Salman Rushdie, on sait que la surenchère est due à la course que se livraient les Saoudiens et les Iraniens pour parler au nom de l'islam. En 1989, lorsque Khomeiny décide d'édicter une fatwa condamnant à mort Salman Rushdie, on est juste au moment où les combattants soutenus par les Saoudiens et les Américains s'apprêtent à gagner le djihad contre les Russes occupant l'Afghanistan… La fatwa est destinée à faire passer cette actualité au second plan et à reprendre la main sur le *leadership* musulman. Ces affaires sont très souvent des prétextes pour parler au nom d'une religion, éliminer un concurrent et prendre le pouvoir sur la communauté des croyants.

C'est le cas dans l'affaire Scorsese, qui a lieu l'année précédente. Le chef des catholiques traditionalistes, Mgr Lefebvre, vient d'être excommunié par le Vatican. Les catholiques traditionalistes ont décidé de montrer au monde qu'ils défendent mieux l'honneur du catholicisme que Rome en s'attaquant à *La*

Dernière Tentation du Christ. On l'a oublié, mais des extrémistes catholiques, encouragés par les consignes de l'extrême droite française, ont été jusqu'à incendier un cinéma à Saint-Michel. Il y a eu un blessé.

La politique est aussi très présente dans l'affaire des caricatures sur Mahomet. Les foules manifestent rarement spontanément dans des pays comme l'Iran et la Syrie. Leurs gouvernements ont organisé ces démonstrations de force, les ont dirigées vers les ambassades pour faire pression sur l'Union européenne dans deux dossiers qui les embarrassaient : le dossier du nucléaire pour l'Iran et l'enquête sur l'assassinat de Rafic Hariri pour la Syrie… Vous-même, vous n'avez cessé d'être la victime de calculs politiques.

TN : Je vous l'ai dit, les islamistes n'avaient pas protesté contre le livre avant qu'il ne soit censuré par les communistes au pouvoir. Cet ouvrage était disponible depuis des années, il était sur la liste des meilleures ventes. Ils ne savaient même pas que ce livre avait été écrit. Ils ne lisent pas de livres. Pourtant, le gouvernement a dit que des émeutes éclateraient à cause de ce livre. Mais un livre n'a jamais causé d'émeutes ou d'atrocités ! Les émeutes sont toujours organisées pour des raisons politiques. Mon livre *Lajja* avait déjà été interdit au Bangladesh sous prétexte qu'il pourrait provoquer des émeutes. Comme si la tension communautaire qui fait rage en Asie du Sud avait été causée par mes écrits ! La torture des minorités au Bangladesh, les assassinats de musulmans au Gujrât, l'oppression des Biharis en Assam, les attaques contre les chrétiens, et le conflit entre chiites et sunnites au Pakistan ont tous eu lieu sans que j'y sois pour rien… Même si je suis un auteur insignifiant, j'écris pour l'humanité, j'écris avec tout mon cœur que tous les humains sont égaux et que les discriminations fondées sur le genre, la couleur de peau ou la religion ne devraient pas exister. Tout le monde a le droit de vivre. Aucune émeute n'éclate à cause de ce que j'écris. Mais c'est moi qui suis punie à cause de mes livres.

CF : C'est terrible de penser que la censure au nom du blasphème peut être exigée dans un pays laïque, mais ça ne s'est pas passé de la même façon qu'au Bangladesh… Cette fois, le gouvernement n'a pas obtenu gain de cause.

TN : Non. Le gouvernement a interdit mon livre, mais une association basée à Calcutta a engagé une procédure contre cette interdiction. Il y a eu des audiences importantes à la Haute Cour de Calcutta. Les personnes laïques étaient ravies, tandis que des milliers de fondamentalistes manifestaient devant la Cour avec des pancartes. Et nous, nous étions protégés à l'intérieur du bâtiment pendant que les audiences avaient lieu. C'était incroyable !

CF : Enfin, vous aviez le droit de vous défendre. C'est vous qui avez porté plainte ?

TN : Ce n'est pas moi qui ai engagé la procédure, c'est une organisation de défense des droits de l'homme. Ils disaient : « Nous sommes les lecteurs, nous voulons lire le livre de Taslima. » Lorsque la Cour siégeait, tous les avocats de cette Haute Cour sont venus assister à l'audience. Nous avions un avocat extrêmement brillant, et nous avons gagné contre le gouvernement : la Haute Cour a levé l'interdiction. Le livre est resté censuré pendant presque deux ans – pas seulement au Bengale-Occidental, mais dans toutes les autres régions indiennes. Les versions traduites ont été également censurées.

CF : Même si la censure politique a pris le dessus, la décision du tribunal, elle, montre que l'Inde est en principe un pays laïque et démocratique.

TN : Oui, ce fut un grand moment pour les sécularistes, pour les humanistes, pour les gens qui croyaient aux droits de l'homme, à la liberté d'expression. Ce fut un grand succès. Et le gouvernement de gauche était très en colère contre moi. Pour ces communistes, c'était une gifle. Ils ont essayé de se venger. Ils y sont parvenus plus tard, en me jetant du pays !

CF : Là aussi l'enchaînement des faits rappelle ce que vous avez vécu au Bangladesh. Après cette demande d'interdiction de la part du gouvernement communiste, les intégristes se sont sentis autorisés à demander votre tête. Une première agression physique a eu lieu lors d'une conférence de presse, en 2007, où ils sont venus en nombre jeter des projectiles. Puis des groupes ont lancé des fatwas, organisé des manifestations contre vous, jusque devant votre maison pour demander votre tête. Vous étiez littéralement assiégée…

TN : Durant quatre mois, j'ai été virtuellement assignée à résidence par le gouvernement du Bengale-Occidental, qui envoyait émissaire sur émissaire me demander de quitter l'État et, mieux encore, le pays. Le ministre indien de l'Information et de la Communication a déclaré dans la presse que je devrais me mettre à genoux avec les mains jointes et implorer pardon aux musulmans, leur dire que je m'engageais à ne plus jamais offenser les sentiments de quiconque. Le ministre des Affaires étrangères a fait cette déclaration au Parlement : « Nous pouvons accueillir Taslima en Inde, mais elle n'a pas le droit d'offenser les sentiments des gens. » C'est clairement une menace de mort pour un écrivain. L'Inde est un pays démocratique, mais ce genre de propos porte atteinte à la liberté d'expression, une partie centrale de la démocratie. On pourrait penser que ces ministres étaient musulmans, mais non, c'étaient des hindous.

Après quatre mois à ce régime, en novembre 2007, des intégristes musulmans ont commis des troubles dans les rues de Calcutta. La police est restée immobile, les laissant agir à leur guise. C'est à moi qu'on a ordonné de quitter la ville, cette ville qui avait été mon chez-moi.

CF : Vous voulez dire que les émeutiers n'ont pas été arrêtés ?

TN : Aucune action n'a été engagée contre ceux qui se sont compromis dans ces violences, ont brûlé des véhicules dans la rue et mis ma tête à prix. C'est moi, la victime, qu'on a tourmentée. J'ai été chassée du Bengale.

CF : N'était-il pas possible de vous trouver une autre province ? L'Inde est un pays immense, avec des régions très différentes, administrées par des gouvernements locaux différents…

TN : L'autre État où l'on m'a envoyée ne voulait pas de moi. Quand on est chassé de quelque part, on est indésirable partout. Finalement, le gouvernement central a dû s'occuper de moi. Ils m'ont placée dans un lieu tenu secret. Et puis j'ai dû quitter le pays. L'Inde – qui s'enorgueillit d'être la plus grande démocratie du monde, un supposé État laïque – ne pouvait pas m'abriter. Ils ne pouvaient pas protéger une personne dont la vie entière a été vouée à l'humanisme, une personne sans pays et sans maison, pour qui l'Inde était *son* pays et Calcutta *sa* maison, une personne qui, comme auteur bengalî, voulait vivre dans un environnement bengalî, au milieu de sa langue et de sa culture. Était-ce trop demander ?

CF : C'est effrayant de penser que même un pays laïque comme l'Inde choisit de sacrifier la liberté d'expression pour satisfaire les intégristes. Vous voilà de nouveau expulsée de votre maison, on vous reproche d'être à l'origine de tous ces problèmes, vous devez quitter le pays, refaire le même voyage en Europe pour trouver un nouveau pays d'exil. Ça a été plus dur la seconde fois ?

TN : Oui, plus dur émotionnellement. Quand j'ai été expulsée du Bangladesh, j'avais toujours le rêve de revenir. Pendant dix ans, je n'ai pas pu, mais je pouvais vivre en Inde. Mais depuis que j'ai été chassée d'Inde, je sais qu'il n'y a aucun endroit pour moi sur le sous-continent indien. Le rêve qui m'avait permis de survivre est évanoui, à tout jamais. Où aller ? Si j'avais pu rentrer au Bangladesh, je l'aurais fait. Mais je ne peux pas. Je ne veux pas vivre en Occident, mais je n'ai pas d'autre choix.

Avant, c'était comme si j'attendais à l'arrêt de bus pour rentrer chez moi. Maintenant, je sais que je n'ai plus de maison au bout de la route. Je suis obligée de vivre en Occident. Économiquement et émotionnellement, c'est difficile pour un auteur bengalî. Surtout aujourd'hui. En 1994, lors de mon premier exil, c'était un enjeu important dans le monde, on écrivait beaucoup sur le sujet. Quand on était expulsé d'un pays musulman, les gens se sentaient peut-être plus concernés, ils voulaient tous écrire dessus. Mais quand on est chassé d'une démocratie prétendument laïque comme l'Inde, ce n'est peut-être pas aussi intéressant. Je me suis sentie moins défendue.

CF : Je me souviens de vos e-mails à cette période. Vous aviez l'air vraiment désemparée et isolée. Nous nous sentions impuissants à vous aider... Vous étiez si peu soutenue sur place ?

TN : En Europe, des gens me soutiennent, mais sur le vrai champ de bataille, j'ai dû supporter des conditions vraiment très difficiles. Quand les intégristes ont exigé mon expulsion, tous les partis politiques ont essayé de me faire quitter le pays pour contenter les musulmans et obtenir leurs suffrages. Pas un seul parti, pas une seule organisation ou institution, n'a protesté contre la façon dont j'étais traitée. Même parmi les porte-drapeaux de la laïcité indiens, peu m'ont défendu.

CF : Ces laïques se seraient sûrement mobilisés si vous aviez été attaquée par les intégristes hindous du BJP, issus de la majorité religieuse et clairement d'extrême droite... Mais venant d'une minorité religieuse, ils n'ont pas osé. De quoi avaient-ils peur ? De froisser la minorité musulmane ? De faire le jeu des extrémistes hindous ?

TN : Oui, ça a joué... En Inde, il faut être pro-islam pour être laïque. On ne doit rien dire contre les fondamentalistes musulmans, même s'ils publient des fatwas contre des femmes ou des auteurs et mettent leur tête à prix. Un « Indien laïque » ne doit pas dire de mal des musulmans, parce que les musulmans sont minoritaires dans le pays. Sous prétexte qu'une minorité peut être opprimée par la communauté majoritaire, tous les musulmans devaient être défendus, quel que soit leur crime. Si des fondamentalistes musulmans exigent des lois musulmanes qui sont résolument hostiles aux femmes, les Indiens laïques le tolèrent, au nom du multiculturalisme ou au nom de la défense des musulmans. Une telle hypocrisie est stupéfiante.

« Islamophobie » ou libre-pensée ?

Caroline Fourest : Nous sommes confrontés au même phénomène en Europe. Quand l'intégrisme vient de la religion majoritaire, comme le catholicisme en France, tout le monde le repère, le camp laïque est uni. Tout est plus compliqué quand l'intolérance vient d'intégristes se revendiquant d'une religion minoritaire, comme l'islam. Les gens de gauche se divisent entre ceux qui souhaitent résister à tous les intégrismes, d'où qu'ils viennent, et ceux qui ont peur de faire le jeu du racisme.

J'ai vécu ce « deux poids, deux mesures » dans la vigilance quand j'ai commencé à travailler sur l'intégrisme islamiste, en 2001. J'ai utilisé la même méthodologie que celle avec laquelle je travaillais depuis des années sur l'intégrisme chrétien. J'ai employé les mêmes termes, avec peut-être encore plus de précautions, parce que j'avais bien conscience que les musulmans sont minoritaires dans notre pays, que les amalgames sont plus rapides et qu'il faut donc être précis. J'ai toujours veillé à faire la distinction entre islam et islamisme, entre musulmans laïques et intégristes, mais rien n'y a fait... À la minute où j'ai osé critiquer l'intégrisme au nom de l'islam, j'ai été soupçonnée d'« islamophobie » et de racisme.

Taslima Nasreen : Oui, bien sûr. En Occident, si on critique l'islam, on est un raciste. Moi, comme je suis née dans une famille musulmane, que ma peau est brune et que mes yeux sont noirs – pas bleus, comme les vôtres –, on ne m'a jamais traitée de raciste. Ça n'aurait pas été logique. Par contre, on m'a accusée d'islamophobie.

CF : La première fois que j'ai vu ce mot employé, c'était contre vous. Par un groupe anglais très radical qui a combattu Salman Rushdie au moment des *Versets Sataniques* : la Islamic Human Rights Commission. Ils essayent de se faire passer pour un « Amnesty international musulman », et possèdent une définition très claire de ce qu'est l'islamophobie, qu'ils expliquent sur leur site web : tout ce qui va à l'encontre des « droits de Dieu ». D'après eux, les premières victimes d'islamophobie dans le monde sont les… talibans. Et les personnes les plus « islamophobes » sont Salman Rushdie et Taslima Nasreen !

TN : Ce type d'attaque est très fréquent, mais je m'en fiche. Je pense que vous, ou d'autres, devriez aussi y être indifférents. Il faut juste faire ce à quoi on croit. C'est très important de continuer son combat.

CF : Bien sûr, mais à force d'entendre ces accusations, il en reste toujours quelque chose. Les gens se demandent si vous n'êtes pas un peu obsédé par l'islam. Ils n'arrivent pas à comprendre que ce n'est pas nous qui inventons l'actualité. Ce n'est pas nous qu'il faut blâmer si un fou se croit obligé de commettre une folie chaque jour au nom de l'islam. Il faut bien en parler. Il y a des fois où je me surprends à résister, à chercher par tous les moyens une actualité impliquant un fou chrétien ou juif, juste pour varier un peu. Je le fais. Mais en tant que journaliste, je ne peux pas fermer les yeux sur l'avalanche d'affaires suscitée par l'intégrisme musulman, juste pour faire plaisir à ceux qui ont peur de l'« islamophobie ». Je n'y peux rien si les islamistes sont plus déchaînés et vous n'y pouvez rien non plus !

TN : Je critique toutes les religions, y compris l'islam. Mais comme les islamistes m'ont attaquée dans plusieurs pays, on pense que je prends position uniquement contre l'islam. Ces gens refusent de voir que je critique de la même façon les autres religions. Si des hindous, des bouddhistes, des juifs ou des chrétiens n'aiment pas mes écrits ou mes idées, ils protestent. Mais – et c'est toute la différence – ils ne viennent pas me chercher pour me tuer. Ils ne publient pas de fatwas, ils ne mettent pas ma tête à prix, ils n'exigent pas mon expulsion, ils ne demandent pas au gouvernement d'interdire mes livres.

CF : C'est à cause de cette radicalité, de cette violence, que les affaires de blasphème au nom de l'islam font souvent plus de bruit. Mais ceux qui choisissent d'ignorer ce contexte pour rester au chaud et ne pas avoir à prendre position préfèrent penser que les médias font une fixation sur ces événements par « islamophobie ».

Ce mot crée une confusion terrible. Par sa sémantique même, il laisse penser que toute personne qui critique l'islam – en tant que religion ou idéologie – est raciste envers les musulmans. C'est un véritable piège. Qui sert aussi bien à faire passer des laïques pour des racistes que des esprits libres de culture musulmane pour des traîtres... Certains l'utilisent comme ils utilisent « homophobie » mais ça n'a rien à voir ! L'homosexualité est une orientation sexuelle. Être contre l'homosexualité, cela veut dire qu'on rejette les homosexuels pour ce qu'ils sont. Dire que l'islam doit évoluer ou critiquer tel ou tel point, c'est un débat d'idées, qui doit pouvoir exister sans que l'on soit traité de raciste. Surtout quand on ne vise que l'intégrisme ! C'est un peu comme si on expliquait que les trotskistes s'opposant à Staline étaient « communistophobes », cela ne veut rien dire.

TN : Les communistes étaient respectés par des millions de personnes, et nous les critiquions et nous moquions d'eux, tout comme nous le faisons des capitalistes. C'est un système de croyance. Pourquoi les croyances religieuses devraient-elles différer des autres croyances ? Pourquoi faudrait-il protéger cette croyance particulière ? Est-elle en voie de disparition ? Je ne le pense pas – l'islam est la religion qui progresse le plus vite.

CF : Oui, c'est un peu comme si des gens criaient au « racisme antirusse » parce nous critiquons le stalinisme. La seule différence, c'est que le risque de haine envers les musulmans existe en Europe. À cause des islamistes, qui font tout pour susciter l'amalgame et générer la peur. Mais aussi parce que certains esprits étroits peuvent sauter sur cette occasion pour recycler leur racisme anti-arabe. Dans le livre d'Oriana Fallaci, *La Rage et l'Orgueil*, il y a des passages simplement critiques envers l'islam et d'autres franchement racistes. Comme lorsqu'elle dit que les « musulmans se reproduisent comme des rats »...

Mais l'amalgame existe de part et d'autre. Les intégristes et leurs alliés profitent du fait qu'il existe de vrais « musulmanophobes », c'est-à-dire des gens qui ont un problème avec les musulmans en général, pour classer toute critique de la religion ou de l'intégrisme dans le registre de l'« islamophobie ». De la même manière, il existe des antisionistes antisémites, mais toute critique du gouvernement israélien n'est pas antisémite !

Pour éviter tout malentendu, il vaudrait mieux s'en tenir au mot « racisme ». À la rigueur, parler de racisme envers les musulmans si on veut désigner quelqu'un qui a réellement un problème avec tous les musulmans et pense que tous les musulmans sont des fanatiques. Puisqu'on considère que les races n'existent pas, le mot racisme souligne une attitude envers une catégorie ainsi essentialisée, qui peut être les musulmans... À la rigueur, on peut parler de « musulmanophobie ». Mais le mot « islamophobie », non. Il faut cesser de l'employer. Le problème, c'est qu'il est plus court que « racisme envers les musulmans », alors il se répand, et avec lui la confusion. Les journalistes l'emploient, des mouvements de gauche l'emploient, les Nations unies l'emploient... Un rapport du

Conseil des droits de l'homme sur le « racisme et l'intolérance qui y est associée » a considéré la publication des dessins danois sur Mahomet comme la preuve flagrante d'une « islamophobie » déferlant sur l'Europe ! C'est une escroquerie. Cela revient à totalement nier le contexte de cette affaire.

TN : Vous l'avez dit vous-même, les gens cherchent rarement à mettre les choses dans leur contexte... Surtout s'ils n'y ont pas intérêt.

CF : C'est pour ça que notre travail consiste, inlassablement, à expliquer et à susciter l'esprit critique. Dans le cours que je donne à Sciences-po sur « multiculturalisme et universalisme », il y a une séance sur la liberté d'expression et l'affaire des caricatures. Je m'amuse souvent à la présenter sous deux angles de vue pour voir la réaction des élèves. Scénario A : je leur explique que le *Jyllands-Posten*, le journal qui a publié les dessins, est d'extrême droite, qu'il existe un fort racisme anti-musulman au Danemark, que le responsable des pages « culture » a voulu faire rire sur Mahomet pour provoquer, que le même journal a refusé de publier des dessins sur Jésus... Ils trouvent les dessins vraiment déplacés, racistes, « islamophobes ».

TN : Mais ce n'est pas la réalité...

CF : Non, mais j'ai très souvent entendu l'affaire des caricatures être présentée ainsi, notamment dans un atelier au Forum social d'Athènes, où une organisation d'extrême gauche anglaise a choisi de donner la parole à un leader islamiste. Des réseaux intégristes vont jusqu'à sous-entendre qu'il s'agirait d'un complot ourdi par les États-Unis et Israël. Bien entendu, tout est faux dans cette façon de présenter les choses. D'abord, le *Jyllands-Posten* n'est pas un journal d'extrême droite mais de centre droit, l'équivalent du *Figaro* là-bas. C'est-à-dire même un peu moins à droite parce qu'au Danemark, tout est beaucoup plus consensuel qu'en France. Il est juste de dire que le Parti populaire danois, alors membre de la coalition au pouvoir, est un parti xénophobe, mais les musulmans ne sont absolument pas discriminés comme les chrétiens peuvent l'être dans certains pays arabes. Le contexte, celui qui explique la publication de ces dessins, tient au climat de peur voulu par les intégristes !

Ce concours de dessins n'a pas été organisé pour provoquer, gratuitement, mais pour briser l'autocensure. Au même moment, à Londres et à Berlin, une exposition et un opéra de Mozart venaient d'être déprogrammés par peur de choquer les musulmans. Au Danemark, où il existe une tradition d'albums illustrés, un album sur la vie de Mahomet – positif ! – ne trouvait pas d'illustrateur. Tous déclinaient en expliquant ne pas vouloir finir assassinés comme Theo Van Gogh. C'est pour briser ce tabou que Fleming Rose a demandé à des dessinateurs de représenter Mahomet tel qu'ils le voyaient. Sur douze dessins, neuf montrent un Mahomet bucolique, christique, sur fond de soleil couchant, ou se moquent du journal. Seuls trois abordent les questions qui fâchent. L'un de ces dessins, plutôt drôle, montre Mahomet au paradis qui dit aux kamikazes arrivant « Stop ! Stop ! Il n'y a plus de vierges en stock ! » (*Rires.*)

TN : Le dessinateur n'invente rien. Les djihadistes expliquent aux futurs martyrs qu'ils pourront jouir de 72 vierges s'ils tuent au nom de l'islam.

CF : Exactement. Même s'il y a débat sur la traduction du mot « houris », on ne sait pas s'il s'agit de vierges, de grains de raisin ou d'éphèbes. Il faut croire que c'est à la carte, en fonction de qui il faut convaincre... Quant au dessin qui a le plus posé question, celui qui montre Mahomet avec une bombe dans son turban, je comprends qu'on puisse le trouver plat, peu recherché, mais franchement l'association d'idées n'est pas si surprenante ! Comment peut-on imaginer que sur douze dessins censés illustrer la façon dont Mahomet est perçu, aucun n'aborde la violence ou le terrorisme commis en son nom ?

Quand je présente le scénario B, qui correspond aux faits, mes élèves voient les choses autrement. Y compris des étudiants américains ou anglais qui partent de l'idée que ces dessins sont racistes sans même les avoir vus, puisque aucun journal américain ou anglais n'a accepté de les montrer. La vérité, c'est que loin d'être un complot *made in America*, cette tradition de liberté de ton envers la religion a choqué le monde anglo-saxon.

Quant à l'histoire du dessin sur Jésus qu'aurait refusé le *Jyllands-Posten*, c'est une vraie intox, publiée par le journal concurrent. La rédaction a refusé un dessin sur Jésus envoyé par un dessinateur parce qu'ils ne l'ont pas trouvé bon et qu'ils travaillaient déjà avec d'autres dessinateurs... Mais ils publient régulièrement des dessins se moquant de Jésus ! Ils ont aussi publié des dessins dénonçant la politique israélienne par une bombe frappée de l'étoile de David, ou des Palestiniens pendus dans les barbelés de l'étoile de David du drapeau israélien. Personne n'a crié à la « judéophobie » ! Or ces dessins sont signés du même Kurt Westergaard qui a dessiné Mahomet avec une bombe dans son turban.

TN : Ce dessin ne me choque pas. C'est le fait que des gens tuent ou menacent de tuer au nom de Mahomet qui me choque.

CF : Je suis entièrement d'accord. Même si je comprends qu'on cherche à tenir compte du contexte pour l'interpréter. Je crois avoir tout entendu sur son auteur. Qu'il était raciste, sioniste, etc. Je l'ai rencontré dans sa maison au Danemark, où il a failli par deux fois être assassiné depuis. Nous avons longuement parlé. En fait, c'est un vieux libertaire, qui ne garde pas un bon souvenir de l'école protestante où ses parents l'envoyaient le dimanche. Il a toujours « croqué » les religions. Comme le jour où il a dessiné un Jésus en costume cravate, avec une mallette et des dollars plein les yeux, descendant de sa croix et lançant à ses fidèles : « Bon ben à dimanche prochain ! » Le journal a reçu des lettres d'insultes de lecteurs chrétiens se disant choqués. Mais, comme vous le disiez, il n'a pas été menacé de mort. Alors que des centaines d'esprits libres sont menacés de mort chaque fois qu'ils critiquent l'islam. On se demande où il est allé chercher l'idée de mettre une bombe dans le turban de Mahomet… mais dans l'actualité !

TN : Décidément, les intégristes sont vraiment chanceux. Ils menacent, ils tuent au nom de Mahomet et ils peuvent passer pour des martyrs si des gens ont l'idée d'associer Mahomet avec leur bombe.

CF : Cette métaphore de la bombe dans le turban a une histoire que j'ai découverte en allant au Danemark. C'est un pays très marqué par les contes pour enfants, notamment par ceux d'Andersen. Il existe un proverbe tiré du conte d'Aladin disant qu'une orange dans son turban porte bonheur. Personne ne peut le comprendre à l'étranger, mais dans le contexte danois, cela veut dire qu'une bombe dans son turban portera malheur à l'islam… Le dessinateur m'a confirmé que ce proverbe l'avait influencé. Il avait d'ailleurs déjà fait une caricature du Premier ministre danois doté d'une bombe dans son turban ! Mieux, il avait déjà fait ce même dessin, un Mahomet avec une bombe dans son turban, en 1994 pour dénoncer les attentats islamistes commis en Algérie contre des musulmans ! Personne n'y a vu alors de l'islamophobie. Aucune ambassade n'a brûlé. Ce qui prouve, une fois encore, que tout est une question de contexte et de politique. Et que le travail élémentaire d'un journaliste, sur ces sujets, c'est de minutieusement rendre compte de ce contexte, des faits, de la chronologie, des intentions.

TN : Quand avez-vous commencé à vous intéresser à cette affaire ?

CF : Bien avant la polémique. La première fois que j'ai vu ces douze dessins, c'était trois mois avant que l'affaire n'éclate. Ils venaient de paraître dans le *Jyllands-Posten.* Un ami iranien réfugié au Danemark, Mehdi Mozaffari, me les a apportés à Paris. À l'époque, personne n'en parlait. C'était une polémique strictement danoise. Des imams radicaux, dont un qui n'avait pas du tout digéré certaines enquêtes parues dans ce journal, protestaient, mais rien de dramatique. Mehdi m'a demandé si *Charlie* voudrait les publier. J'ai répondu que je ne trouvais pas ces dessins spécialement drôles, et que nous avions déjà de très bons dessinateurs à *Charlie,* qui n'hésitaient pas à dessiner sur Mahomet.

TN : Pourquoi avoir changé d'avis ?

CF : Parce qu'entre-temps le contexte avait complètement évolué ! Les imams danois sont allés exciter la Ligue arabe et l'Organisation de la conférence islamique avec un dossier mensonger, où ils ont ajouté des dessins parus sur des sites Internet – dont l'un montre un type avec un masque de cochon pris à la fête du Cochon, sous-titré « le vrai visage de Mahomet ». Le dessin n'est jamais paru dans la presse, mais le petit groupe emmené par Abu Laban a réussi à faire croire que les musulmans danois étaient au bord du pogrom ! Les ambassadeurs de plusieurs pays ont demandé des comptes, le Premier ministre danois a logiquement répondu qu'il n'y était pour rien, que la presse était libre.

J'aurais compris que des associations musulmanes protestent, même si le meilleur moyen de désamorcer le risque des amalgames aurait été de faire la preuve qu'ils étaient capables d'avoir un peu d'humour. Si la parution de ces douze dessins n'avait entraîné aucune hystérie, aucune menace, cela voulait dire qu'il n'existait aucun problème et que le *Jyllands-Posten* s'était trompé de diagnostic. Mais ce n'est pas ce qui est arrivé. On a assisté à des scènes d'hystérie, certaines orchestrées comme en Syrie et en Iran, mais d'autres plus spontanées comme en Grande-Bretagne... Où des islamistes, portant barbe et voile intégral, ont manifesté avec des pancartes disant : « Mort à la liberté d'expression », « Europe, prépare-toi à ton nouvel holocauste ». Quand j'ai vu ces photos, je n'en croyais pas mes yeux. Nous étions au XXIe siècle au cœur de l'Europe, vraiment ?

TN : Si la démocratie occidentale ne fonctionnait pas correctement, cela se passerait comme en Inde. Les foules contrôleraient les pays. Les minorités musulmanes auraient des exigences illégales que les gouvernements devraient satisfaire. Il y a des fanatiques en Occident aussi. Nous savons très bien comment Theo Van Gogh a été assassiné. Nous savons comment les intégristes musulmans ont manifesté non seulement contre les caricatures danoises, mais aussi pour l'application de la loi islamique – discriminatoire pour les femmes – au Royaume-Uni. C'est alarmant. L'Occident doit demeurer aussi séculier qu'il l'est aujourd'hui, quoi qu'il arrive. Autrement, il reculera, ira vers des âges de ténèbres.

CF : D'où l'importance de ne pas céder au chantage des extrémistes qui commençaient à menacer de mort tout ressortissant du Danemark et tout citoyen européen dont les journaux montreraient les caricatures… D'où l'importance de les montrer, pour refuser ce chantage, et tout simplement pour informer.

TN : Cette décision a-t-elle fait l'unanimité à *Charlie Hebdo* ?

CF : Oui, pour nous c'était une évidence. Nous avions prévu une réunion de rédaction pour en discuter, éventuellement nous engueuler si certains n'étaient pas d'accord, mais on ne devient pas journaliste à *Charlie Hebdo* par hasard. S'il y a quelque chose qui nous rassemble, *a priori*, c'est d'être attaché à la liberté d'expression et de ne pas accepter la censure au prétexte de la religion. Nous sommes un hebdomadaire satirique, nous avons toujours été très critiques avec toutes les religions, et nous avons sans doute fait des centaines de couvertures contre le pape. Pourquoi épargner Mahomet à un moment où le dessiner demande un peu de courage ?

En plus, le matin où nous avions conférence de rédaction, nous avons appris – par la radio – que le directeur de *France Soir* venait d'être limogé pour avoir osé publier les dessins danois. Le propriétaire, franco-égyptien, semblait craindre pour ses affaires… Tout le monde nous demandait : « Allez-vous les publier ? » La réponse était évidente : « Bien sûr. On publie bien pire que ça chaque semaine ! En plus, les gens veulent savoir pourquoi tout le monde devient aussi hystérique. » À quoi ça sert d'être un hebdomadaire satirique et indépendant dans ces cas-là, si ce n'est à briser la censure que voudraient nous imposer les milieux financiers et religieux ?

Le plus difficile n'a pas été de prendre cette décision. Le plus compliqué, c'était d'apporter notre regard, notre touche, de façon à la fois drôle et intelligente. Les dessinateurs n'étaient pas emballés par les dessins danois, mais ils avaient une sacrée pression sur les épaules, parce qu'il fallait marquer le coup, se dépasser. Surtout pour la couverture. *Charlie Hebdo* est un journal à la fois antiraciste et anti-fanatique, il fallait que la couverture soit à cette image : très ferme contre l'intégrisme et sans ambiguïté face au racisme. C'est plus facile à dire qu'à dessiner. On a commencé à délirer, à se dire qu'on avait une interview exclusive de Mahomet, qu'il était atterré par l'attitude de ceux qui menaçaient les dessinateurs… Wolinski a fait un dessin montrant un Mahomet hilare en voyant les dessins, avec pour légende : « C'est bien la première fois que les Danois me font rire ! » Luz avait fait un dessin très drôle mais pas assez symbolique pour la couverture. Il montrait un type en imperméable sortant d'un kiosque à journaux incognito et la légende disait : « Pourquoi Mahomet veut rester incognito. Il ne veut pas qu'on sache qu'il a gagné l'Euro-million ! » Il venait d'y avoir une supercagnotte, c'était décalé, c'était Luz, moi ça me fait mourir de rire. Mais c'est Philippe Val et Cabu qui ont eu le déclic. Un Mahomet effondré par l'attitude des intégristes, qui lâcherait : « C'est dur d'être aimé par des cons. »

TN : Pourquoi avez-vous mis un Mahomet anti-intégristes en avant ? Juste pour vous défendre, pour affirmer que vous n'êtes pas racistes ? Je crois que ces fondamentalistes musulmans n'ont fait que suivre ce que disait Mahomet. Si Mahomet vivait, il serait très content d'eux et il leur demanderait de tuer encore plus, de conquérir le monde. Je ne pense pas qu'il les renierait en se disant que ce sont des imbéciles.

CF : À *Charlie Hebdo*, nous sommes des rêveurs. Nous voulions juste dire : « Si vous pouvez faire parler quelqu'un qui est mort il y a quatorze siècles pour tuer, on peut bien le faire parler pour nous dire qu'il a de l'humour. »

TN : C'était une bonne chose, mais Mahomet n'était pas quelqu'un de *bon* ! Et quand bien même il aurait été quelqu'un de bien ? Pourquoi ne devrions-nous pas avoir le droit de dire ce que nous pensons de lui ?

CF : Il ne s'agissait pas de dire que Mahomet était une bonne personne, ni d'épargner l'islam, il s'agissait juste de faire de l'humour, de combattre le fanatisme par l'humour. C'est l'esprit de *Charlie Hebdo*. On dédramatise une atmosphère hystérique.

TN : Je crois que vous avez un peu peur de ces fondamentalistes islamiques.

CF : Honnêtement, non. Nous mesurions parfaitement la responsabilité qui pesait sur nos épaules. Surtout sur celle des dessinateurs. Moi, j'ai rédigé mon article – qui racontait toute l'affaire – très sereinement, d'autant que cette ambiance n'était pas nouvelle pour moi. Les dessinateurs étaient plus exposés.

Certains n'ont pas du tout un tempérament combatif, malgré les apparences. Je me souviens que pendant la conférence de rédaction, Wolinski a dit : « Eh ben moi les enfants, j'ai la trouille ! » Mais il a quand même dessiné ! Jul, qui a toujours adoré l'Asie et le zen, aurait bien vu une couverture sur Bouddha. On en riait, mais il n'était bien entendu pas question de se défiler. Sinon, comme l'a dit Philippe, c'était « Munich ». Ça peut paraître exagéré, mais c'était ça. Si nous renoncions à croquer Mahomet, comment aurions-nous pu nous regarder en face en faisant des dessins faciles, et beaucoup moins risqués, sur le pape ? *Charlie Hebdo* n'avait plus qu'à s'appeler *Pèlerin Magazine* !

Donc non, ce n'était pas de la peur. Mais ce n'était pas non plus une provocation irréfléchie, contrairement à ce que Jacques Chirac a sous-entendu avant de s'envoler vers l'Arabie Saoudite pour vendre des Rafale… Nous voulions tenir bon, ne pas accepter d'être censurés, mais nous ne voulions pas que le message nous échappe et renforce l'idée que tous les musulmans sont des terroristes. Nous voulions rester drôles. Parce que l'humour dédramatise, déconstruit et qu'il fait beaucoup plus mal aux intégristes qu'un dessin qui leur ressemble. C'est très violent, symboliquement, de traiter des fous furieux qui menacent de vous égorger de petits cons… Surtout si on ajoute qu'aussi bien, Mahomet pense la même chose d'eux que nous. C'est ce que nous avons d'ailleurs expliqué lors du procès intenté à *Charlie Hebdo* par trois organisations musulmanes pour « injure publique à l'égard d'un groupe de personnes en raison de leur religion ». C'était surréaliste de voir l'avocat de la Ligue islamique mondiale, l'organisation qui finance la diffusion du wahhabisme dans le monde, nous accuser d'avoir mis le feu aux poudres !

TN : Ceux qui profitent d'une grande liberté d'expression, ce sont les islamistes. Les mêmes qui combattent l'égalité et la justice pour les femmes, qui combattent la démocratie et les droits de l'homme, qui terrorisent le monde entier avec leurs bombes, qui tuent des gens et agitent des menaces de mort contre les libres-penseurs. Il n'y a que nous, les laïques, qui ne l'avons pas.

CF : Les intégristes savent très bien se servir de la démocratie pour punir les démocrates, c'est vrai. Mais là, ils ont perdu. Parce que la France est une république laïque.

Pendant trois jours, au tribunal, nous avons pu dire notre vérité, raconter le contexte, préciser nos intentions. C'était vraiment un beau moment démocratique, que j'ai vécu à plusieurs niveaux. À l'extérieur du tribunal, au milieu d'une foule passionnée, et comme témoin. Nous y avions des débats très intenses. Je me souviens d'une engueulade entre un prof laïque et une femme voilée qui tournait au dialogue de sourds. Une femme que j'ai revue d'ailleurs plus tard, autour d'un café, et qui n'est pas du tout aussi intégriste que l'émotion le laissait penser ce jour-là. À l'intérieur, c'était tout aussi intense. Dans le box des témoins, nous avions fait venir des gens qui avaient tous quelque chose de fort et d'utile à dire : Élisabeth Badinter qui a ému tout le tribunal sur l'importance de ne pas céder. Mohamed Sifaoui, qui a raconté son parcours de journaliste algérien, venu chercher en France la liberté d'expression que les intégristes lui refusent en Algérie. À la barre, il a rappelé que l'association des symboles de la religion avec des symboles de guerre était faite par les islamistes, comme les Frères musulmans dont l'emblème est un Coran avec deux sabres se croisant, mais aussi un pays comme l'Arabie Saoudite : un Coran avec une épée. Faut-il les interdire pour blasphème ou même pour racisme ?

Il y avait aussi Fleming Rose, le directeur du *Jyllands-Posten*, venu raconter la démarche de son journal. Mehdi Mozaffari, Claude Lanzmann, Daniel Leconte... qui a réalisé un documentaire sur le procès. Je regrette parfois que nous n'ayons pas obtenu l'autorisation de filmer les audiences, parce qu'il y a eu de grands moments, notamment la plaidoirie de notre avocat, Richard Malka, contre le « deux poids, deux mesures ». Il a ressorti les pires dessins que *Charlie* ait commis sur le pape ou Jésus. À chaque fois il se tournait vers les avocats des organisations musulmanes en disant : « Vous la voulez vraiment l'égalité de traitement ? » C'était de plus en plus drôle, parce que les dessins étaient vraiment terribles, comme celui de Riss qui disait à propos des intégristes anti-IVG : « Si vous continuez à nous faire chier dans nos cliniques, on ira chier dans vos bénitiers. » La salle hurlait de rire. Même l'avocat de la Ligue islamique mondiale a failli s'esclaffer. À ce moment-là, nous avons compris que nous avions gagné.

TN : Le contraire aurait envoyé un message terrible, y compris dans le monde musulman.

CF : Nous en étions conscients, mais je le suis encore plus en ayant entendu votre récit sur les procès que vous avez subis au Bangladesh et en Inde. Je mesure combien ce signal aurait pu faciliter l'escalade des groupes intégristes. Ils se seraient sentis confortés et nous aurions peut-être un dessinateur mort.

Le fait de vivre dans une démocratie réellement laïque fait vraiment la différence. Vous avez été victime de procès politiques, qui ont déchaîné les intégristes contre vous. Nous, il y avait aussi une arrière-pensée politique. Il est évident, par exemple, que la mosquée de Paris a été encouragée à porter plainte par le ministère de l'Intérieur, pour canaliser la colère de certains musulmans et éviter ainsi qu'elle ne prenne une autre forme… Mais officiellement, les hommes politiques nous ont soutenus. François Hollande et François Bayrou, que nous avions sollicités, ont accepté de montrer qu'il s'agissait d'une question de principe républicain et pas d'une question gauche/droite. Nous n'avions pas sollicité Nicolas Sarkozy, mais il a un flair politique indéniable, il a compris qu'il ne pouvait être absent de cette histoire et a envoyé un fax au dernier moment, pour dire qu'il soutenait le droit à la « caricature ». Le moins que l'on puisse dire, c'est que les représentants de la mosquée de Paris étaient surpris par ce qu'ils ont vécu comme un lâchage… Sur le moment, j'étais furieuse de ce tour de passe-passe. Nous avons même eu un accrochage avec Philippe Val sur la façon de réagir à ce fax. Mais, rétrospectivement, je crois qu'il avait raison. Ce n'était ni le lieu ni le jour pour trier nos soutiens. Nous pourrions toujours dire plus tard ce que nous pensions du rapport de Nicolas Sarkozy à la laïcité et à la liberté d'expression. Ce que nous avons fait au moment de la campagne électorale. *Charlie* a publié un supplément assassin que j'ai rédigé sur le candidat Sarkozy. Mais le jour du procès, c'était important de montrer que les politiques étaient d'accord, largement, pour ne pas cautionner la dérive des lois antiracistes vers des lois antiblasphème. Si la justice s'était sentie encouragée dans la direction inverse, personne ne peut prédire comment les choses auraient évolué. Qui sait si les pancartes que nous avons vues à Londres ne seraient pas brandies, désormais, à Paris ?

Nous avions conscience que nous ne nous battions pas seulement pour nous, mais par solidarité avec tous ceux qui, comme vous, ont besoin de courage pour faire face à la censure et aux menaces au nom de la religion. Nous voulions que la France reste ce lieu où la laïcité protège la liberté d'expression. Nous voulions dire que nous n'accepterions jamais d'être menacés pour des dessins, ni de brider notre critique face à l'intégrisme.

TN : Je vous suis très reconnaissante. Je tiens à vous remercier pour ce que vous faites parce que, comme je l'ai déjà dit, je me sens totalement seule, isolée. Mais combien d'organisations de gauche comme la vôtre ou de journaux de gauche défendent la liberté d'expression en critiquant l'intégrisme musulman ? Très peu, c'est quelque chose de rare aujourd'hui.

CF : C'est plus rare qu'il y a quelques années, c'est vrai.

De gauche, malgré elle

Caroline Fourest : Au moment de l'affaire Rushdie, toute la gauche était unie dans le fait de soutenir la liberté d'expression. La Ligue des droits de l'homme avait même monté un comité de soutien. Vingt ans plus tard, au moment de l'affaire des caricatures, nous avons bien senti qu'il faudrait se battre et se justifier pour avoir des alliés. La Ligue des droits de l'homme n'en faisait plus partie, en tout cas une large frange de ces dirigeants, qui préfèrent défendre les droits bafoués des islamistes en Algérie. Le MRAP, une association antiraciste, a même failli porter plainte contre nous ! Pas tout le MRAP. Pas la base, pas des militants d'origine algérienne qui étaient à nos côtés et ont obtenu, *in extremis*, que leurs dirigeants parisiens s'abstiennent. Mais on m'a rapporté des propos tenus dans une réunion de cette association qui m'ont stupéfiée. L'un des responsables de cette association a sous-entendu que *Charlie* était financé par Israël... C'est ce que je pardonne le moins. Que des gens de gauche claquent des dents à l'idée de défier tous les intégrismes, c'est leur affaire. Qu'ils crachent en prime sur les progressistes qui défendent la laïcité et la liberté d'expression, c'en est trop. J'ai toujours en travers de la gorge certains procès d'intention comme « *Charlie hebdo* fait ça pour l'argent et pour la gloire ». Alors que les finances du journal allaient très bien, que nous avions proposé dès le début à tous nos confrères de publier les dessins en même temps... Quel est l'intérêt de ce type d'arguments ? À part salir gratuitement ceux qui prennent déjà des coups de la part des fanatiques.

Taslima Nasreen : Vous savez, même menacée de mort, je ne suis pas à l'abri de ce type de diffamation. Ceux qui n'ont jamais lu une ligne écrite par moi affirment que je suis un mauvais auteur. À chaque fois que les intégristes publient une fatwa contre moi et commencent à réclamer mon sang, de telles allégations reviennent. Je suis censée ne pas être un auteur de qualité. J'aurais choisi de diffamer l'islam pour acquérir la célébrité. Cela revient à dire que, puisque je ne suis pas un très bon auteur, ça n'est pas très important si des intégristes religieux me tuent. C'est aussi une façon de faire croire que la seule raison qui me pousse à m'opposer à l'orthodoxie religieuse islamique est la volonté de me faire un nom. Ces opposants font toute une histoire de mes ventes de livres. Pour ceux dont les ouvrages ne marchent pas très bien, cet argument pourrait être valable. Mais mes livres se vendent très bien, que je parle d'islam ou pas ! Et puis la plupart de mes livres sont piratés. Ces ventes ne se traduisent donc pas par un succès commercial majeur pour moi.

CF : Ce n'est pas nouveau comme procédé. Au XIXe siècle, les caricatures anticléricales avaient beaucoup de succès. On s'échangeait des cartes de dessins croquant les curés en êtres goinfres, lubriques et pédophiles. Des dessins que personne n'oserait plus faire aujourd'hui mais qui ont énormément contribué à faire rire contre l'Église, à la désacraliser et donc permis le compromis de la loi de 1905. Eh bien l'argument de l'Église et de ses partisans, c'était de dire que les anticléricaux faisaient ça pour l'argent ! La différence, c'est que ce genre de procès d'intention ne vient pas aujourd'hui que du parti de l'Église mais aussi de gens de gauche. On m'accuse aussi parfois de travailler sur l'islam pour vendre des livres. Mais je pourrais dire la même chose, mes ouvrages se vendent bien, que je parle d'islam ou de toutes les religions comme dans *Tirs Croisés*. Par contre, nous prenons beaucoup plus de risques quand nous parlons d'islam, nous avons mille fois plus d'ennuis, d'attaques, d'insultes.

TN : Je ne sais pas si c'est un bon moyen de récolter la gloire, mais l'infamie, en revanche, c'est certain : je suis mise à l'écart de la société, et même expulsée de mon pays. Les partis politiques prétendument progressistes m'ont lâché. Même des individus réputés pour leurs opinions progressistes me tournent le dos. Ils disent que le type de gloire que je recherche ne peut m'être procuré qu'en Occident, où les anti-islamistes me donnent bien plus d'importance que je n'en mérite. Mais ces gens mentent. Je les mets au défi de trouver un seul exemple où l'hôte ou le *sponsor* d'un événement auquel j'ai participé serait connu pour des positions anti-islamiques. De la même façon, qu'on me montre une seule récompense que j'aurais reçue d'une organisation anti-islamique. Toutes mes récompenses sont venues d'organisations humanistes et laïques, de défense des droits de l'homme ou d'organismes littéraires indépendants. D'habitude, je ne cherche pas à me défendre face à la calomnie et aux insultes que me jettent à la figure mes opposants, dans la mesure où ça impliquerait d'accorder à ces calomnies bien plus d'importance qu'elles n'en méritent. Mais quand mes lecteurs et sympathisants sont troublés par la situation, je crois que c'est mieux de clarifier les choses et de dire la vérité.

CF : Je crois qu'il n'y a rien de pire que cette morve tranquille. Elle vient souvent de gens qui n'ont jamais eu le courage de se battre, pour rien. Plutôt que de regarder leur lâcheté en face, ils préfèrent salir ceux qui osent. Je déteste cette sorte d'humains, qui hurlera toujours avec les loups, cet esprit de meute. Je crois que j'ai moins de considération pour eux que pour les intégristes. Eux, au moins, croient en ce qu'ils font… Le plus cynique, le plus odieux, c'est d'entendre de belles âmes nous expliquer que des gens comme Kurt ou vous prennent ces risques pour la gloire ! Je me souviens d'une phrase que m'a dite Kurt Westergaard lorsque j'étais chez lui : « Si demain je devais me faire assassiner, mes amis de gauche diraient que je l'ai bien cherché. » J'y repense chaque fois qu'un attentat est déjoué contre lui. Je suis sûr que des petits cons doctrinaires pensent qu'il l'a bien cherché. Moi, je repense à lui et à sa femme, à leurs petits-enfants. Kurt a 71 ans, il me disait qu'il tenait le coup, mais sa femme a dû arrêter son travail d'institutrice, qu'elle adorait, parce que les parents avaient peur que sa présence nuise à la sécurité de l'école. Ils ont dû déménager je ne sais combien de fois, de maison en maison, avant de pouvoir revenir chez eux, en espérant avoir enfin la paix. Ils s'inquiétaient surtout pour leurs petits-enfants. Quand j'ai appris que Kurt était avec sa petite-fille lorsqu'un fanatique est venu pour les découper à la hache... Je me suis dit que rien de pire ne pouvait lui arriver.

Ceux qui pensent que le terrorisme peut servir à rendre « justice » sont des malades. Ceux qui pensent que dénoncer l'islamisme sert à être connu et à connaître la gloire sont de sacrés crétins. Ceux qui pensent que des gens comme vous ou Kurt « l'ont bien cherché » sont de purs salopards. On a envie de pouvoir leur faire vivre une petite simulation miniature de ce qu'endure Kurt ou de ce que vous supportez pour qu'ils comprennent : personne ne choisit d'être menacé de mort, de ne plus avoir de chez-soi, de vivre en exil depuis quinze ans pour la gloire d'être un martyr ! Il n'y a que les fanatiques pour aimer le martyre. Il faut être sacrément cynique pour ne pas le comprendre.

TN : Ce n'est pas facile de vivre malgré les menaces de mort des intégristes, mais quand s'ajoutent d'autres menaces venant d'une *intelligentsia* censée être « libérale » – pas de la même manière crue, mais bien plus insidieusement – c'est encore plus difficile à vivre. Vous savez, j'étais seule au Bangladesh, quand le gouvernement m'expulsait, quand je vivais dans la clandestinité. Combien étaient là pour me soutenir ? Combien de forces de gauche ou progressistes étaient derrière moi ? Aucune. Avec le temps, j'ai réalisé que même les anti-intégristes – supposément des *musulmans modérés* – étaient contre moi. Ils ne supportaient pas ma liberté d'expression. C'est trop difficile pour des hommes et des femmes qui ont du respect pour l'islam et son prophète d'être à mes côtés. Je ne dirais pas que seuls les athées me soutenaient, mais presque…

CF : Seuls des gens prêts à bousculer l'ordre établi ont du courage dans ces moments-là. C'est d'ailleurs pour ça que les intégristes sont violents, pour intimider ceux qui pourraient soutenir le changement, mais pas au point d'avoir du courage… En semant la peur, ils liguent tous les conservateurs, fanatiques ou non, contre ceux qui bousculent l'ordre établi. C'est vous, la provocatrice, qui devenez le problème. On a connu exactement le même phénomène au moment de la publication des caricatures. Le concours de dessins a été pensé pour répondre aux menaces et à ceux qui voulaient tuer au nom de Dieu, mais ce sont les dessinateurs qui ont été accusés de « mettre de l'huile sur le feu » !

TN : Combien de fois j'ai entendu ce refrain ! Pendant ces deux mois de clandestinité, il y avait chaque jour un mouvement de masse contre moi au Bangladesh. De nombreuses féministes s'en prenaient à moi, disaient que c'était à cause de moi que le fondamentalisme prenait de l'importance. Je m'insurgeais ! À cause de moi, on pouvait voir à quel point les fondamentalistes islamistes étaient influents dans le pays, ils faisaient une démonstration de force. Le reste du temps, on fermait les yeux sur leur importance.

Mais des féministes pensaient que si je n'avais pas critiqué l'islam, le fondamentalisme ne se serait pas développé…

CF : Comme si l'islamisme n'existait pas sans vous ou Rushdie ! Vous connaissez le proverbe. Quand on lui montre la lune, l'imbécile regarde le doigt. Même en Europe, il y a toujours quelqu'un pour nous expliquer qu'il ne faut pas provoquer les fanatiques et que le meilleur moyen de leur résister est de se taire, de raser les murs. Les gens n'ont-ils tiré aucune leçon de l'histoire ? Sans « provocateurs » comme Giordano Bruno ou le chevalier de la Barre, qui ont payé de leur vie le fait d'avoir défié la religion, la critique du catholicisme serait toujours taboue en Europe… Sans blasphémateurs, le débat politique, donc la démocratie, serait pollué par cette sacralisation de l'autorité religieuse. C'est ce que ne comprennent pas ceux qui pensent qu'on pourra faire reculer l'intégrisme avec une résistance homéopathique.

Personnellement, en tant que journaliste vivant en France, je serais totalement contre performante si j'écrivais que Mahomet faisait passer ses désirs sexuels avant tout ou qu'il était pédophile. Cela n'apporterait rien au débat. Je suis plus utile en restant dans la précision et l'étude comparée des intégrismes. Mais je refuse qu'on m'interdise de soutenir ceux qui contribuent à faire reculer ces tabous, comme vous, Salman Rushdie ou Ayaan Hirsi Ali… Le fait que vous soyez menacée prouve que vous touchez à l'essentiel. Les réactions que vous avez déclenchées prouvent que cette provocation est utile. Si les musulmans qui vous ont attaquée étaient uniquement croyants et non intégristes, ces propos leur passeraient complètement au-dessus de la tête, ils estimeraient que Mahomet est bien au-dessus de tout cela. Ces réactions prouvent que vous avez touché un point sensible.

TN : Mais combien sommes-nous à le penser ? Quand nous nous battons – moi, vous ou d'autres personnes qui ont nos idées, laïques ou humanistes – j'ai parfois l'impression que nous sommes très isolés. Personne n'est à nos côtés.

CF : Je comprends que vous ayez cette impression en ayant été lâchée de toute part au Bangladesh puis en Inde, mais il nous reste beaucoup d'alliés. Y compris à gauche. En fait, cela dépend de quelle gauche nous parlons. Dans mon combat contre l'intégrisme musulman, j'ai trouvé des alliés au Parti socialiste, au Parti communiste, au Front de gauche, à Lutte ouvrière, et chez certains écolos. Mais dans tous ces mouvements et partis, il existe aussi, c'est vrai, des alliés objectifs de l'intégrisme, qui cèdent à ce que j'ai appelé la « tentation obscurantiste »[1]. Surtout si on se rapproche de l'extrême gauche anti-capitaliste et anti-impérialiste.

Quand je ne critiquais que le catholicisme ou la droite religieuse américaine, j'étais adorée par l'extrême gauche. Les journaux comme *Politis* saluaient mes livres comme « précis, fouillés » et me présentaient comme une « spécialiste de l'intégrisme ». Quand j'ai commencé à critiquer le fondamentalisme musulman,

1. Caroline Fourest, *La Tentation obscurantiste*, Grasset, 2005 ; Livre de poche, 2009.

en particulier Tariq Ramadan, tout a changé. Les articles du même hebdo ironisaient sur mes qualités de « spécialiste » de l'intégrisme. J'ai perdu beaucoup d'amis et beaucoup d'alliés. Notamment ceux avec qui j'ai lutté contre Christine Boutin, une députée ultra-catholique opposée au PACS... Alors que Boutin est à gauche de Ramadan en terme d'intégrisme ! Certes, elle a combattu le PACS et refuse l'égalité des couples hétérosexuels et homosexuels, mais elle ne recommande pas des théologiens comme Youssef al-Qaradhawi, qui veulent carrément brûler les homos. Tariq Ramadan est infiniment plus pudibond et réactionnaire, mais il a l'avantage d'être musulman. J'ai travaillé sur lui comme j'ai travaillé sur elle. Mais après *Frère Tariq,* ceux qui saluaient mon travail sur Christine Boutin et la droite religieuse américaine se sont mis à descendre en flèche mes enquêtes, à me soupçonner d'être anti-religieuse voire raciste. Avec une malhonnêteté qui est la marque de fabrique des doctrinaires. Ceux-là sont prêts à trahir tout ce qui fait à mes yeux le progressisme, l'égalité et la laïcité, le féminisme, pour ménager les islamistes...

TN : Pourquoi ? Parce qu'ils ne veulent pas passer pour des racistes ?

CF : Oui, bien sûr, mais pas seulement. Chez certains, tous ces débats ne sont que des diversions qui nous éloignent des *vrais* sujets, les questions économiques et sociales. Priorité au « grand soir », et tout le reste peut bien attendre : les droits des femmes, la laïcité... C'est avec ce credo que les troupes de la CGT cassaient la gueule aux cortèges féministes dans les années 1970. Ils voyaient leur lutte comme un combat petit-bourgeois, qui allait diviser – voire stigmatiser ! – le machisme des classes populaires. Ils avaient tort sur toute la ligne, ils en sont revenu, mais aujourd'hui c'est la même rengaine : défendre les droits des femmes pour tous, même dans les quartiers populaires, stigmatiserait le machisme des musulmans donc des classes populaires… Et puis le 11 Septembre est passé par là. Tous ceux qui sont horrifiés par le fanatisme sont censés être les supplétifs des néo-conservateurs, tandis que certains leaders islamistes sont perçus comme des alliés à l'ennemi prioritaire, l'axe américano-sioniste. On connaît la chanson : les ennemis de mes ennemis sont mes amis.

TN : Quelle drôle de théorie ! Parfois, j'ai l'impression que les gauchistes sont stupides : ils ont l'impression d'être les amis des intégristes musulmans ? Mais ceux-ci se servent d'eux, et les attaqueront. Pourquoi croient-ils qu'ils peuvent être amis avec eux ?

CF : Je sais, mais ils pensent pouvoir les convertir à la lutte des classes.

TN : Je crois qu'ils se manipulent mutuellement. Mais au bout du compte, les fondamentalistes musulmans attaqueront les premiers – avant que les gauchistes ne le fassent.

CF : Il m'est arrivé de le dire à certains trotskistes : « Dans quel monde vivez-vous ? Je connais le type d'endoctrinement qu'ils subissent, l'entraînement qu'ils reçoivent de leurs prêcheurs, ils sont plus forts que vous, ils sont politiquement très bien formés. Vous êtes des enfants de chœur à côté, vous serez infiltrés par eux, pas le contraire. »

Il suffit de regarder ce qui s'est passé en Iran. J'ai des amis marxistes qui ont fait la révolution pour Khomeiny en pensant qu'on pouvait s'allier aux islamistes pour se débarrasser du shah, et de l'impérialisme américain. On ne leur refera pas le coup. Ils sont les premiers à avoir hurlé contre ce type d'alliances dans les Forums sociaux quand ils ont vu que les militants formés par les Frères musulmans noyautaient les tables rondes. Je pense à mon ami Chahla Chafiq, réfugiée politique iranienne, qui a fait la révolution avant de devoir fuir les intégristes ; elle a tout de suite repéré ce qui se tramait... Certains responsables d'ATTAC et du mouvement altermondialiste ont fini par comprendre, mais trop tard. L'image du mouvement altermondialiste en a vraiment été affectée, les divisions qui existaient ont empiré et une partie du mouvement n'est plus crédible ni audible alors que nous sommes en plein traumatisme post-crise financière et que de nombreux militants altermondialistes ont des choses à dire. Pour retrouver leur crédibilité, ils doivent absolument faire le ménage et lever les ambiguïtés qui permettent à des progressistes de croire que le progrès passe par la complaisance envers l'intégrisme.

TN : Pourquoi les appelez-vous des progressistes ? Je pense qu'il ne faudrait plus les appeler comme cela. On devrait se dire qu'en réalité, c'est humiliant de leur donner ce nom, car on doit avoir du respect pour le mot « progrès ». On ne devrait pas y inclure ces gens-là – embrouillés, réactionnaires, ignorants. Ne polluons pas ce mot, ne les appelons plus comme cela.

CF : Je suis d'accord, mais ils se réclament du progrès. D'ailleurs, cette tentation obscurantiste à gauche a une histoire. La même que celle qui a poussé certains militants à être les compagnons de route du totalitarisme. C'est la même vision du monde, profondément dogmatique et doctrinaire, qui pousse certains radicaux à tolérer la dictature du prolétariat, qui les pousse à tolérer le fanatisme, ou même le terrorisme comme un moyen de faire reculer l'impérialisme ou de résister à Israël. C'est la suite d'une dérive dans laquelle étaient des gens comme Sartre, dont j'aime l'œuvre littéraire, que j'aime comme écrivain mais pas du tout comme doctrinaire. Heureusement, il existera toujours une gauche, plus proche de Camus, qui s'est élevé à la fois contre le colonialisme et contre le terrorisme. Non seulement parce qu'il préférait « sa mère à la justice », mais surtout parce qu'il défendait une vision du progressisme où la fin ne justifie pas les moyens. On peut vouloir équilibrer les rapports Nord-Sud sans tomber dans la complaisance tiers-mondiste envers le totalitarisme. Car c'est bien de cela qu'il s'agit. L'islamisme est un phénomène politique, liberticide et totalitaire.

TN : C'est important de le dire. C'est pour cela que j'ai signé le Manifeste des douze que vous avez rédigé après l'affaire des caricatures contre « le nouveau totalitarisme ».

CF : L'idée de faire un manifeste revient à Mehdi Mozaffari, mon ami iranien réfugié au Danemark. Il m'a demandé de rédiger un premier jet que nous avons finalisé ensemble. L'idée était de dire que nous combattons l'islamisme en tant que mouvement totalitaire, en raison de cette nature politique liberticide, et de rappeler que la liberté d'expression est notre seule arme pour y faire face. En vertu de quoi, l'autocensure revient à déposer cette seule arme, pacifique, face à des fous armés. Le texte dit notamment : « Cette lutte ne se gagnera pas par les armes, mais sur le terrain des idées. Il ne s'agit pas d'un choc des civilisations ou d'un antagonisme Occident/Orient, mais d'une lutte globale qui oppose les démocrates aux théocrates. » Nous avions choisi de le signer à douze[1], comme les douze dessins danois. Il a été traduit en arabe, en farsi, en anglais, en danois, en italien… Il a fait le tour du monde. Nos noms ont d'ailleurs été repris sur un site djihadiste anglais, comme étant la liste des gens à abattre… Certains pseudo-révolutionnaires n'y verront que « justice ».

1. Ayaan Hirsi Ali, Chahla Chafiq, Caroline Fourest, Bernard-Henri Lévy, Irshad Manji, Mehdi Mozaffari, Maryam Namazie, Taslima Nasreen, Salman Rushdie, Antoine Sfeir, Philippe Val, Ibn Warraq.

Liberté d'expression : quelles limites ?

Taslima Nasreen : Ce n'est pas simple de se confronter à ce bloc d'obscurantisme. Surtout lorsque les apologistes de l'islam et les « intellectuels » semblent se donner la main pour trouver des circonstances atténuantes aux totalitaires qui nous menacent, tout en nous traitant d'« intégristes laïques ».

Caroline Fourest : Ce mot trahit souvent ceux qui le prononcent. C'est un renversement qui en dit tellement long ! Comme si nous étions les totalitaires, comme si nous étions les terroristes. Comme si vouloir la laïcité représentait un danger fasciste dont les intégristes, les totalitaires et les terroristes étaient de pauvres victimes ! Mais vous avez raison de parler de « bloc d'obscurantisme ». Les fanatiques ne pèseraient rien s'ils n'avaient pas des alliés conservateurs ou tiers-mondistes pour relayer leur propagande. Regardez le Conseil des droits de l'homme de l'ONU, où quasiment toutes les nations sont représentées. Le camp des théocrates va bien au-delà des seuls pays religieux. Tous les autocrates sont ligués contre la liberté d'expression. L'Iran, l'Algérie et l'Égypte mènent la bataille contre la liberté d'expression mais leur résolution contre la « diffamation des religions » ne serait jamais passée sans l'Union africaine et le Mouvement des non-alignés ! Sans les votes de la Chine et Cuba, qu'on ne savait pas si respectueux des religions. En réalité, la « diffamation des religions » n'est qu'un prétexte pour faire reculer la liberté d'expression.

TN : Cela va encourager d'autres pays à avoir des lois contre le blasphème, ce que notre ami Roy W. Brown a appelé « la lente mort de la liberté d'expression ».

CF : Roy Brown et son organisation – l'Internationale humaniste et laïque – font un travail formidable, notamment au sein de ce conseil où il représente inlassablement la voix des ONG laïques. Je sais combien ils vous ont aidée depuis 1994, quand vous en aviez besoin. Je l'ai longuement interviewé dans mon documentaire sur la « bataille des droits de l'homme[1] », qui montre cette convergence entre les théocrates et les régimes autoritaires contre la laïcité et la liberté d'expression. J'ai aussi longuement interviewé l'ambassadeur algérien, qui considère que publier les caricatures sur Mahomet était islamophobe. Il prétend, bien entendu, qu'il veut lutter contre l'incitation à la haine, mais quand l'Union européenne propose d'utiliser un terme qui lève toute ambiguïté, à savoir lutter contre l'incitation à la haine *en raison* de la religion, comme ils l'ont fait lors de la Conférence de Durban II sur le

1. *La Bataille des droits de l'homme*, Caroline Fourest & Fiammetta Venner, Doc en stock pour ARTE, diffusé le 21 avril 2009.

racisme, ces pays refusent. Ils tiennent à l'expression « diffamation des religions » parce qu'ils veulent viser le blasphème. La déléguée du Pakistan a été très claire quand je lui ai posé la question de savoir à quoi elle pensait. Elle m'a dit qu'en islam, il était interdit de représenter Mahomet, que cela incitait à la haine. Et quand je lui ai demandé si le concours de dessins initié par l'Iran sur la Shoah n'incitait pas à la haine, elle a refusé de me répondre, elle m'a conseillé d'être prudente. L'Iran fait partie du groupe de l'OCI. Son ambassadeur ne veut pas lutter contre l'incitation à la haine raciste, sinon son pays ne soutiendrait pas la publication de dessins sur la Shoah. Il veut interdire la publication de dessins « blasphématoires » pour l'islam. Il l'a dit en séance.

Il existe aujourd'hui deux visions du monde antagonistes quant aux limites à imposer à la liberté d'expression : ceux qui veulent lutter contre le blasphème parlent de « diffamation des religions » et ceux qui veulent lutter contre le racisme parlent d'« incitation à la haine en raison de la religion ». Contrairement aux clichés, ce sont les pays du Nord, ceux de l'Union européenne, qui souhaitent lutter contre le racisme. Pas ceux du Sud.

TN : Personnellement, je suis pour la liberté d'expression sans limites. Les croyants peuvent dire ce qu'ils veulent. On devrait nous aussi avoir le droit de dire ce qu'on veut contre la religion ou les intégristes. Ce droit devrait nous être accordé. Les fumeurs peuvent fumer, mais on prévient que « fumer tue ». Peut-être devrions-nous annoncer partout : « La religion tue » !

CF : Il y a une organisation athée qui a mené une campagne d'affichage sur des bus. Elle disait quelque chose comme « Dieu n'existe pas, arrêtez de croire à ces bêtises ».

TN : Les humanistes américains sont en train de faire une campagne similaire : « Pourquoi croire en Dieu ? » Un autre de leurs slogans est : « Dieu n'existe probablement pas ; arrêtez de vous faire du souci et profitez de la vie. » Les croyants ont déjà montré des signes de colère contre les non-croyants, objectant que cette campagne était blasphématoire. Notez bien qu'ils n'argumentent pas, car ils n'ont pas d'arguments. Ils passent donc à l'attaque. C'est la seule arme des croyants. En réalité, ils ont beaucoup plus de droits pour exprimer leurs points de vue que les laïques. Si vous voulez croire, continuez, mais pourquoi interdisez-vous aux autres de s'exprimer ?

CF : La seule limite que je peux trouver à la liberté d'expression, c'est l'incitation à la haine. Quand on utilise la liberté d'expression pour encourager à tuer, je pense que la loi doit pouvoir dire que ça n'est pas possible. C'est la seule limite que je peux accepter.

TN : Vous pensez que les signes nazis devraient être interdits ?

CF : Pas à son domicile, mais dans certains espaces où le fait de les afficher ostensiblement constitue une incitation à la haine. Le négationnisme, c'est plus compliqué. La négation de crimes contre l'humanité, historiquement prouvés, comme l'extermination de millions de juifs sous le nazisme, est interdite en France jusqu'à présent. Cela ne signifie pas qu'on va en prison, mais on risque une amende. C'est une peine symbolique, signifiant qu'une ligne a été franchie. Ces mesures ont été assez utiles pour combattre l'extrême droite à une certaine époque, quand les négationnistes ont fait leur apparition. Mais ça a aussi été contre performant, en les faisant passer pour des martyrs et des héros de la liberté d'expression. À l'heure d'Internet, je ne sais franchement pas si ces lois contre le négationnisme ont toujours une raison d'être. C'est un débat que j'ai régulièrement avec les partisans du premier amendement tel qu'on l'entend aux États-Unis, où de telles restrictions n'existent pas. Je pense qu'on devrait avoir le droit de dire que la Shoah n'a jamais eu lieu – même si c'est odieux – tant que ce n'est pas pour inciter à la haine. Ce qui est rare. Les deux vont souvent de pair. Si on utilise cette négation de faits historiques pour encourager en prime à la haine, contre les juifs ou contre toute autre minorité, il faut pouvoir condamner, juste pour montrer que cela va plus loin qu'une simple opinion.

TN : Je ne suis pas de cet avis. Je crois qu'il ne faut aucune limite à la liberté d'expression. Chacun devrait pouvoir dire ce qu'il désire. Si vous pensez que l'Holocauste n'a jamais existé, vous devriez avoir la liberté de le dire, même si c'est faux. Autrement, ceux qui n'ont aucun droit pourraient penser : « Nous n'avons pas le droit de le dire » et ils seront pris par la colère. Et puis, pourquoi affirmer quelque chose de faux inciterait d'autres personnes à commettre des actes répréhensibles ? Je ne pense pas que cela arriverait, cela dépend vraiment de l'éducation qu'ont reçue les gens. Supposez que les fondamentalistes islamiques disent : « Nous devons croire en Allah, nous devons tuer tous les incroyants. » Je crois que cela ne marcherait pas dans une société bien éduquée. Ils seraient simplement considérés comme des criminels.

CF : Je suis moins optimiste que vous. Même dans un pays éduqué, il faut des limites. Par exemple, lorsqu'un groupe dit sur Internet ou dans des brochures : « Il faut tuer Taslima Nasreen », ce n'est pas de la liberté d'expression, c'est de l'incitation au meurtre. Cela doit rester illégal. Vouloir tuer quelqu'un et encourager son assassinat n'entrent pas dans le cadre de la liberté d'expression. Je repense, par exemple, au site web anglais extrémiste qui a publié nos noms en écrivant : « Ceci est la liste noire de gens que nous devons tuer, l'un après l'autre. » Si aucune loi ne nous permet de répondre à cela, nous ne pouvons faire rechercher les gens qui se cachent derrière ces sites. Or ces messages sont, de nos jours, les nouvelles fatwas. Ils encouragent d'éventuels passages à l'acte.

TN : Dans mon cas, à la fois en Inde et au Bangladesh, ce sont les chefs spirituels qui ont demandé aux musulmans de me tuer. Cela a fonctionné parce qu'il y a tellement de musulmans ignorants qui pensent aller au paradis s'ils le font ! Comme c'est un pays pauvre, si vous dites que vous allez donner cinq millions de dollars, ou une récompense, ils suivront. La dernière fatwa, publiée à Calcutta, proposait une belle somme à quiconque pourrait m'éliminer. C'est un pays pauvre, vous pouvez imaginer l'effet. Non seulement des musulmans, mais aussi des hindous, des chrétiens, voulaient me tuer, juste pour l'argent. Sans parler des 72 vierges qui attendent au paradis les musulmans... Cette tentation est efficace dans les pays profondément religieux, là où l'éducation laïque n'est pas répandue et où les gens ne sont pas éclairés. Je ne pense pas que ça marcherait dans un pays civilisé si quelqu'un ordonnait de tuer untel ou une telle.

CF : On ne peut pas raisonner ainsi. Ce n'est pas une question de nombre, ni de pauvreté, vous le savez bien. Il suffit d'un fanatique, et il en existe partout, même en France...

TN : Oui, bien sûr, on trouve des fous partout.

CF : Bien entendu. La loi, dans ce cas, n'est qu'un outil pour empêcher qu'un crime ne soit commis. Par contre, quand il s'agit d'une discussion intellectuelle, même si elle traite de crimes contre l'humanité comme l'esclavage, la colonisation ou l'Holocauste, je suis d'accord avec vous pour dire que la loi doit permettre les échanges, y compris l'expression d'idées qui nous révulsent.

TN : Le débat public est toujours une nécessité. Le débat, la discussion, encouragent les pensées libres.

CF : Bien sûr. Mais si ça va jusqu'à promouvoir l'assassinat, la loi doit l'empêcher. C'est hallucinant de voir combien de personnes que nous connaissons sont menacées de mort pour leurs prises de parole. Plusieurs de mes amis doivent vivre sous protection.

Vous le savez, ce n'est jamais simple. Surtout quand on est journaliste, comme mon ami Mohamed Sifaoui. Il s'est installé en France pour parler librement, pour faire librement son travail. Mais même ici, il est menacé parce qu'il enquête sur les islamistes. Sans parler des types qui le reconnaissent dans la rue et qui veulent lui casser la gueule. Sa protection n'est pas facile. Comme journaliste, il a aussi mené des enquêtes sur les liens entre la mafia asiatique et la police. Cela n'a pas plu à certains gradés. Il a eu les pires ennuis et tous ceux qui lui reprochent d'enquêter sur l'islamisme en ont profité pour tirer à vue et tenter de le discréditer. Il a perdu sa protection. Quand j'ai appris ça, j'ai téléphoné à un conseiller du président de la République et je lui ai dit : « Je vous préviens, s'il lui arrive quelque chose, tout le monde saura que vous l'avez laissé tomber. Je le dirai partout ! »

Comment pouvons-nous défendre la liberté d'expression si nous ne protégeons pas les gens qui sont menacés pour avoir défié l'intégrisme, particulièrement en Europe ? Quand j'ai appris qu'Ayaan Hirsi Ali partait vivre aux États-Unis parce que sa sécurité n'était plus assurée en Europe, j'ai vraiment eu le sentiment qu'une part du rêve européen mourrait. L'affaire est compliquée, bien sûr. Ayaan a longtemps été protégée, toujours dans des maisons différentes. Lorsqu'elle a enfin trouvé un endroit où se poser, des voisins ont porté plainte et obtenu qu'elle quitte les lieux sous prétexte que sa présence mettait le quartier en danger ! Elle ne se voyait pas déménager tous les quinze jours, et revivre ce qu'elle a vécu les premiers mois. Après le meurtre de Theo Van Gogh, lorsqu'on a retrouvé un message poignardé sur son corps la menaçant, elle a été exfiltrée sur une base militaire !

TN : Moi aussi, on m'a mise sur une base militaire en Inde pour me protéger.

CF : Vous connaissez cet enfer. Par la suite, on l'a changée de maison près de vingt fois. Ayaan ne supportait plus ce traitement ni les critiques venant de la gauche néerlandaise, la rendant responsable d'avoir mis de l'huile sur le feu. Elle est partie vivre aux États-Unis, mais là-bas, le gouvernement hollandais ne paie plus pour sa protection et elle doit lever des fonds privés pour sortir dans la rue en toute sécurité. Ces gardes du corps coûtent une fortune. Elle a donc le choix entre rester cloîtrée ou risquer d'être tuée. C'est un risque réel. Comme pour vous. J'ai donc demandé à des députés européens de proposer une résolution permettant à l'Union européenne de financer sa protection. Je pensais que ce serait un signal fort.

TN : Avez-vous été suivie ?

CF : Oui. On parlait de la gauche tout à l'heure. Benoît Hamon, qui représente la gauche du Parti socialiste, a tout de suite accepté de rédiger cette proposition. Elle a été signée par trois autres députés européens socialistes avant d'être soumise au vote du Parlement. Nous sommes allés la défendre, avec Ayaan, Bernard-Henri Lévy et Benoît Hamon, à Bruxelles. Juste avant, Bernard-Henri Lévy a souhaité que nous organisions un grand meeting à Paris. Il a réuni des milliers de personnes. L'amphithéâtre de l'école normale était plein. J'ai dû m'excuser auprès de centaines de sympathisants restés bloqués à l'extérieur. Sur l'estrade, il y avait Ségolène Royal, Benoît Hamon et Rama Yade, qui a fait un très bon discours. Tous les politiques de droite voulaient la rencontrer, mais le président de la République n'a pas tenu sa promesse : à savoir accueillir toute femme persécutée.

Quelques mois plus tôt, la revue *Le Meilleur des mondes* avait lancé un manifeste pour demander qu'on lui octroie la nationalité française à titre honorifique. À notre meeting, la secrétaire aux Droits de l'homme a bien proposé de suggérer la création d'un fonds européen permettant de financer la protection de personnes menacées de mort pour leur liberté d'expression, mais rien d'autre. Ceci dit, ce fonds était une très bonne idée. Je n'y voyais aucun inconvénient puisque cela rejoignait la proposition que j'avais moi-même faite aux socialistes européens, mais cela n'a jamais vu le jour. Les députés de droite, notamment UMP, n'ont pas voté la proposition socialiste. Et le fonds européens souhaité par Rama Yade est resté lettre morte.

Mais je ne désespère pas. Il faut imaginer un système permettant de protéger la liberté d'expression de façon transnationale. Ça ne peut pas être l'affaire d'un seul gouvernement, c'est un enjeu pour l'Europe politique. D'abord parce que ces gens devraient être libres de voyager à nouveau ; ensuite, parce que c'est extrêmement cher ; enfin, parce que cela crée une dépendance non souhaitable entre la personne – surtout s'il s'agit d'un journaliste – et l'État. Pour casser cette dépendance, je rêve toujours d'une fondation européenne qui protégerait toute personne menacée de mort pour sa liberté de parole. Cela inclurait les gens menacés par l'intégrisme mais aussi ceux qui critiquent la mafia en Italie, par exemple. Ce serait vraiment un beau symbole européen.

TN : C'est une très bonne idée que l'Union européenne s'engage. Mais je veux vous dire une chose : j'aime croire qu'il existe encore quelques pays où je n'ai pas besoin de protection. Dans certaines parties du monde, il me faut une protection policière, et cela ne m'enchante pas. Quand je suis en France, je sais que la protection policière est prête pour moi si je le veux, mais je ne le veux pas. Je veux pouvoir sentir que dans ce monde, il est des endroits où je peux me promener sans protection. Et j'aime l'idée qu'il reste des pays où j'ai la liberté d'exprimer mes idées, où je peux marcher seule dans la rue. Qu'est-ce que ce serait triste si je devais constamment être sous protection policière en France, en Allemagne, en Suède, en Suisse, si je devais m'inquiéter, avoir peur que quelqu'un soit derrière moi pour me tuer ! Où irais-je trouver la paix sur terre ? C'est tellement nécessaire de se sentir libre. Je suis tellement heureuse qu'en Europe des gens marchent à mes côtés, s'assoient à mes côtés et n'essaient pas de m'assassiner.

L'Europe demeure l'endroit le plus civilisé et le plus sûr du monde. Quand je me promène seule dans les rues françaises, quand je vais vers le métro, le bus, j'ai l'impression qu'on accorde de la valeur à la liberté d'expression. Je veux que tous les pays européens soient sûrs pour tout le monde. Des pays où ne règne pas une telle sécurité devraient apprendre de l'Europe. On devrait pouvoir dire « elle est menacée, mais elle peut se déplacer librement en Europe ». L'Europe peut constituer un modèle en demeurant un endroit sûr. Si l'Europe ne parvenait plus à assurer la sécurité d'une personne comme moi, menacée par des fanatiques, alors l'histoire reviendrait en arrière, retournerait vers un mauvais passé. Comment les autres pays apprendraient-ils ? Au Bangladesh ou en Inde, les gens pourraient dire : « Taslima a besoin d'une protection ici, mais c'est également le cas là-bas. »

CF : Je comprends très bien.

TN : J'ai donc envie de dire « j'ai besoin d'être protégée en Inde, mais pas en France ». Même si ce n'est peut-être pas entièrement vrai, même si j'ai parfois besoin de protection car les fanatiques sont partout ; si le fanatisme progresse quelque part, cela infiltre les autres parties du monde. C'est indéniable. Je suis peut-être une utopiste, mais je veux pouvoir marcher dans tous les pays du monde de la même façon que je peux le faire à Paris ou à Berlin. Je me bats pour ce rêve, pas seulement pour moi mais pour tous. Vous aussi, vous êtes une utopiste, vous aussi, vous battez pour un monde sûr, et des milliers de gens se battent pour la même cause. Nous luttons, parce que nous rêvons d'un monde magnifique, où personne ne serait opprimé. Peut-être ne le verra-t-on pas de notre vivant, mais la prochaine génération le verra, les gens le verront.

CF : Nous avons le même rêve. J'aimerais que l'Europe puisse donner des gardes du corps à des gens comme vous si vous en avez besoin, mais le but ultime, bien entendu, c'est que vous n'en ayez pas besoin. Ni en Europe ni, un jour, dans le reste du monde.

De la difficulté d'être dissidents

Taslima Nasreen : Si plus de personnes à gauche osaient nous défendre, ce serait déjà un progrès. Parfois, j'ai de la peine pour Ayaan Hirsi Ali. Elle est dorénavant entre les mains de l'extrême droite.

Caroline Fourest : Je ne sais pas si on peut parler d'extrême droite, mais elle a clairement rejoint la droite néo-conservatrice pro-Bush. L'American Enterprise Institute qui la salarie est un *think-tank* contre lequel j'ai écrit dans mon livre sur la droite américaine. Ce sont des ultra-libéraux radicaux. Ils militent certes contre l'islamisme mais surtout pour un « gouvernement limité ».

TN : Je l'ai vu l'autre jour sur Youtube, elle vantait le capitalisme. Si elle le croit, ça me va. Mais l'entendre s'exprimer contre l'État providence, contre l'égalité et la justice pour tous ! Si elle n'avait pas reçu l'aide d'un État providence, elle ne serait pas devenue ce qu'elle est aujourd'hui. C'est parce qu'elle habitait dans un État providence comme les Pays-Bas qu'elle a pu faire des études universitaires, obtenir des diplômes et devenir une femme politique…

CF : J'ai eu l'occasion d'en parler avec Ayaan. Cette évolution me préoccupe autant que vous. Mais elle a une histoire, qu'il faut expliquer à ceux qui ne la connaissent pas. Vous avez raison, Ayaan a pu faire de la politique grâce au système de l'État providence qui existe aux Pays-Bas. Lorsqu'elle a immigré clandestinement, elle fuyait un mariage forcé, a dû couper tout lien avec sa famille, vivre dans une caravane, faire des ménages et mentir pour obtenir un statut de réfugiée politique. Elle a prétendu qu'elle venait directement de Somalie, pays alors en guerre, pour ne pas être renvoyée au Kenya, où sa famille avait déjà le statut de réfugié et tenait à la marier à un homme dont elle ne voulait pas.

Elle était donc totalement isolée aux Pays-Bas. Mais grâce au système de bourses, et à sa volonté, elle a pu faire des études de sciences-politiques. Ses premiers engagements étaient à gauche. Le premier *think-tank* à l'avoir embauchée était lié au Parti travailliste néerlandais, qui l'a mise sur ses listes et lui a permis de devenir députée. Mais ensuite tout s'est enrayé. Il faut dire qu'elle a pris son poste le lendemain du 11 Septembre. Au vu de son parcours (excisée, voilée et mariée de force), il est évident qu'elle n'allait pas rester silencieuse. Elle a parlé et combattu de toutes ses forces l'intégrisme et même l'islam, avec la liberté de ton que vous-même revendiquez. Dans un pays où la gauche dépend beaucoup du vote populaire d'origine immigrée, elle a fini par embarrasser. Plus elle était menacée, plus elle s'est sentie lâchée par cette gauche multiculturaliste, plus elle a été soutenue par la droite libérale, notamment par des gens comme Fritz Bolkenstein. C'est comme ça qu'elle s'est retrouvée à passer du Parti travailliste au VVD, le Parti libéral, et à tenir des positions aussi capitalistes.

TN : Mais vous pensez qu'elle est obligée de dire tout ça ?

CF : Je crois qu'elle est tellement dégoûtée par la gauche et par sa frilosité vis-à-vis de l'islamisme qu'elle a fini par basculer à droite. Elle est en guerre contre le multiculturalisme qui renvoie les individus à leur appartenance communautaire et religieuse, ce que je partage. Mais du coup, elle a rejoint le camp de ceux qui défendent les libertés individuelles, même lorsqu'ils luttent contre l'État providence... Ce que je ne partage pas. Mais je ne suis pas dans sa position, je ne suis pas menacée de mort et je n'ai pas besoin de lever des fonds pour assurer ma sécurité. Ayaan si. Lorsqu'elle a dû quitter les Pays-Bas pour les États-Unis, elle a postulé auprès de tous les *think-tank*, de gauche comme de droite. Le seul qui lui ait proposé un job et de l'argent lui permettant de vivre libre, dans une relative sécurité, a été l'American Entreprise Institute. Je ne pense pas qu'elle partage toutes leurs positions, mais elle n'a pas vraiment d'autres options.

TN : Je n'arrive pas à croire qu'elle pense vraiment que l'État providence soit une mauvaise chose. Mais je crains qu'elle pense vraiment que l'égalité et la justice pour tous – qui existent encore dans les États européens – sont de mauvaises choses et que le système américain est le meilleur au monde. De toute façon, elle doit dire ça : elle doit dire que le capitalisme est ce qu'il y a de mieux, que l'American Enterprise Institute, une organisation de néo-conservateurs d'extrême droite, est la meilleure organisation du monde… Alors qu'elle ne pourrait pas y critiquer le christianisme, le judaïsme ou toute autre religion. Elle doit se prononcer uniquement contre l'islam. C'est la limite qui lui est fixée, et je considère que cela va à l'encontre de la liberté d'expression. Il est même probable que, étant donné sa forte prise de position en faveur du capitalisme, elle doive aussi un jour se prononcer contre un système de santé universel, le mariage homosexuel, l'avortement et l'euthanasie…

CF : Je peux me tromper, mais je ne crois pas qu'elle irait jusque-là. Elle a toujours su faire preuve de courage quand on a voulu lui faire dire quelque chose qu'elle ne pense pas.

TN : En tout cas, si elle pense que la gauche ne lui a pas apporté assez de liberté pour exprimer son point de vue, elle devrait bien voir que la droite ne le fait pas non plus. Pourquoi faudrait-il un soutien politique ? Est-ce qu'elle ne peut pas avoir sa propre voix ? Sa voix n'a besoin d'aucun soutien politique.

CF : Vous soulevez là un vrai sujet. Peut-on rester indépendante quand des fous vous menacent et que seule la droite vous tend les bras pour vous protéger ? C'est un dilemme que connaissent tous les dissidents de l'islam et qu'ont connu avant eux les dissidents du communisme. Combien ont fini par rejoindre la droite chrétienne ? Méditons l'évolution d'un Soljenitsyne.

Il y avait des voix à gauche pour s'élever contre le goulag, mais elles ont aussitôt été accusées d'avoir trahi, d'être de droite. Les amateurs de ce genre de procès devraient réfléchir à deux fois avant de s'y engouffrer. À force d'excommunier, ils ne font que pousser les esprits libres dans les bras de la droite, voire de l'extrême droite. C'est en partie ce qui m'a poussée à vouloir que *Charlie Hebdo* tienne bon et incarne une gauche qui ne fasse pas cette erreur. C'est aussi pour cela que j'ai voulu proposer en priorité le fait de soutenir Ayaan à la gauche. Je pensais que la droite suivrait, mais que la gauche ne le ferait pas si elle n'en était pas l'initiatrice. Au final, comme souvent, la gauche a peu parlé mais elle a signé cette résolution au Parlement européen. La droite, elle, a beaucoup parlé mais peu agi... Elle a volontiers posé sur la photo aux côtés d'Ayaan, mais elle ne lui a pas accordé la nationalité française et n'a pas voté la résolution proposée par les socialistes.

Pareil aux Pays-Bas. La droite néerlandaise a volontiers récupéré Ayaan comme symbole, mais au lieu de lutter contre l'intégrisme, elle a focalisé sur l'immigration. Du coup, Ayaan s'est retrouvée à servir d'alibi à une politique essentiellement xénophobe. Lorsqu'Ayaan a appris que le ministre de l'Intégration et de l'Immigration, Rita Verdonk, une femme de son propre parti, allait expulser une femme arrivée dans les mêmes conditions qu'elle aux Pays-Bas, elle a voulu protester mais ça s'est retourné contre elle.

TN : On lui a reproché d'avoir elle-même menti pour obtenir le statut de réfugiée…

CF : Oui. Quel cynisme ! Les lois sur l'asile sont mal faites. Elles permettent d'accueillir les victimes des États, y compris les intégristes, au titre de réfugiés politiques mais pas les femmes victimes de violences, de mariages forcés. Du coup, une femme qui fuit un mariage forcé doit mentir. Elle doit dire qu'elle vient d'un pays en guerre si elle ne veut pas être renvoyée auprès de sa famille. Une migrante allait être expulsée pour avoir menti et obtenir ainsi le statut de réfugiée. Ayaan a pris son téléphone pour protester auprès de Rita Verdonk, lui a rappelé son histoire, mais le ministre de l'Immigration a fait semblant de découvrir qu'Ayaan avait elle-même dû mentir pour devenir néerlandaise. Du coup, elle a voulu lui retirer sa nationalité. Un comble ! Un gouvernement élu pour défendre des femmes comme Ayaan se retrouvait à expulser des femmes comme Ayaan… C'est en partie ce qui l'a décidée à quitter l'Europe. C'est à cause de la droite, autant que de la gauche, qu'elle a dû fuir vers les États-Unis. C'est la preuve que la récupération politique n'offre jamais une protection durable.

TN : Je suis heureuse de ne jamais m'être engagée dans aucune organisation. Quand je vivais au Bangladesh, avant d'être réellement en danger, beaucoup d'organisations de femmes m'ont demandé de les rejoindre. Mais je ne voulais pas, je percevais bien leurs limites. Elles s'en prenaient à l'intégrisme musulman, mais n'osaient rien dire contre l'islam – même si elles constataient tous les jours que c'est l'islam qui dénigre, réprime et opprime les femmes. Elles prétendent que l'islam respecte la femme, que seuls les intégristes sont opposés aux droits des femmes. Comment aurais-je pu travailler avec elle ? C'était impossible.

CF : Vous avez surtout résisté à la récupération par les intégristes hindous. Même lorsqu'ils vous ont proposé de vous héberger face aux menaces des musulmans en Inde…

TN : Les fondamentalistes hindous ne m'ont défendue que parce que je critique l'islam. Ils ont essayé de me manipuler, mais ils n'y sont pas parvenus. Je me suis beaucoup exprimée sur les positions hindoues contre les femmes et j'ai également critiqué ces intégristes pour leurs prises de positions hostiles à la liberté d'expression. C'est impossible qu'un groupe fondamentaliste, de quelque religion que ce soit, obtienne ma sympathie. C'est hors de question que j'appartienne à une organisation ou à un groupe conservateur.

CF : Cette indépendance vous coûte cher…

TN : Si n'importe quel intégriste musulman avait connu les mêmes problèmes que moi, il aurait été submergé d'aides financières. Il ne rencontrerait aucun problème. Nous, qui ne nous compromettons pas, qu'aucun parti politique ou aucune organisation ne soutient, les individus laïques, nous sommes isolés. Les organisations laïques ont besoin de fonds pour survivre.

CF : À Paris, vous avez demandé de l'aide à la secrétaire d'État, Rama Yade, et à Bertrand Delanoë. Ils ont tous deux été sensibles à votre appel, ils vous ont reçue. Rama Yade vous a même remis le prix Simone de Beauvoir dans les salons du ministère des Affaires étrangères, mais vous êtes toujours sans domicile fixe...

TN : Je déteste demander de l'aide. Mais pour quelqu'un qui défend les idées laïques et qui vient d'un pays musulman pauvre, la réalité est dure. J'ai été expulsée de deux pays. Toutes mes affaires sont en Inde et je ne peux rien ramener de là-bas. Ici, je vis avec une seule valise, je dois mener une existence de nomade. Comme auteur bengalî, je ne peux pas gagner ma vie. Il me faut un endroit et il me faut de la paix, pour que je puisse me concentrer sur mes projets. J'ai donc demandé au maire de Paris de m'aider. C'était humiliant, mais je l'ai fait. On m'a proposé de m'héberger dans une maison d'artistes, mais l'adresse a fuité dans la presse et il a fallu trouver autre chose. Une autre adresse, toujours temporaire. En ce moment, je vis à New York, où je peux donner des cours pendant quelques mois. Et après ? Je ne sais pas.

Je suis partout sans abri. J'ai des problèmes émotionnels dus au fait que je ne me trouve pas dans mon pays, pas dans une région où je peux parler ma langue, me battre, être active, aider les femmes et écrire. À l'heure actuelle, je lutte pour survivre en Occident. C'est vraiment très difficile. Si je pouvais être manipulée par la droite ou par l'extrême droite, je n'aurais aucune difficulté, mais je m'accroche à mon idéologie et je ne laisserai jamais des religieux, des fondamentalistes, la droite ou les néoconservateurs se servir de moi. Même si j'ai des problèmes pour subvenir à mes besoins, je resterai fidèle à ce que je pense.

CF : C'est vraiment quelque chose que j'admire en vous. J'ai vu tellement de gens qui pouvaient devenir des symboles ! Ils acceptent de voir leur message affaibli, d'être utilisés, parce qu'ils sont dans une telle position de faiblesse face aux intégristes. Pas vous. Vous êtes toujours restée fidèle à votre idéal. Je sais le prix que vous payez ; et tous ceux qui suivent votre affaire peuvent voir que vous avez résisté à la tentation de faire passer un message édulcoré uniquement pour obtenir des soutiens dans l'adversité. Vous le payez aujourd'hui, en n'ayant pas de domicile, en étant dans une situation économique compliquée, en ayant été chassée de votre pays.

TN : Au moins, je suis satisfaite de ne pas m'être éloignée de mes idées. Je ne suis pas une marionnette, obligée de dire ce que je ne pense pas. Jamais on ne me réduira au silence. Voilà la liberté que j'ai obtenue, mais comme vous le dites, j'ai payé le prix fort. Ce prix, ça a été mon pays, ma maison, ma société, ma langue, ma culture, ma famille, mes amis, tout.

J'aurais pu faire d'autres choix. Les croyants juifs, chrétiens ou hindous sont devenus mes amis quand j'ai critiqué l'islam. Mais quand j'ai critiqué les hindous, j'ai perdu des amis, les hindous m'ont laissée. La même chose s'est produite quand j'ai critiqué le christianisme. J'ai constaté la même chose en Occident. Je suis célébrée quand je critique l'islam, pas du tout quand je m'en prends au judaïsme, au christianisme ou aux autres religions – comme si ce n'était pas mon domaine, comme si je dépassais les bornes. « Vous êtes née dans un pays musulman, vous ne devriez pouvoir parler que de l'islam, ne critiquer que l'islam, autant que vous le pouvez. » Non, je refuse cela ! Ils me laissent tomber dès que je critique le christianisme, le judaïsme ou autre ? Eh bien, je dépasserai toujours les bornes, parce que je ne crois pas aux bornes. Je crois à la liberté absolue d'expression. Je ne suis pas une universitaire experte d'une religion en particulier, mais il ne faut pas être Albert Einstein pour comprendre que les droits des femmes sont violés par la religion. Je rêve d'un monde sans religion. J'ai le droit de rêver, et j'ai le droit d'en parler.

CF : Résister à l'instrumentalisation de son message est un combat. À mon niveau, je sais combien de soutiens on perd quand on se refuse à tronquer son discours. On passe sa vie à cela. À perdre des amis et à éviter certains alliés. Je vous l'ai dit, j'ai vu s'éloigner pas mal d'alliés en travaillant sur l'islamisme, mais j'ai aussi passé mon temps à trier parmi tous les soutiens qui venaient à moi, notamment pour éviter toutes sortes de néoconservateurs. Le meilleur moyen de les faire fuir, c'est de continuer à maintenir le cap qui a toujours été le mien : antiraciste, féministe et laïque envers tous les intégrismes. J'ai continué à écrire contre les intégristes chrétiens. Je me suis montrée à la fois critique envers la gauche obscurantiste et la droite sécuritaire. Cela ne laisse pas de temps pour s'ennuyer. La même semaine, il peut m'arriver de me faire traiter d'« islamophile » ou d'« islamophobe ».

TN : Je suis sensible à votre combat, qui est aussi difficile que le mien. Vous pouvez être plus active, parce que vous luttez dans votre pays. Alors que j'ai dû quitter le mien. J'ai toujours mon arme – mon stylo – mais je ne suis plus comme vous, sur le champ de bataille.

L'importance de l'État-providence

Taslima Nasreen : Entre la gauche qui est du côté des fanatiques islamiques et la droite qui parle de freiner l'intégrisme musulman mais détruit l'État-providence, quel dilemme…

Caroline Fourest : Sacré dilemme en effet. Je l'ai résolu en refusant d'abandonner l'étiquette de gauche et en combattant la « tentation obscurantiste » de ceux qui s'en revendiquent également. Mais je ne suis pas réellement tentée de l'abandonner. Non pas parce que je suis de gauche *a priori*, je n'ai jamais été de gauche *a priori*. Je n'ai jamais supporté la gauche d'évidence, celle qui pense qu'il faut être de gauche parce que ça fait bien. Simplement, je crois profondément que l'essentiel de la mission d'un État est de lutter contre les inégalités économiques et sociales, pour la justice. On aimerait qu'il s'occupe aussi d'enjeux symboliques comme la lutte contre l'intégrisme ou le racisme, mais c'est presque du luxe. En Europe, ce sont des débats que nous, les intellectuels, les personnalités engagées, pouvons mener, même sans l'aide de l'État. Alors que nous ne pouvons pas réduire les inégalités par notre seule prise de parole. C'est pour ça que je voterais probablement toujours à gauche, « malgré elle » comme disait Camus.

TN : Nous nous battons pour l'égalité et la justice. Cela ne concerne pas que la question des hommes et des femmes, mais aussi celle de la pauvreté. Je le vois quand je constate la grande inégalité entre les pays du Nord et du Sud.

On essaie de réduire cette inégalité. Peut-être que quelque part, à un moment, il sera possible de combler l'inégalité entre hommes et femmes ; mais c'est très difficile de réduire les inégalités entre riches et pauvres. Le pouvoir de l'argent les maintiendra toujours. La cupidité de certains crée toujours la pauvreté des autres. C'est compliqué de lutter contre ce pouvoir, mais il faut le faire.

CF : Nous savons que la solution à la discrimination homme/femme est l'égalité. Nous pouvons espérer que la régulation et l'État providence restent l'une des solutions clés pour réduire la pauvreté.

TN : Mais l'État providence est en train de s'effondrer lentement. Les grandes entreprises délocalisent dans les pays pauvres parce qu'elles ne veulent pas payer d'impôts et veulent faire plus de profits. Les États manquent de professeurs, de médecins, d'infirmières. C'est le début d'un grand changement. Si cela continue, au bout du compte, je ne sais pas si l'État providence existera encore. On lira dans les livres d'histoire : « À une époque, un État, qu'on appelait

État providence, exista après la Seconde Guerre mondiale. Après quelques décennies, il disparut. »

CF : S'il n'existe plus, s'il n'y a pas davantage d'État pour protéger les faibles et réduire les inégalités, nous savons qui en profitera pour mettre le lien social sous tutelle et contrôler les individus : les religieux, comme au temps de la charité chrétienne ! La crise financière accentue ce risque. Si les dirigeants politiques n'arrivent pas à la surmonter par la régulation, en permettant au politique de reprendre la main sur le financier, s'ils échouent, alors les gens se tourneront vers des solutions communautaires et religieuses.

TN : Cela me fait penser au Bangladesh. Il y a toujours des problèmes économiques. Les jeunes qui ont fait leurs études et ont obtenu leurs diplômes, n'ont pas trouvé d'emploi. Ces jeunes gens frustrés ont commencé à se droguer ou à devenir religieux, parce qu'ils n'avaient aucun espoir en la politique. Ils pensent que la religion peut leur apporter une certaine paix. C'est une génération frustrée, sans espoir, impuissante ! Quelques ONG leur donnent de l'espoir. Elles obtiennent de l'argent de riches pays arabes, leur donnent des emplois, et ces entreprises privées achètent la jeune génération. Elles disent : « Devenez fondamentalistes et vous aurez les emplois. » L'argent arrive, le travail arrive, le fanatisme arrive... Cela détruit toute une génération.

CF : L'ultralibéralisme empire notre dilemme. Face à l'islam, la droite s'empare des enjeux symboliques qui étaient jadis plutôt de gauche : la liberté d'expression, les droits des femmes, la laïcité et l'intégrisme. Du coup, la gauche les abandonne ou les malmène. Mais elle lutte contre les inégalités dont l'intégrisme se nourrit…

Un exemple, très concret. Le Parti socialiste est aujourd'hui présidé par Martine Aubry. Comme maire de Lille, je crois qu'elle fait partie des élus locaux à avoir le plus fait de compromis – au nom du multiculturalisme – face à l'intégrisme. Elle a notamment accordé des créneaux de piscines non mixtes à la demande de groupes de femmes juives et musulmanes. En raison de ce manque de lucidité, je n'aurais jamais confiance en Martine Aubry sur la question de l'intégrisme. Mais c'est aussi la femme qui, lorsqu'elle était ministre des Affaires sociales, a fait les emplois-jeunes. C'est une mesure formidable, qui a permis à toute une génération de jeunes d'être embauchés dans des associations, notamment dans les quartiers populaires. Tant que les emplois-jeunes existaient, les associations de quartiers pouvaient concurrencer les prédicateurs et les imams en tous genres… Depuis que la droite a supprimé cette mesure, elle a abandonné le terrain et le tissu social aux missionnaires, évangéliques ou islamiques.

Le démantèlement de l'État providence profite toujours aux intégristes et à leur propagande. Ils comblent le vide, soutiennent financièrement les familles, font du soutien scolaire et en profitent pour bourrer les crânes. C'est vrai pour l'Inde, l'Algérie ou Saint-Denis. Du coup, je préfère qu'une gauche soit au pouvoir pour sauver l'État providence, quitte à me battre contre l'intégrisme malgré elle, plutôt qu'avoir une droite qui parle beaucoup de burqa et d'identité nationale mais laisse filer les inégalités dont vont se repaître les intégristes.

TN : J'ai conscience que, pour beaucoup, notre combat prête à confusion. Nous parlons comme la droite et agissons comme la gauche. Qui sommes-nous réellement ? Nous sommes pourtant très claires sur nos idées, celles-ci sont même transparentes. C'est le rôle de la gauche qui prête à confusion et, comme toujours, le rôle de la droite est très dangereux.

CF : Nous sommes très sévères envers la gauche parce qu'elle nous déçoit, qu'on ne peut se résoudre à l'idée de voir des progressistes défendre l'idéologie la plus réactionnaire et liberticide qui soit. Mais la droite aussi a ses « deux poids, deux mesures ». Autant une certaine gauche peut se montrer très laïque envers la religion majoritaire et plus du tout face à la religion minoritaire, autant une certaine droite – qui peut se montrer très laïque face à l'islam – l'est beaucoup moins quand l'intégrisme vient de la religion majoritaire...

J'ai vu des gens être très laïques face à Tariq Ramadan et nettement moins face à Nicolas Sarkozy ! Pourtant, il a bien failli terrasser la laïcité telle qu'on la conçoit en France. Avant même son élection, dans un livre intitulé *La République, les Religions et l'Espérance*[1], écrit avec un prêtre dominicain, il envisageait de modifier l'article 2 de la loi de 1905, qui interdit de « reconnaître, de salarier ou de subventionner le

---

1. Nicolas Sarkozy, *La République, les Religions et l'Espérance*, Cerf, 2004.

culte ». Or cet article 2, c'est l'âme de la loi de 1905 ! C'est lui qui nous invite à la séparation du politique et du religieux, contrairement aux États-Unis, à l'Allemagne et à presque tous les autres pays où le politique reconnaît et finance les Églises… Sarkozy a aussi joué avec le feu en créant un Conseil français du culte musulman, qui marie de force des musulmans laïques comme la mosquée de Paris et des intégristes comme l'UOIF. Il aurait voulu, en prime, que la République finance la construction de mosquées pour mieux les contrôler. Mais c'est une absurdité anti-laïque.

TN : Un État séculier ne devrait pas donner d'argent à une organisation religieuse…

CF : Pas en France en tout cas. Ce serait rentrer dans un engrenage qui n'est plus d'actualité, qui affaiblirait la laïcité française et n'offrirait aucune garantie : les musulmans radicaux refuseront l'argent de la République pour garder leur autonomie et la République ne fera que dépenser de l'argent pour ajouter des lieux de cultes supplémentaires, dont rien ne dit qu'ils ne tomberont pas un jour aux mains d'intégristes. Il n'y a qu'à voir ce qui se passe à Drancy avec l'imam Hassen Chalghoumi.

La mosquée où il prêche a de très bonnes relations avec les pouvoirs publics, mais cela n'a pas empêché, au contraire, un groupe proche des Frères musulmans d'organiser des actions pour retourner ses fidèles contre lui. Jusqu'à venir le menacer au micro de la Mosquée en son absence : ils l'ont traité de « mécréant » et d'« imam des juifs ». Un vrai procès en apostasie. Mais ils ont réussi à retourner les fidèles en disant qu'il avait menti lorsqu'il a dénoncé ces menaces. Simplement parce que les médias – qui sont souvent haïs et perçus comme les ennemis de l'Islam par les fidèles – ont dit qu'il était là au moment de l'agression. Comme si c'était l'essentiel ! La vérité, c'est qu'un groupe de salafistes et de Frères musulmans a fait irruption pour menacer l'imam de Drancy parce qu'il a osé prendre position contre la burqa et tient au dialogue avec les juifs. C'est très grave. Financer le culte ne permettra pas d'empêcher ce type de propagande ou de prises de pouvoir à l'intérieur d'une mosquée. Les mosquées officielles seraient vides et les caves se rempliraient comme jamais. Il vaut mieux dépenser l'argent public pour construire des centres sociaux ou culturels... Mais Nicolas Sarkozy ne raisonne pas ainsi. Il vise à court terme et s'inspire beaucoup de la culture américaine. Pour lui, les Églises sont des relais comme les autres : les imans sont efficaces pour contrôler les jeunes en cas de bavures policières et les écoles catholiques pour « civiliser » les banlieues.

TN : Vous en savez plus sur lui que moi, mais il me semble que, comme nous, Sarkozy est contre Tariq Ramadan et la burqa qui emprisonne les femmes. Mais qu'il n'est pas opposé au pape, même quand *il Papa* s'est exprimé contre les préservatifs...

CF : Vous avez raison, on l'entend moins. Lorsque le pape est venu en France et qu'il a été reçu à l'Élysée, Nicolas Sarkozy a même caressé l'idée d'une « laïcité positive ». C'est un concept du Vatican pensé pour faire passer la laïcité française comme « négative » et offrir plus de place au religieux dans l'espace public ! Officiellement, il s'agit d'ouvrir la laïcité à toutes les religions, mais il est clair que la religion majoritaire, le catholicisme, serait le grand gagnant si les politiques jouaient à mélanger les genres... Le discours que Nicolas Sarkozy a prononcé lorsqu'il a été fait chanoine de Latran est édifiant. Il fait totalement l'impasse sur la Révolution et parle du christianisme comme le ciment actuel de l'identité nationale française. Non qu'il soit spécialement croyant, ces calculs se font à un autre niveau. Au fond, il est un peu comme Hosni Moubarak ou Abdelaziz Bouteflika. Il pense pouvoir utiliser la religion majoritaire pour avoir un peu plus de pouvoir, un peu plus d'aura. À croire que cela ne suffit pas d'être président de la République.

TN : Au moins, il ne dit pas « Que Dieu bénisse la France ».

CF : C'est vrai, grâce à la laïcité et aux lois qu'il a tenté d'affaiblir. La France n'est pas l'Amérique. On ne veut pas d'un président qui jure sur la Bible ni de campagnes électorales empoisonnées par les croyances des uns et des autres. Nicolas Sarkozy a dû finir par l'entendre. Une véritable fronde à la fois républicaine et laïque l'a empêché de commettre l'irréparable. Du coup, il tente de se refaire une virginité laïque en ferraillant contre la burqa.

Voile et minarets, les laïques divisés

Taslima Nasreen : C'est vraiment très difficile de trouver des alliés. Je vous ai dit que j'étais devenue extrêmement seule pour les mêmes raisons. À cause du comportement de la gauche – comment leur idéologie a été déviée ou polluée – c'est de plus en plus délicat. Et naturellement, on ne peut espérer aucun partenaire à droite. Au fond, les laïques et les humanistes sont nos derniers vrais amis, les vrais laïques, quelle que soit leur appartenance politique.

Caroline Fourest : Bien sûr, mais même là nous avons nos nuances et nos divisions. Par exemple, je suis très attaquée par certains ultralaïques, parce que j'ai pris position contre le fait d'interdire le voile simple dans la rue. Je suis pour l'interdiction des signes religieux à l'école publique, j'ai soutenu et défendu la loi de mars 2004 qui va dans ce sens, pour une raison évidente : l'école publique est le lieu où la République apprend aux élèves à devenir de futurs citoyens. Un marquage qui est à la fois religieux et sexiste n'y a pas sa place. Si des élèves veulent faire passer leurs croyances avant l'apprentissage de l'égalité, elles peuvent toujours aller dans des écoles privées ou étudier par correspondance. Les autres, celles qui refusent de porter le voile, ont besoin que l'école les protège en sanctuarisant les collèges et les lycées.

Mais cette exigence vestimentaire est possible parce que l'école est un lieu particulier. Les Anglais imposent l'uniforme pour assurer une forme d'égalité visuelle entre les élèves. En France, nous avons choisi d'interdire les signes trop visibles de différenciation religieuse, c'est l'esprit d'une école publique au service de l'émancipation et de l'idéal républicain : garantir l'égalité visuelle, ouvrir l'esprit, apprendre aux futures citoyennes à porter un voile par choix, après réflexion, et non par réflexe, familial ou communautaire. Maintenant, si à l'issue de leurs études, et en dehors de l'école, elles décident de porter le voile, nous sommes en démocratie. La laïcité respecte aussi les croyances les plus absurdes et les plus réactionnaires. Dans la rue, elle ne justifie pas d'interdire le voile simple, même si on peut et doit le combattre par les idées. En revanche, le voile intégral soulève de vraies questions de sécurité, parce qu'il masque le visage et ne permet pas d'être identifié…

TN : Je suis extrêmement opposée au voile intégral. Ce n'est pas à cause de l'identité, ou de ce que vous disiez. Aimeriez-vous voir un homme tenu en laisse, promené par son propriétaire ? C'est de l'esclavage. Si l'homme prétendait qu'il aime être enchaîné, l'accepteriez-vous ? Si vous posez la question à ces femmes qui portent la burqa, elles répondront qu'elles aiment ça. Mais c'est de l'emprisonnement, une prison mobile, le symbole d'un esclavage extrêmement opprimant ; on ne peut pas l'accepter.

CF : C'est exactement ce que j'ai dit à la mission parlementaire qui a étudié la possibilité d'interdire le voile intégral. Quand je vois quelqu'un dans la rue avec un niqab, ce voile noir d'inspiration saoudienne, je me sens comme un militant des droits civiques qui va faire son marché à côté de quelqu'un qui porte la cagoule du Ku Klux Klan.

TN : Exactement…

CF : Et pourtant, je crois qu'il faut différencier les raisons qui nous font avoir ce voile intégral de celles que l'on invoque pour l'interdire dans certaines circonstances.

Le voile intégral nous choque parce qu'il véhicule une vision du corps des femmes parfaitement ignoble. Mais vous l'avez dit, beaucoup de ces femmes le portent de leur plein gré. C'est tout le problème de ce que La Boétie appelait « la servitude volontaire ». Si un esclavagiste baladait son esclave en chaîne, je suis d'accord avec vous, il suffirait d'invoquer la dignité humaine pour lui demander de ne plus le faire. Mais si l'esclavage a tellement intériorisé la soumission qu'il porte de lui-même une chaîne autour du cou et vous dit que c'est pour faire joli… Doit-on envoyer des forces de l'ordre le lui arracher ? Au nom de quoi ? Il faut de solides raisons pour restreindre la liberté vestimentaire dans la rue, comme trouble à l'ordre public ou la sécurité. C'est ce qui justifie l'interdiction de la nudité.

Personnellement, je trouverais plus efficace de permettre aux commerçants d'afficher des règlements obligeant tout client ou tout usager à s'identifier, et donc à se montrer à visage découvert, dans les lieux publics comme les commerces, les transports en commun, et les endroits placés sous vidéosurveillance. Un homme qui se baladerait en cagoule masquant le visage serait arrêté. Une femme qui porte une cagoule n'a pas à obtenir de passe-droits parce qu'elle pense que Dieu le lui demande. Ces règlements permettraient de restreindre le port du voile intégral dans de nombreuses situations, sans faire une loi spécifique dont se saisiront les intégristes pour jouer les victimes. Un des problèmes est que cette loi a été voulue par des députés très à droite, qui ne la présentent pas de la façon la plus fine qui soit…

TN : Je ne crois pas que ce soit une très bonne excuse…

CF : Je ne suis pas en désaccord parce qu'ils sont de droite. Mais parce qu'ils n'utilisent pas les bons arguments.

TN : Peu importe l'argument. Si la droite a raison, pourquoi ne pas être d'accord ? Quand la droite parlera contre l'humanité, on s'y opposera, naturellement. Mais quand la gauche ne fait rien, si c'est la droite qui agit, je prendrai la bonne partie de la droite.

CF : Vous avez raison. En plus, le président de la commission, André Guérin, est communiste. Mais un communiste très différent de ceux qui vous ont chassée d'Inde. En tant qu'élu local, il a choisi au contraire de mettre un coup d'arrêt à la montée de l'intégrisme musulman. Il a longtemps cru qu'on pouvait instrumentaliser les islamistes pour acheter la paix sociale, il a été l'un des premiers à le tenter, il est aussi l'un des premiers à avoir compris son erreur. Des quartiers entiers de Vénissieux ont basculé. Aujourd'hui, il ne supporte plus cet intégrisme, ce que l'on peut comprendre, mais il faut rester efficace, ne pas céder à la facilité, juste pour se racheter une conscience.

Mais, sur le fond, je suis d'accord avec vous. Quand la droite a raison, il n'y a aucune raison de dire qu'elle a tort. Quand la droite a passé la loi interdisant le voile à l'école, je l'ai soutenue, sans me soucier de qui en avait pris l'initiative, contrairement à des gens de gauche qui l'ont stigmatisée uniquement parce qu'elle venait d'un gouvernement de droite. Mais cette fois, j'ai de vrais doutes sur l'opportunité et l'efficacité d'une loi générale. Et comme je n'ai aucune conscience à racheter en matière de lutte contre l'intégrisme, je suis libre de le dire et de me poser toutes les questions possibles. L'interdit doit prendre garde à ne pas soulever plus de problèmes qu'il n'apportera de solutions.

TN : Au début, il y aura toujours des critiques. Après, ça se tasse.

CF : Je ne suis pas en train de dire qu'il ne faut jamais faire une loi parce que les intégristes pourraient s'en emparer pour jouer les victimes. Je n'étais pas d'accord avec cet argument au moment de la loi sur les signes religieux, parce que la sanctuarisation de l'école valait bien de prendre ce risque. Mais attention à ne pas aller trop loin dans l'autoritarisme au nom de la laïcité. Ça n'a porté chance ni à la Tunisie, ni à la Turquie, ni à l'Iran. Quand le shah a interdit le voile dans la rue, et que des policiers se sont mis à arracher le voile des femmes, ça a choqué beaucoup de démocrates, qui ont basculé quelques années plus tard dans le camp de la révolution aux côtés des intégristes de Khomeiny. Je ne prétends pas que la situation soit la même, mais ne devenons pas autoritaires sous prétexte que nous sommes face à de faux démocrates.

C'est exactement le même problème qu'avec les sectes. On ne peut interdire à une secte d'exister sans porter atteinte à la liberté de conscience, alors on la combat souvent par la fiscalité, en traquant ses irrégularités. Pourtant, elle nous choque parce qu'elle manipule les gens. Le voile intégral nous choque par sa vision des femmes, mais il faut le combattre par l'argument de la sécurité. C'est une nuance purement stratégique, je vous l'accorde, mais importante si on veut être efficace.

TN : Ce que vous proposez comme raison d'interdire la burqa dans la rue me convient. Si la laïcité n'est pas suffisante pour l'interdire et si la nécessité de montrer son visage en public l'est… N'importe quelle raison me convient, tant qu'on l'interdit. En tant que féministe, je sais que c'est un signe d'oppression. Si les droits des femmes ne suffisent pas, si la laïcité ne suffit pas, quelle qu'elle soit, la loi qui permettra de l'interdire m'ira. Je ne crois pas qu'on passe trop de temps à combattre l'oppression.

CF : Encore une fois, nous sommes entièrement d'accord sur le fait qu'il s'agit d'un signe d'oppression. Peut-être moins sur le fait qu'il ne faut pas prendre son temps. Je pense qu'il y a des domaines où il faut agir après réflexion pour ne pas générer l'effet contraire à celui recherché. C'est un peu la même histoire que la façon dont Bush a répondu au 11 Septembre. Son manque de discernement, la façon fanatique avec laquelle il a combattu l'islamisme, l'ont renforcé au lieu de l'essouffler. Peut-être que je serai pour une loi interdisant le voile intégral en toutes circonstances dans quelques années, mais pas dans le contexte actuel. Je pense que si nous ne les transformons pas en victimes, les salafistes ont fait le plein de leurs troupes et peuvent décroître. Par contre, si demain, à cause d'une loi générale, des policiers se mettent à embarquer des femmes portant le voile intégral, ces images vont leur servir à passer pour des martyres et à recruter. Par solidarité, des centaines de femmes portant le voile simple vont passer au voile intégral, alors que pour l'instant elles ne sont que mille…

TN : Vous êtes sûre ? Seulement mille ?

CF : Il y a un débat à ce propos. Le premier chiffre était objectivement trop bas, il parlait de deux cents personnes. Maintenant, on l'estime plutôt entre mille et cinq mille. Parfois, ce sont des converties, des Bretonnes ou des Auvergnates qui font un *trip* mystique. À une autre époque, elles auraient été témoins de Jéhovah ou scientologues, là elles sont salafistes et se bricolent un islam sectaire. Même les fondamentalistes le disent : ce voile n'a rien à voir avec l'islam. Il s'agit avant tout d'un *trip* sectaire. Les femmes qui ont un minimum de culture musulmane ne tombent pas dans le panneau. En revanche, celles qui ont les yeux bleus, n'y connaissent rien et veulent faire du zèle, ont trouvé ce moyen de cacher leur visage et d'avoir l'air plus musulmanes…

TN : Les néomusulmans sont toujours bien plus intégristes que n'importe quel intégriste. Toujours. J'ai vu beaucoup de femmes américaines, allemandes, autrichiennes, qui se sont converties. Elles sont intelligentes, et tellement dangereuses avec leur burqa. C'est très étrange, très pathétique.

CF : Celles qui ont été interviewées pendant le débat que nous avons eu en France étaient particulièrement pathétiques. Une convertie venue sur un plateau de télévision expliquait qu'elle ne sortirait plus de chez elle si on l'interdisait. Elle se vexait parce qu'on l'appelait madame et non mademoiselle, alors qu'elle était assez jeune, mais comment pouvait-on le savoir ? On ne voyait pas son visage, ni aucune expression, on ne pouvait savoir ni son âge, ni si elle souriait ou faisait la gueule, ni s'il s'agissait d'une femme.

TN : Au fond, la burqa est vraiment nécessaire pour les stars de cinéma !

CF : Oui, pour Michael Jackson, c'était parfait !

TN : Pour Michael Jackson, et aussi pour les criminels recherchés. Ils peuvent se cacher. Tous les criminels se cachent sous des burqas.

CF : Il y a quelques jours, en Arabie Saoudite, il y a eu un attentat. Le terroriste était caché sous un niqab. Mais cela ne se passe pas qu'en Arabie Saoudite. À Marseille, une bijouterie a été cambriolée parce que le vendeur avait ouvert à un couple dont la dame portait un voile intégral. Ce n'était pas une femme, mais un braqueur. Voilà pourquoi je pense que nous tenons le bon argument avec la sécurité.

TN : C'est pareil dans le sous-continent indien. Il y a des bandits à Dhaka ; ces criminels viennent voler et tuer. Ils peuvent se cacher sous des burqas, et les gens pensent alors que ce sont des femmes. Ils n'y font pas attention, mais ce sont des tueurs. Il y a tellement de morts à cause de la burqa, à cause des criminels qui se cachent sous des burqas ! Je pense qu'il faudrait l'interdire partout.

CF : Plusieurs pays musulmans commencent à l'interdire. C'est aussi le pari que je fais. Je pense que nous avons intérêt à les laisser partir devant...

TN : Qui a décidé d'interdire le niqab ?

CF : Le recteur de l'université d'Al-Azhar, qui est la référence théologique d'une partie du monde musulman, a souhaité l'interdire. L'Iran s'en méfie pour des raisons de sécurité, et parce que l'uniforme fait trop saoudien. Même si le voile noir des Iraniennes est très couvrant, elles montrent leurs visages. La Mecque interdit le voile intégral. Quand on va au pèlerinage, on ne peut pas couvrir son visage. Toujours pour des raisons de sécurité.

TN : Cela ne vaut que pour cette circonstance. Moi, je ne crois pas qu'ils le feront, parce qu'ils se servent de l'islam pour régner. L'interdiction doit venir des plus hautes autorités, précisément celles qui se servent de l'islam comme d'une arme. En Arabie Saoudite, les femmes qui ne portent pas un voile couvrant sont battues. Hier, j'ai rencontré Loubna Ahmed al-Hussein, qui vient du Soudan. Elle avait été emprisonnée pour avoir porté un pantalon. Elle devait être fouettée, mais un journaliste a payé une amende pour qu'elle soit libérée. À présent, elle est à Paris. Nous nous sommes croisées lors d'une conférence et nous avons longuement parlé. C'est très étrange. En principe, une femme qui porte un pantalon est arrêtée, mais pas si elle porte une jupe. Mais une femme qui portait une jupe a aussi été arrêtée au Soudan. Pourquoi ? Parce qu'elle était trop moulante. Vous vous rendez compte ?

CF : Mais précisément, la France peut-elle prendre le risque d'être comparée à un pays comme le Soudan, qui va jusqu'à interdire certains vêtements dans la rue ? Est-ce que ce n'est pas renier une part de démocratie ? Bien sûr, on aura raison de dire qu'il est très différent d'interdire un vêtement qui masque le visage (par sécurité) ou le voile à l'école – parce ce que c'est un signe d'égalité – et d'interdire aux femmes de sortir en cheveux ou en pantalon, parce que leur corps est censé inciter à la débauche. Ce n'est pas du tout la même chose, c'est même l'inverse. Mais ce type de nuances ne voyage jamais. Les fanatiques et les autres pays se régaleront à dire : chacun sa mode. Vous, vous interdisez le voile intégral, nous, les pantalons. En plus, il existe toujours un vieux décret qui interdit aux femmes de porter un pantalon en France, exactement au nom de cette mentalité patriarcale qui panique à l'idée que les hommes et les femmes puissent ne plus être différenciés. Il faudrait l'abolir avant d'interdire le voile intégral par une loi spécifique. Et faire attention à la logique dans laquelle cette loi nous entraîne. Au début du débat, l'un des députés qui soutient cette interdiction expliquait qu'il fallait protéger la dignité des femmes et interdire les vêtements qui vont à l'encontre de cette dignité.

TN : C'est merveilleux.

CF : Non, parce qu'après ils voudront interdire d'autres choses. Demain, d'autres, encore plus conservateurs, se mettront à expliquer que la mini-jupe ou le pantalon nuisent à la dignité des femmes, voire nuisent à la féminité. Si on commence à faire des lois en fonction de la dignité féminine, on va pouvoir interdire beaucoup de choses ; c'est tellement subjectif ! C'est pourquoi je ne veux pas ouvrir cette boîte de Pandore.

TN : Il faudrait que d'autres soient d'accord avec lui. S'il commence à tout interdire, cela ne passera pas…

CF : Bien entendu, mais les principes que nous énonçons par la loi induisent des logiques qu'il vaut mieux anticiper pour savoir jusqu'où cela peut nous mener. C'est pour cette raison que je préfère l'argument de la nécessaire identification, qui est universel et sans effets pervers. En fait, il y a deux effets pervers que je redoute. Le premier est arrivé : c'est la banalisation du voile simple et de ses partisans, qui le font passer depuis pour une forme de « juste milieu » entre le voile intégral des salafistes et les non voilées, c'est-à-dire les modernistes. L'autre, c'est d'avoir tiré la laïcité française vers un modèle autoritaire et de donner le sentiment de faire des lois qui visent uniquement l'islam. Il faut dire que ce débat sur le voile intégral a été pris au piège. Il a démarré bien avant celui sur l'identité nationale, mais il s'y est trouvé mêlé et le tout est devenu totalement indigeste quand une votation populaire Suisse a décidé d'interdire les minarets.

TN : Vous étiez contre cette votation ?

CF : Bien sûr. Je ne suis pas suisse, mais je suis connue en Suisse à cause de mes livres, notamment pour avoir été l'une des rares journalistes à démontrer le double discours de « Frère Tariq ». Et je suis intervenue dans une émission de grande écoute, *Infrarouge*, contre la droite suisse à l'origine de cette initiative. C'était d'ailleurs la semaine où j'ai affronté Tariq Ramadan à la télévision française. Les deux ont un lien.

À cause d'une certaine gauche, qui a trop longtemps fermé les yeux sur le danger que représentent certains prédicateurs intégristes, la droite chrétienne et son populisme anti-islam apparaissent aujourd'hui comme l'alternative ; elle a le vent en poupe. Mais cette initiative n'a rien de laïque. J'aurais compris un règlement qui interdît à tous les signes extérieurs d'un lieu de culte, les clochers comme les minarets, de ne pas dépasser une certaine hauteur et de n'émettre aucune nuisance sonore. Je comprends qu'on puisse être dérangé par le chant du muezzin. Je ne veux pas non plus que les cloches des églises réveillent tout le voisinage à sept heures du matin. Mais ce n'est pas le sens de l'initiative suisse : elle ne vise *que* les minarets, ce qui est donc clairement une discrimination à l'encontre des mosquées. Le but n'est pas de restaurer la laïcité, mais d'asseoir la domination visuelle du christianisme. Exactement comme l'ont fait les protestants dans le canton de Vaud au XIXe siècle. Pour garder la main, ils ont interdit aux catholiques de construire des lieux de culte trop visibles, donc les clochers. Ça n'est plus en vigueur, sauf maintenant pour les mosquées. C'est totalement anachronique. Et surtout, c'est la meilleure façon de transformer les musulmans en martyrs. Interdire les minarets n'est d'aucune efficacité contre le fanatisme. Au contraire, cela renforce la propagande victimaire et donc la pollution intellectuelle que représente l'intégrisme.

TN : La pollution intellectuelle, j'aime bien ce concept ! Mais pourquoi pensez-vous que l'interdiction devrait être égale pour toutes les religions ?

CF : Parce que nous habitons dans des sociétés régies par le principe d'égalité, si ce n'est dans les faits, au moins dans les aspirations.

TN : Mais le terrorisme n'est pas *également* en activité dans toutes les religions.

CF : On ne peut pas mettre sur un pied d'égalité un type d'architecture et le terrorisme. On est d'accord pour combattre le terrorisme et l'intégrisme d'où qu'ils viennent…

TN : Bien sûr. Il y a du fondamentalisme ou du terrorisme hindou dans certaines parties de l'Inde, il y a des fondamentalistes et des terroristes chrétiens dans le monde (qui tuent ou tentent de tuer les médecins qui pratiquent l'avortement, par exemple). On voit ce que font les fondamentalistes juifs aux Palestiniens en Israël. Mais ce sont des phénomènes localisés. Les fanatiques se revendiquant de l'islam sévissent dans le monde entier. Ils sévissent quand les musulmans sont majoritaires et quand ils sont minoritaires. J'ai été expulsée de Calcutta à cause d'eux. Même en situation de minorité, les intégristes musulmans peuvent être dangereux… Pourquoi, dès lors, les traiter équitablement ?

CF : Parce qu'on ne peut pas faire de loi en fonction du nombre de gens qui représentent une menace. Mais quitte à parler de chiffres, cette initiative suisse est totalement idiote. Il y a quatre mosquées ayant des minarets en Suisse. Ils sont aphones, et ce ne sont pas celles qui posent le plus problème ! En France, par exemple, la plus belle mosquée, celle de Paris, est l'une des plus laïques. C'est souvent le cas. Les mosquées les plus belles, du point de vue architectural, sont les moins problématiques. Tandis que les radicaux, les intégristes, sont regroupés dans des bâtiments horribles, sans aucune architecture.

TN : Ils n'ont aucun sens esthétique !

CF : Non ! Ils n'ont ni culture ni goût. C'est vraiment stupide de s'attaquer à la partie culturelle des religions, qui est la seule que nous voulons garder, et de ne pas combattre l'aspect politique, celui que nous voulons au contraire vaincre. Il faut faire l'inverse : conserver la partie culturelle, traiter également toutes les cultures, toutes les religions, au niveau de la loi. Nous sommes pour l'égalité. La laïcité, *c'est* l'égalité. Bien plus que la théocratie, qui est un système inégalitaire. Nous n'allons pas renier nos valeurs parce qu'ils veulent nous transformer en talibans, parce qu'ils veulent que nous devenions aussi intolérants qu'ils le sont. Je force le trait exprès. Mais on ne peut gagner cette bataille en devenant ceux qui interdisent et discriminent. On perdra – parce que nous serons devenus aussi liberticides que ceux que nous combattons.

Je suis très inquiète et même en colère en voyant la dérive de certains groupes comme Riposte laïque, qui soutient l'initiative suisse contre les minarets et demande l'interdiction du voile simple dans la rue. Ils ne défendent pas la laïcité face à tous les intégrismes mais la tradition judéo-chrétienne face à l'islam. Tout en insultant les laïques attachés aux libertés individuelles et les musulmans laïques. C'est un vrai problème. Je vous l'ai dit, la même semaine où je défiais Ramadan et la droite suisse, je me suis fait traiter d'« islamophobe » et d'« islamophile ». Ces ultra-laïques me décrivent comme « minariste » parce que je suis contre l'interdiction des minarets. Quelle sera la prochaine étape ? Va-t-on raser les mosquées ?

Je redoute vraiment que certains laïques soient tentés de passer de la position « laïques contre tous les intégrismes » à celle voulue par l'extrême droite, « Occident chrétien contre l'islam ». C'est aussi ce qui m'inquiète dans la tribune qu'a fait paraître Nicolas Sarkozy juste après le vote suisse. Il a tout mélangé : la question du voile intégral et celle des minarets, pour expliquer, *in fine*, que l'islam devait se faire discret puisque cette religion est arrivée après le christianisme. Mais cette vision de la République et de la laïcité ne veut rien dire ! On ne légifère pas sur la liberté de culte en fonction de l'antériorité des religions ! C'est vraiment la négation de la Révolution française et de la loi de 1905. Cela rejoint la position de la droite chrétienne, qui voudrait faire de Clovis la racine de la France au détriment de la Révolution. C'est d'ailleurs le sens du discours qu'a prononcé Nicolas Sarkozy à Latran, quand il fait de la racine chrétienne le ciment de l'identité nationale, ce qui exclut les autres religions et nous ramène au Moyen Âge. C'est une dérive très grave.

TN : Sur le racisme et l'extrême droite chrétienne, je suis d'accord. Je vous l'ai dit, je n'ai jamais accepté d'être récupérée par les intégristes hindous contre les musulmans. Mais cet interdit pourrait se faire au nom de la laïcité. C'est un pays séculier, c'est-à-dire sans religion.

CF : La Suisse n'est pas vraiment laïque, pas comme en France. C'est d'ailleurs, en partie, le problème. Elle ne peut répondre au danger de l'islamisme qu'en réactivant le christianisme. Mais surtout, la laïcité ne signifie pas du tout un pays sans religion, simplement qu'il faut séparer l'État des Églises.

TN : Et accepter toutes les religions également ?

CF : Bien sûr. L'État ne reconnaît aucune église, donc les traite toutes à égalité. Le dernier endroit que je laisserais aux religieux, c'est leurs édifices. Gardez vos églises, vos temples, vos mosquées, faites-en les lieux les plus beaux possibles pour qu'au moins ils soient esthétiques…

TN : Mais que se passe-t-il à l'intérieur ? Ça a beau être magnifique de l'extérieur, c'est ce qui se passe à l'intérieur qui importe. À l'intérieur, il existe des discours de haine.

CF : C'est précisément l'intérieur, les discours qui s'y tiennent, qui doivent nous intéresser. Il est très important de faire la différence entre l'idéologie intégriste et la culture religieuse. Je suis farouchement contre l'idéologie politique intégriste, mais je ne travaillerais pas sur ces sujets si je n'étais pas capable d'être curieuse envers toutes les cultures, y compris la culture religieuse. Ce n'est pas parce que je veux qu'on définisse plutôt la France en fonction des valeurs d'égalité et de laïcité que je souhaite raser le patrimoine culturel chrétien. Je vais vous raconter une anecdote. Je vous l'ai dit, quand j'étais jeune, on m'a surtout appris que la Révolution française était une révolution sanguinaire et barbare.

TN : Visiblement vous n'en avez pas tenu compte.

CF : Non, pas plus que vous n'avez tenu compte de votre éducation religieuse. (*Sourires.*) Je me suis révoltée contre ce bourrage de crâne et j'ai poursuivi mes études dans une école laïque. Même si le niveau était moins bon et que le professeur d'histoire forçait sur la bouteille. Il avait une passion pour l'Alsace-Moselle, mais pas pour son architecture, pour ses vignobles. Son dada, chaque année, c'était d'organiser une sortie culturelle dans cette région. Je pensais que nous allions visiter certains monuments. Pas du tout, nous avons enchaîné les dégustations de vin. J'étais déçue parce que même si mes parents ne sont pas du tout religieux, ils aiment l'art ; et ma mère m'avait dit : « Si tu as du temps, va voir la cathédrale de Strasbourg, elle est magnifique. »

TN : C'est vrai qu'elle l'est. En fait, c'est la première église que j'ai vue en Europe. J'étais émerveillée.

CF : Surtout de nuit. D'ailleurs, c'est de nuit que je l'ai vue la première fois puisque j'ai dû organiser un mini commando, une fugue dans le dos des professeurs, pour aller la visiter avec quelques copines la tournée des vins enfin terminée ! Je ne l'ai pas regretté, parce qu'elle est vraiment très belle. Mais je ne confonds pas pour autant l'architecture du catholicisme avec son discours. Je n'ai aucune compassion pour son locataire de l'époque, l'évêque de Strasbourg, un homophobe forcené… Dire qu'il habite dans cet endroit magnifique !

TN : Quand j'habitais en Inde, je visitais des temples hindous pour leur architecture. Je n'admire pas la religion pour ces merveilles, mais plutôt le talent de l'architecte et de l'artiste. C'est tout à fait fascinant.

CF : Moi aussi, je prends beaucoup de plaisir à visiter les églises ou les mosquées. Comme vous, j'aime voir ce que l'homme est capable de réaliser de beau, notamment par l'architecture. J'adore la mosquée bleue d'Istanbul, qui est pour moi l'une des plus belles du monde. Mais si l'on me demande de mettre un voile pour la visiter, je préfère la contempler de dehors.

TN : Je voudrais que ces endroits deviennent des écoles scientifiques ou pour enfants, pas des lieux de prière. L'histoire nous apprendrait alors qu'un jour, ces bâtiments – des écoles scientifiques, des écoles, des lycées, des universités – avaient eu une fonction religieuse.

CF : On aimerait être capable d'élever autant de magnifiques bâtiments pour la science, la culture ou autre.

TN : Mais que devrions-nous faire de ces églises ?

CF : Je suis d'accord avec vous, il faudrait les convertir…

TN : En musées ?

CF : Il m'est arrivé de visiter le collège des Bernardins, qui est une magnifique institution chrétienne. Quand Benoît XVI est venu à Paris, il s'y est rendu. Le collège des Bernardins a été nationalisé, puis l'Église l'a racheté pour le restaurer. Lorsque l'État était propriétaire, rien n'avait été fait, sauf une caserne de pompiers. L'Église, elle, a réalisé un magnifique travail de restauration, c'est très beau maintenant. Ils m'y ont invitée, non pas pour le discours du pape (des centaines d'intellectuels avaient été conviés à cet événement, mais pas moi ; j'aurais refusé de toute façon). Je suis venue pour un débat, j'étais vraiment ravie d'avoir accès à cette visite privée qui me permettait d'admirer le travail accompli. Je me suis permis de plaisanter. J'ai lancé au responsable des Bernardins qui nous faisait visiter : « Maintenant que vous avez fait un excellent travail de restauration, on va pouvoir de nouveau re-nationaliser ! » Il n'a pas vraiment ri.

Mais ça m'amuse de vous entendre dire que la cathédrale de Strasbourg est très belle. Pour vous dire les clichés qui circulent sur les laïques et les athées… Un jour, je devais débattre pour un magazine avec un chercheur du CNRS particulièrement complaisant envers les islamistes algériens, François Burgat. Dès la première phrase, il m'a attaquée en disant : « Caroline Fourest, vous me faites penser à Taslima Nasreen qui voudrait démolir les églises parce que ce sont des temples d'oppression ! »

TN : C'est peut-être à cause de l'un de mes poèmes où je disais qu'il faudrait démolir… En fait, je n'ai pas employé le terme « démolir »… Tous ces bâtiments religieux – les mosquées, les *gurdwara*, les temples, les églises – devraient être remplacés par des écoles, des universités, des écoles scientifiques. Je rêve d'un merveilleux monde, sans religion. Je crois que la religion est destinée aux ignorants et je ne veux pas que les gens soient ignorants.

CF : On peut conserver les bâtiments.

TN : Bien sûr, on peut les conserver. Ce sont des bâtiments magnifiques, on n'a pas besoin de les démolir. Quand la mosquée Babri, en Inde, a été rasée par les fondamentalistes hindous, j'étais très en colère, parce que c'était une très ancienne mosquée, avec une architecture superbe. Tous ces somptueux édifices religieux, ces lieux de prière, ne devraient pas être démolis, mais ils devraient servir à de meilleures finalités, meilleures pour l'humanité.

CF : Mais si des croyants veulent édifier un bâtiment religieux, je préfère qu'ils en construisent un beau, plutôt que de bâtir un endroit hideux où ils tiendront des discours hideux.

TN : On ne devrait pas les autoriser à construire des lieux religieux. Vous avez dit que la cigarette avait été interdite. Pourquoi ne pas interdire la construction de lieux de culte…

CF : Parce que la cigarette est…

TN : Nocive ? Mais la religion est nocive, bien plus que la cigarette.

CF : Je ne suis pas d'accord avec vous là-dessus : quand on fume, on peut porter atteinte à la santé des autres. Avec la religion, on peut « fumer pour soi ».

TN : Non ! La religion s'impose toujours aux autres. Si la religion n'était nocive que pour des individus, ça ne me dérangerait pas. Mais ces religieux ne croient pas à l'individualisme, ils croient à un certain mode de vie ; ils veulent que tout le monde entre dans leur camisole de force, veulent dicter ce que chacun doit manger, porter, comment chacun doit vivre sa vie de tous les jours ; ils ne croient pas à la diversité d'opinions…

CF : Nous devons les inciter à croire en ce pluralisme.

TN : La religion elle-même ne le permet pas. Ce n'est pas une histoire individuelle, c'est un phénomène sociétal, étatique. L'islam régit – je parle de l'islam, mais on trouverait des équivalents dans les autres religions – la façon de s'habiller, ce qu'il faudrait porter, ce qu'il faudrait manger, avec qui il faut dormir. Tout est décidé par la religion, ça n'est plus une pratique individuelle. Si les gens veulent croire à l'islam, ils le peuvent. Mais cela ne signifie pas que nous devrions autoriser la théocratie à abolir l'individualisme. Certaines personnes soi-disant de gauche font preuve de sympathie à l'égard de la religion. Au nom de la liberté d'expression, elles encouragent sa diffusion mondiale. Et ensuite ? On assiste à l'incroyable souffrance de millions de personnes. Nous sommes au XXIe siècle et nous assistons encore à une telle folie.

La religion, Viagra des intégristes ?

Caroline Fourest : Parlons de la différence entre religion et intégrisme. Je ne suis pas sûre que nous soyons d'accord là-dessus. Diriez-vous que c'est la même chose ?

Taslima Nasreen : La religion m'a blessée de bien des façons. À cause d'elle, mes livres ont pu être interdits et brûlés. À cause d'elle, j'ai reçu des mandats d'arrêt. À cause de ces mandats d'arrêt, j'ai été forcée de quitter ma maison. Dans mon propre pays, j'ai dû chercher, dans la nuit noire, des refuges où me cacher. Les fondamentalistes religieux m'ont traquée pour en finir avec moi, avec des serpents, des sabres, des haches et des pistolets. Ils avaient des cordes, qu'ils pouvaient passer autour de mon cou ; ils exigeaient mon exécution par pendaison. Quand l'édit religieux, la fatwa, a été publié, j'ai été déclarée apostat : celui qui me tuerait serait libre, recevrait une récompense financière et passerait l'éternité au paradis. En résumé, la religion a conduit un grand nombre de personnes à vouloir me couper la langue, à m'arracher la plume.

La religion m'a interdit de passer les frontières de n'importe quel pays musulman. Pendant longtemps, je n'ai même pas eu le droit de voyager dans la nation – démocratique et séculière – indienne, où j'aurais au moins eu la possibilité de vivre avec d'autres Bengalis. Même en Inde, je suis devenue une espèce d'intouchable ! Parce que j'ai critiqué les fondamentalistes hindous pour leurs crimes atroces ! Voilà ce que suis à présent : une étrangère dans mon propre pays, une étrangère dans l'Inde voisine et une étrangère en Occident.

La religion m'a poussée vers une mort aussi bien mentale que, potentiellement, physique. Certains prétendront peut-être que le problème n'est pas réellement la religion. Ils diront que seul un groupe minoritaire de fondamentalistes religieux a joué à ce sale jeu. Pour eux, mes ennuis auront simplement été provoqués par quelques fous voulant utiliser politiquement la religion, pour leur intérêt personnel. Que ces fanatiques ne sont que des ignorants, qui interprètent différemment les écritures religieuses. En ce qui me concerne, je ne fais aucune différence entre la religion et l'intégrisme religieux.

CF : Je comprends parfaitement votre point de vue et je me battrai pour que vous puissiez le dire, haut et fort, sans être menacée. Mais j'essaie de faire cette différence. Ne serait-ce que parce que je refuse de laver les intégristes de leurs responsabilités. Je ne veux pas laisser penser qu'ils ne font que suivre, fidèlement, leur religion… Ce sont les intégristes qui vous ont persécutée au nom de la religion. Un livre, un texte, vous l'avez dit vous-même à propos de vos écrits, ne persécutent personne seuls. Il faut une main, un corps et un esprit humain pour en faire un instrument de persécution.

Je ne crois pas assez dans la religion ou trop en l'homme pour déresponsabiliser l'humain persécutant au nom de la religion. Même s'il existe, bien entendu, un lien entre les sources d'une religion, son inspiration, son orientation originelle et l'extrémisme au nom de celle-ci. Si des extrémistes oppriment si facilement au nom du religieux, c'est que le religieux contient en soi la tentation de se sentir supérieur aux autres, de penser détenir la vérité suprême et donc de mépriser ceux qui sont d'un autre avis ou d'une autre croyance... De ce point de vue, je considère la religion comme le chaînon manquant entre la spiritualité et l'intégrisme.

Le fait même qu'une idéologie repose sur une mystification dont le but est d'être sacrée la rend intolérante au fait d'être discutée, critiquée, amendée. C'est la différence entre une croyance et une conviction. Une conviction peut se débattre, elle invite au dialogue ou à la confrontation d'arguments. Une croyance est une fin de non-recevoir, puisqu'il y a ceux qui y croient et ceux qui n'y croient pas. Leur dialogue ne peut qu'aboutir à la victoire de l'un sur l'autre. Que peut-on dire à un scientologue qui croit dur comme fer que Ron Hubbard a inventé un instrument permettant de sonder l'âme des gens ? Alors qu'il s'agit d'un électromètre permettant de mesurer la réaction émotive d'un sujet par stimulation électrique... Que c'est un illuminé ? Il vous répondra que c'est un prophète. La discussion est impossible.

Le monde se porterait mieux si chacun réservait à l'intimité ou à des cercles familiers les discussions sur le sens de la mort au lieu de les étaler sur la place publique comme le font les apprentis prophètes en tous genres. On comprend bien l'intérêt qu'il y a à prétendre connaître les réponses dans ce domaine, c'est un levier formidable pour culpabiliser, impressionner et manipuler les autres. C'est pour cela qu'à mon avis les vrais prophètes, s'il en existe, devraient être les derniers à parler et que ceux qui parlent ne peuvent être que des imposteurs. Quant au sens de la vie, c'est autre chose. Peu importe que l'on puise dans un référentiel catholique, juif, musulman, bouddhiste ou autre, il faut le défendre en se référant à l'intérêt général. Parce que l'humanisme est une langue qui rassemble les humains au lieu de les diviser. Souvent, les croyants « encartés » dans une religion réduisent l'humanisme à une philosophie terre à terre pour souligner le côté transcendant de la foi. Mais avoir foi en l'homme vous transcende ! C'est extrêmement stimulant d'assumer cette responsabilité et de ne pas s'en remettre à un créateur. Cela ne veut pas dire que l'on ne réfléchit pas à ce qui se passe avant ou après la mort. On peut être agnostique ou déiste, croire en une force spirituelle qui donne un sens à la vie et surtout à la mort, mais on ne cède pas à la tentation orgueilleuse d'avoir la bonne explication… Elle conduit trop facilement à vouloir dominer.

C'est mon principal reproche vis-à-vis du religieux, mais je ne crois pas être antireligieuse au sens de mépriser les croyants. En tout cas pas envers ceux qui croient à une certaine recette pour aller au paradis sans pour autant vouloir l'imposer aux autres. Je rejette la part politique du religieux, mais je suis d'accord pour respecter la part culturelle et spirituelle du religieux. Ne serait-ce que parce que je respecte *a priori* toutes les cultures et parce qu'il existe des croyants qui n'oppriment pas les autres, voire puisent dans la religion la force d'être un peu meilleurs.

TN : Certains deviennent bons parce qu'ils portent ça en eux – même s'ils affirment que c'est la religion qui les a aidés. En réalité, ces personnes croient à la moralité, sont bonnes, honnêtes. Elles remercient la religion, mais c'est faux : jamais la religion n'a rendu quelqu'un bon. Si jamais elle a un effet, c'est de rendre mauvais les gens. La religion est pleine de haine, en particulier l'islam. Il affirme : « Tuez ces gens qui ne croient pas, haïssez les chrétiens, les juifs, battez les femmes qui ne vous obéissent pas », etc. La religion est destinée aux hommes, aux machos. C'est de la haine, et la haine entraîne la haine.

CF : Je vous suis sur le fait que la meilleure part de certains croyants est en fait leur part d'humanisme. Et sur le fait qu'en tant que système politique, la religion a tendance à inciter à la haine. Contre les femmes, les non-croyants, les autres croyants, ou des croyants qui ne suivent pas exactement le même rite. Toute la différence entre un texte religieux et un texte humaniste comme la Déclaration universelle des droits de l'homme, c'est que la déclaration de 1948 ne comporte que des versets positifs, visant la liberté et la justice pour tous. Que ce soit la liberté de conscience, d'expression, le droit à l'autodétermination des peuples, le refus de la torture et de l'esclavage, le droit à l'égalité. La plupart de ces valeurs sont combattues par les textes religieux. Pour les rendre compatibles, il faut aller tordre un bout de verset ou le déterrer sous des tonnes d'autres prônant la guerre, la domination et la haine. Malheureusement, il existe encore des gens qui ressentent le besoin de se rattacher à ces vieux mythes. Et ils sont nombreux. Donc il faut faire avec. Ne serait-ce que pour soutenir ceux qui ne sont ni fanatiques ni intégristes.

TN : Qu'entendez-vous par « intégriste » ?

CF : C'est difficile à traduire en anglais, parce qu'on a tendance à utiliser le mot « fondamentalisme ». Pour moi, le fondamentalisme est une démarche cultuelle, que l'on observe en islam et dans le protestantisme. C'est l'équivalent du traditionalisme chez les catholiques et des orthodoxes chez les juifs, c'est-à-dire des gens qui ont une vision très stricte de la religion. Mais cette démarche puriste ne se traduit pas automatiquement par une démarche intégriste. J'entends par là ceux qui instrumentalisent la religion à des fins politiques liberticides. Ce qui englobe pas mal de croyants, mais les différencie tout de même de croyants faisant l'effort de faire de la foi un acte intime, pour se contraindre soi, et non un instrument pour opprimer les autres. Cela peut paraître théorique car bien souvent les plus puristes, les plus fondamentalistes, sont aussi les plus intégristes. Mais pas toujours. Par exemple, il existe des musulmans salafistes, très littéralistes et très archaïques, que je considère comme moins dangereux que les réformistes *salafi*. Ces derniers sont simplement fondamentalistes et non littéralistes, mais beaucoup plus politiques. Ils sont peut-être moins fondamentalistes mais leur vision réactionnaire rejaillit davantage sur l'espace public, donc ils sont plus intégristes.

Ce n'est pas si abstrait que cela peut en avoir l'air. Je connais des juifs très orthodoxes qui respectent la laïcité, et des catholiques non traditionalistes qui l'attaquent. C'est la même chose en islam : il existe des musulmans fondamentalistes et d'autres moins, des musulmans intégristes et d'autres non. Et je n'ai pas envie de faire cadeau de l'ensemble d'une religion aux plus intégristes, sinon la bataille est perdue…

TN : Certes, il existe des musulmans modérés, mais l'islam lui-même n'est pas modéré. Il n'y a pas de différence entre islam et intégrisme musulman, ou, au mieux, il existe une différence de degré, pas de nature.

CF . Peut-être est-ce une simple question de degré mais ce degré fait toute la différence. Un islam qui accepte de renoncer à sa part dogmatique et totalitaire est finalement fondamentalement différent d'un islam qui refuse de renoncer à sa part « englobante », comme le disent si joliment les intégristes. Du coup, une approche essentialiste du religieux – qui mettrait les deux dans le même sac – ne mène nulle part puisqu'elle nie cette différence et considère d'avance que les intégristes ont gagné.

TN : Les défenseurs de l'islam soutiennent la même chose, que c'est confondre islam et fondamentalisme islamique. Que le véritable islam n'a rien à voir avec la violence. Mais toutes les doctrines de l'intégrisme musulman viennent du Coran, de la Sunna et des hadiths. C'est une construction totalitaire que les juristes musulmans ont puisée dans les textes fondamentaux de l'islam. L'islam est avec eux. Les intégristes, avec plus de logique et de cohérence que les musulmans soi-disant modérés ou ouverts, ont fait de l'islam la base d'une idéologie utopique radicale qui vise à remplacer la liberté et la démocratie comme système dominant. Ils divisent le monde en deux parties : *dar al-harb* (les terres de guerre) et *dar al-islam* (les terres d'islam). *Dar al-harb* est la terre des infidèles. Les musulmans doivent infiltrer ces terres, faire du prosélytisme et procréer jusqu'à être suffisamment nombreux. Ensuite, ils doivent déclarer la guerre, combattre, et imposer la religion musulmane pour convertir les infidèles à *dar al-islam*. La nature totalitaire de l'islam ressort de la façon la plus flagrante avec le concept de djihad, la guerre sainte, dont le but ultime est de conquérir le monde et de le soumettre à la seule véritable foi, à la loi d'Allah. Seul l'islam a reçu la vérité : hors de lui, point de salut. Les musulmans doivent se battre et tuer au nom d'Allah.

L'histoire de l'islam entre les VIIe et XIVe siècles est pleine de violences, de luttes fratricides et de guerres d'agression, commençant juste après la mort du Prophète et pendant le califat prétendument « pur » ou orthodoxe. Mahomet lui-même porta haut les valeurs de tueries, de pillages, de massacres et de bains de sang. Son comportement, tel qu'il est rapporté dans les sources islamiques authentiques, est assez discutable d'un point de vue moderne. Le Prophète était un homme charismatique, mais il avait peu de vertus. Il a lui-même donné l'exemple du déclenchement de violences en attaquant les tribus juives, rompant les traités qu'il avait signés avec eux. Il en expulsa certains après avoir confisqué leurs biens, massacrant les autres, prenant leurs femmes et leurs enfants comme esclaves. Il distribua à ses soldats les femmes capturées lors de ses assauts, gardant les plus belles pour lui (33 : 50). Ce ne sont pas des récits, mais des archives de l'histoire islamique et des hadiths.

On peut soutenir que ces comportements n'étaient pas inédits ni inhabituels pour des conquérants et des chefs du monde médiéval, mais ces activités ne conviennent pas vraiment à un saint pacifique – et certainement pas à quelqu'un qui affirmait représenter la clémence de Dieu pour toute la création. L'imiter dans tous les aspects de son existence ou suivre la Sunna est non seulement impossible, mais également très dangereux au XXIe siècle. Ce dogme consistant à suivre un homme ayant vécu il y a mille quatre cents ans ne condamne-t-il pas les musulmans dans notre monde changeant ?

CF : Ils les handicapent très certainement. Mais si l'on veut qu'un jour des musulmans réforment l'islam, il faut responsabiliser les croyants. Ce sont les humains qu'il faut rendre responsables de lire ces textes écrits dans un autre contexte, à un autre siècle, comme s'ils étaient toujours valables. Ce n'est pas le Coran qui commet des attentats directement, ce sont des hommes qui choisissent de tuer d'autres hommes au nom du Coran.

TN : À chaque anniversaire des attaques – célèbres, tristement célèbres – du 11 Septembre 2001 sur les tours jumelles de New York, des musulmans nous disent : « L'islam ne défend pas l'assassinat d'innocents. Allah, du saint Coran, n'a jamais encouragé les tueries. Celles-ci sont l'œuvre de quelques individus perdus, en marge de la société. L'islam, le véritable islam, n'est pas violent. L'islam signifie paix, l'islam signifie tolérance. » Mais est-ce vrai ? L'islam prêche-t-il réellement la paix, la tolérance et la non-violence ?

Ces musulmans qui commettent des crimes au nom d'Allah ont un point de vue différent sur la question. Ils pensent que ce qu'ils font, c'est le djihad, la guerre sainte. Ils affirment que tuer les incroyants est une obligation pour tout musulman. En tuant, ils ne vont pas à l'encontre des lois de l'islam : ils pensent que c'est exactement ce que devrait faire un vrai musulman. Les kamikazes qui se font exploser pour tuer les gens d'autres confessions sont convaincus qu'ils seront récompensés au paradis. Ils espèrent être bénis par Allah, manger des nourritures célestes, boire du vin pur et profiter de compagnie divine. Sont-ils totalement induits en erreur ? Où ont-ils pêché ces idées perverties ? Comment en sont-ils arrivés à croire que tuer des innocents remplirait Allah de joie ? Peut-être est-ce nous qui sommes induits en erreur ? Est-ce que l'islam prône réellement la violence ? Appelle-t-il ses fidèles à tuer les « incroyants » ? Regardons ensemble ce que le Coran enseigne réellement.

Il est dit dans le Coran : « Ne prenez pas les juifs et les chrétiens pour alliés. » (5 :51), « Tuez-les [les infidèles] partout où vous les trouvez. » (2 : 191), « Combattez ceux des mécréants qui sont près de vous, et qu'ils trouvent de la dureté en vous. » (9 : 123.) Le Coran dit que tous ceux qui ne croient pas en l'islam seront jetés aux enfers (5 :10), ils sont « impurs » (9 : 28). On ordonne aux musulmans de combattre les incroyants jusqu'à ce qu'il ne reste que l'islam comme religion (2 : 193). Le Coran interdit d'être ami avec un incroyant, même si cet incroyant est son père ou son frère (9 : 23), (3 :28). Il demande aux musulmans « qu'ils soient mis à mort, crucifiés ou amputés d'une main et d'un pied par ordre croisé, ou qu'ils soient expulsés du pays. Ce sera une dégradation pour eux, dans ce monde, en plus du terrible châtiment qui les attend dans la vie future. » (5 : 34.)

Le djihad est rendu obligatoire ; les musulmans sont prévenus : « Si vous refusez d'aller au combat, Dieu sévira durement contre vous. » (9 : 39.) Allah parle au prophète Mahomet et dit : « Ô Prophète ! Combats les négateurs et les hypocrites, et traite-les avec rigueur. Leur dernier refuge sera la Géhenne, cette détestable demeure. » (9 : 73.) Allah promet que dans le combat pour Sa cause, ses disciples iront au paradis, dans les jardins du paradis, s'ils vainquent (9 : 111). Là, on leur octroiera des vierges pures, magnifiques, à la peau rose et aux grands yeux (56 : 54).

Ce qui s'est passé le 11 Septembre 2001 avec le World Trade Center n'est pas une histoire isolée, même si beaucoup ont prétendu que ça n'avait rien à voir avec l'islam, que l'islam est une religion de paix.

Je pense que les terroristes n'ont pas mal compris l'islam : ils ont fait ce que le Coran leur demandait de faire.

CF : Comprenez-moi bien Taslima. Je ne fais pas partie de ceux qui vous diront que le Coran est un texte d'amour et de paix. Il faut être sacrément hypocrite ou endoctriné pour ne pas regarder ces versets en face. Mais ils ont un contexte, qu'il faut apprendre à revaloriser pour replacer ces horreurs dans leur époque. Je crois beaucoup à cet effort de contextualisation. S'il va de pair avec l'apprentissage du recul historique et une forme de désacralisation, il peut déboucher sur un libre arbitre qui permettra d'interpréter autrement ces consignes, voire de les abroger.

TN : L'interprétation n'a pas grand sens. Les gens ont essayé d'interpréter le Coran, comme s'il ne disait pas de battre les femmes, comme s'il n'autorisait pas les hommes à se marier quatre fois, comme s'il n'affirmait pas que les hommes seraient récompensés par 72 vierges au paradis. On peut avoir une interprétation positive, mais il y a tellement de choses négatives, indéfendables, dans la Bible ou dans le Coran…

Affirmer que le Coran donne des droits aux femmes, c'est mentir. On peut temporairement faire d'un mensonge une vérité, mais pas longtemps. Je pense qu'il est impossible d'avoir à la fois l'islam et les droits des femmes. Il faut choisir. Vouloir les deux, c'est vouloir le poison et le miel. Ça ne marche pas. Si vous avez le poison, vous ne pourrez pas savourer le goût du miel.

Ce que nous devons faire, c'est nous demander si la religion et la démocratie peuvent coexister, si la religion et la liberté d'expression peuvent coexister, si la religion et les droits de l'homme, si la religion et la liberté peuvent coexister. Si la liberté, la démocratie, les droits de l'homme et la liberté d'expression doivent exister, pouvons-nous attendre des chefs spirituels des différentes religions qu'ils s'adaptent et adaptent totalement leurs religions ? Et s'ils ne le font pas ? Je crois fermement que la liberté d'expression, la démocratie et les droits de l'homme et de la femme ne peuvent jamais coexister avec quelque religion que ce soit.

CF : Avec les religions en tant que système englobant, non. Avec les croyants, oui, s'ils acceptent de placer la loi des hommes au-dessus de celle de leur Dieu. Encore une fois, c'est la différence entre les intégristes et les autres. Les intégristes considèrent que leurs croyances sont supérieures aux lois des hommes. Les autres acceptent d'inféoder leurs croyances au respect des lois communes. C'est ça l'enjeu, le point essentiel, et non de débattre sans fin pour savoir quelle est la religion la plus fondamentalement nocive... Regardez la Bible, surtout l'Ancien Testament. Combien d'horreurs je pourrais vous citer !

Jésus n'a pas eu que des paroles tendres. Il a aussi dit : « N'allez pas croire que je sois venu apporter la paix sur la terre ; je ne suis pas venu apporter la paix, mais le glaive[1]. » Avant lui, le Lévitique recommande de lapider les blasphémateurs : « Pour celui qui

1. Évangile selon saint Matthieu, x, 34, *La Bible de Jérusalem*, Éditions du Cerf.

blasphème nominativement l'Éternel, il doit être mis à mort, toute la communauté devra le lapider[1]. » Si on regarde ces phrases en face, on peut en déduire que le christianisme et surtout le judaïsme ne seront jamais compatibles avec la modernité. Et pourtant, il existe un christianisme et un judaïsme, y compris orthodoxe, qui cohabitent avec cette laïcité. Pourquoi ? Parce que des croyants ont fait l'effort de replacer ces récits bibliques dans leur contexte.

TN : On ne parle pas beaucoup de l'Ancien Testament et du christianisme parce qu'ils ont été en quelque sorte réformés.

CF : C'est bien ce que je dis. Si des juifs suivaient la Bible hébraïque au pied de la lettre, ils tueraient les apostats en pleine rue. Sauf qu'entre-temps, notamment depuis l'exil à Babylone, toute une tradition de commentaires rabbiniques – le Talmud – a permis de prendre du recul, de questionner et d'adapter les enseignements de ces récits à d'autres lieux et à d'autres époques. Le christianisme est l'enfant de cette tradition talmudique. Jésus s'inspire des rabbins modernistes de son époque lorsqu'il refuse qu'on lapide une femme prostituée, alors que la loi hébraïque l'ordonne. La « bonne nouvelle » n'est autre qu'un droit d'inventaire entre ce que l'ont veut garder de la Bible et ce que l'on veut abroger.

Nos démocraties laïques assument ce droit d'inventaire vis-à-vis du passé comme un progrès. Dans les religions, c'est toujours plus compliqué. Il faut des

1. Lévitique XXIV, 16, *La Bible du rabbinat*, Colbo.

stratégies de contournement – crier à la « bonne nouvelle », créer une nouvelle religion ou faire un « Vatican II » – pour arriver à réformer. Mais c'est possible puisque c'est arrivé.

Un jour, je suis persuadée que des musulmans rouvriront les portes de ce que l'on appelle en islam l'« ijtihad » et feront ce droit d'inventaire. C'est déjà arrivé dans le passé, pourquoi cela n'arriverait-il pas de nouveau ? Il existe des écoles juridiques en islam qui ont des interprétations divergentes. Toutes ne sont pas sur la position rigoriste de l'école hanbalite, qui inspire les plus intégristes.

On parle beaucoup du « denier de César », cette fameuse phrase prononcée par Jésus : « Il faut rendre à César ce qui est à César. » Des chrétiens s'en revendiquent parfois pour dire : « Regardez, nous avons dans nos textes un fondement qui permet au christianisme d'être compatible avec la laïcité, contrairement à l'islam ». Mais c'est oublier que denier de César ou pas, l'Église catholique n'a jamais accepté de son plein gré la laïcité ! Il a fallu la lui arracher ! En 1905, en France, tous les députés ayant voté la loi séparant les Églises et l'État ont été excommuniés. Aucune religion n'offre cette séparation sur un plateau, il faut beaucoup de courage pour la lui prendre. Une vision essentialiste du religieux ne mène à rien... Si ce n'est au fatalisme. En revanche, si la séparation du politique et du religieux n'est qu'une question de rapport de force, tout devient possible.

TN : Le problème, c'est que vous pouvez trouver des chrétiens, des juifs ou des hindous modérés, mais qu'il est difficile de trouver des musulmans modérés.

Le Coran est différent des autres textes sacrés parce qu'il est censé venir directement de Dieu. Ce sont les mots d'Allah. On ne peut pas prendre certaines parties du Coran et en rejeter d'autres. Il faut suivre ses ordres. Ceux qui croient à l'islam doivent croire chaque mot du Coran et des hadiths et doivent être d'accord avec la totalité. Ils doivent croire en la barbarie. Ils doivent être « fondamentalistes ». Si le Coran dit qu'il faut tuer les apostats ; il est donc impossible de dire qu'il ne faut pas tuer les apostats – ce serait défier Allah.

Quand les fondamentalistes ont publié une fatwa contre moi parce que j'avais blasphémé, les musulmans ont accepté en silence l'idée que je devais mourir. Un musulman ne peut pas désapprouver le jugement d'Allah. L'islam ne donne pas la possibilité d'être ouvert – ou vous y croyez ou vous n'y croyez pas. Si vous êtes « libéral », vous croyez à l'égalité des droits. Ceux, dans diverses communautés musulmanes, qui n'étaient pas d'accord avec l'idée qu'il fallait me tuer à cause de ce que j'avais écrit ne sont pas des musulmans, même si on les appelle comme cela : ce sont des athées ou des agnostiques. Si vous ne suivez pas les ordres d'Allah, vous ne devez pas être considéré comme musulman.

L'islam ne peut pas être réformé. Ou bien l'islam existe, avec toute sa barbarie, ou bien il n'existe pas. Ou bien vous êtes musulman ou bien vous ne l'êtes pas. Si vous voulez être musulman et croire aux droits de l'homme, comment faites-vous ? Si vous deviez faire un tel choix, vous seriez perdus comme ceux, par exemple, qu'on appelle des musulmans progressistes ou des musulmans laïques : ce sont des termes contradictoires.

CF : Si on regarde ces enjeux comme un combat entre « musulmans modérés » et « musulmans tout court », on ne peut être que pessimiste car oui, vous avez raison, les plus puristes incarneront toujours mieux la religion et gagneront. Je préfère parler de musulmans modernistes ou laïques, prêts à tenir compte des lois humaines et à abroger ce qui, dans le Coran, n'est pas compatible avec les droits de l'homme. Vous dites que ce sont des termes contradictoires. Non, laïque ne veut pas dire athée mais sachant faire passer les droits de l'homme avant sa foi... J'ai conscience que c'est un effort très important demandé aux croyants dont la religion incite à considérer les consignes de Dieu comme supérieures. Mais ces musulmans laïques existent, j'ai envie de dire : « Je les ai rencontrés ».

Je pense à mes amis Ghaleb Bencheikh ou Abdelmajid Charfi. Mais aussi à toute cette tradition qui va des Mutazilites à des auteurs comme Taha Hussein en passant par Abderrazik. C'est sans doute l'auteur le plus redouté par les intégristes. En 1925, il a fait paraître un livre qui a eu un peu le même impact que celui de Darwin chez les protestants. Le livre de Darwin est sorti plus tôt, à la fin du XIXe siècle, mais c'est en 1925 qu'il déchire le protestantisme entre fondamentalistes et modernistes. Il faut se figurer le tremblement de terre théologique que cela représente à l'époque ! Le christianisme est bâti sur le mythe d'Adam et Ève, sur le fait que l'homme a été créé par Dieu, à son image, comme il a créé toutes les espèces vivantes que l'on appelle d'ailleurs ses « créatures ». Et Charles Darwin nous montre, par sa théorie de l'évolution, que c'est faux, que l'homme est né du singe et a muté, comme toutes les espèces vivantes, pour s'adapter à son environnement, lequel a changé pour des raisons climatiques notamment. Le monothéisme aurait dû en mourir.

TN : Il aurait dû mourir dès qu'on a découvert que la terre était ronde !

CF : De fait, il est beaucoup plus mal en point et la sécularisation avance… Mais tous les protestants ne sont pas devenus athées. C'est surtout l'Église catholique qui a persécuté Galilée. Elle a assumé son divorce avec la science, alors que les protestants ont plus longtemps cherché à redécouvrir la foi via la raison et donc à mélanger les deux. Une découverte scientifique prouvant que leur mythe fondateur est faux ne pouvait que les ébranler. Mais il y a eu deux attitudes, totalement différentes, face à cette nouvelle donne.

L'une, celle des fondamentalistes, a été de rejeter absolument cette théorie de l'évolution. Ils se battent, encore aujourd'hui, pour qu'on ne l'enseigne pas aux enfants… Et souhaitent réformer le protestantisme vers les fondements, pour retrouver une foi plus pure, qui puisse défaire la sécularisation. La réaction à la théorie de l'évolution est un peu leur acte fondateur. Mais ils ont perdu une bataille importante en 1925, au moment de ce que l'on a appelé le « procès du singe ». Un procès très médiatisé pour l'époque, qui a opposé un professeur de biologie souhaitant enseigner l'évolutionnisme et un procureur fondamentaliste renommé qui va se ridiculiser au fil des audiences… Le vent tourne alors en faveur des protestants progressistes, qui ont choisi de tenir compte des découvertes scientifiques, de ne pas les nier, mais de recentrer leur foi sur son aspect social et spirituel : le Social Gospel. C'est l'autre option, celle de la réforme moderniste.

Ces protestants sont l'équivalent des musulmans laïques qui appellent de leurs vœux un *aggiornamento* de l'islam. On me dit : « Oui, mais l'islam n'est pas centralisé comme le catholicisme, ce ne sera pas facile ». C'est vrai, mais le protestantisme non plus ne l'est pas. Et pourtant, il existe des protestants laïques ! Donc c'est possible. Et d'ailleurs, ça existe. Je vous disais que le livre d'Abderrazik, *L'Islam et les Fondements du pouvoir*, a un impact à peu près comparable à celui de Darwin. Que disait-il ? Que Mahomet n'a pris aucune disposition pour qu'un gouvernement politique lui succède. À sa mort, ses disciples se sont trouvés désemparés… C'est bien la preuve qu'il ne voulait pas d'un gouvernement au nom de l'islam. Les musulmans fondamentalistes, notamment les Frères musulmans, rejettent catégoriquement ce livre et ceux qui s'en inspirent pour prôner une certaine séparation des ordres, politique et religieux. Mais en Tunisie, il existe toute une tradition de professeurs d'université prônant cet islam laïque, notamment dans la lignée du grand professeur Mohamed Charfi. L'un d'eux me faisait remarquer qu'il existe dans le Coran un peu l'équivalent du denier de César : une sourate de la délibération qui dit ceci : « Que les hommes délibèrent entre eux de leurs affaires. » Si demain, il existe un nombre suffisant de musulmans courageux, ils pourront s'en revendiquer pour séparer les ordres, trier parmi les enseignements de Mahomet afin de dissocier ce qui relève du chef de guerre et ce qui relève du chef spirituel.

TN : On les entend peu…

CF : Parce qu'ils sont moins nombreux, vous avez raison, et moins excités que les intégristes. Ce n'est qu'une élite. Mais toutes les grandes transformations commencent par une avant-garde éclairée. J'ai parfaitement conscience que cet avant-gardisme n'est pas la valeur la plus répandue dans le « monde musulman ». Les musulmans laïques sont encore minoritaires dans de nombreux pays, sauf en Europe. En France, 70 % des musulmans disent respecter et même apprécier la laïcité. C'est toute la différence entre les musulmans que vous avez connus au Bangladesh ou en Inde et ceux que je connais.

TN : Mais comment expliquez-vous que, dans la plupart des pays du monde, ce rapport de force soit autant en faveur des intégristes ?

CF : Parce que les intégristes musulmans, contrairement aux intégristes protestants (encore qu'ils ne se portent pas si mal) ont gagné la guerre culturelle ! Une bataille importante s'est jouée en Égypte lorsque le livre d'Abderrazik est sorti. Il faut se replonger dans l'ambiance de l'époque. Le Caire n'était pas aussi intégriste qu'aujourd'hui. On pouvait encore boire une bière à la terrasse des cafés. Ils bruissaient de débats passionnants. Nous sommes à la veille de l'abolition du califat par Atatürk. Des Égyptiens se disent, comme lui, qu'il faut se réveiller, se séculariser pour s'adapter à la modernité. Qui se dresse en travers de ce mouvement ? Hassan al-Banna, le fondateur des Frères musulmans. Il va lever une armée contre cette réforme moderniste.

C'est un orateur et un stratège hors pair, capable de parler aux élites comme au peuple, de varier son discours en fonction de ses auditoires. Il ne va pas à Al-Azhar, où il aurait pu devenir un savant islamique, sans doute par manque de talent académique... Mais il en fait une force. Il devient instituteur et invite ses disciples à infiltrer l'école pour toucher les parents à travers leurs enfants. Il établit un programme de réislamisation culturelle fait d'étapes : l'individu, puis la famille, puis la nation, puis l'empire musulman. Aujourd'hui, ses disciples nous disent qu'il était contre la colonisation et veulent présenter les Frères musulmans comme un « mouvement de libération », mais Banna a travaillé un temps avec les Anglais, qui n'ont jamais été très habiles sur ces sujets. Il voulait simplement remplacer la colonisation occidentale par une colonisation islamique ! Sa devise est claire : « Notre slogan ne cessera d'être : Dieu est notre but. Le messager de Dieu est notre guide. Le Coran est notre Constitution. L'effort est notre chemin. La mort sur le sentier de Dieu est notre souhait ultime[1]. » Son programme est conquérant : « Nous voulons que le drapeau de l'islam flotte de nouveau, au vent et bien haut, dans toutes les contrées qui ont eu la chance

1. Hassan al-Banna, *Épître aux jeunes.*

d'accueillir l'islam pendant un certain temps, et où la voix du muezzin a retenti. »

TN : Vous avez raison, il voulait un empire islamique.

CF : Bien sûr. Il s'inscrit dans l'élan impérialiste et totalitaire des années 1930, mais version islamique. Si les gens n'étaient pas aveuglés par la façon exotique dont ils regardent certains musulmans, ils percevraient immédiatement Banna et ses disciples comme étant d'extrême droite. Mais ses héritiers politiques arrivent à se « gauchiser » en mettant en avant le fait que Banna était contre la colonisation. Sauf que les Frères musulmans n'étaient qu'un mouvement parmi cent autres à être contre l'occupation anglaise ! Ce sont les nationalistes qui y ont mis fin. Les Frères musulmans se sont essentiellement servis du prétexte de l'occupation anglaise pour discréditer toute réforme moderniste de l'islam comme étant « occidentalisée », et donc à rejeter. Et comme l'Égypte vivait alors un mouvement d'émancipation essentiellement tourné contre la colonisation, ça a marché.

Une fois au pouvoir, Nasser a mis les cadres des Frères en prison et les a transformés en martyrs. À leur sortie, plus radicalisés que jamais, ils ont essaimé partout. Notamment en Algérie où Nasser a eu la bonne idée de déverser tous les Frères musulmans enseignants lorsque le gouvernement issu du FLN lui a demandé des professeurs arabes pour prendre la suite des professeurs français. L'Algérie l'a payé cher ! Même en Europe, les chefs des Frères musulmans en exil ont essaimé grâce au plus fidèle disciple de Banna, son gendre, celui à qui il a donné en mariage sa fille adorée : Saïd Ramadan. Il a ouvert un centre islamique pour « réislamiser » l'Europe et y combattre le « matérialisme athée ». Tariq Ramadan, son fils, en est le plus habile des ambassadeurs.

Voilà pourquoi j'ai passé cinq ans de ma vie à combattre son influence en Europe. Il enseigne Hassan al-Banna comme un modèle à suivre, il arrive à abuser les médias en leur faisant croire qu'il prône une « réforme radicale de l'islam », alors qu'il prône la même réforme fondamentaliste que son grand-père, c'est-à-dire une réforme qui combat la réforme moderniste. Il faut l'entendre en conférence et lire attentivement certains de ses livres pour le comprendre. Il parle des musulmans laïques comme des « musulmans sans l'islam », vomit sur le livre d'Abderrazik, qu'il décrit comme un instrument servant la propagande occidentale, et n'hésite pas à vous enfoncer auprès de son public intégriste en se félicitant que des féministes se soient élevées contre votre « discours totalement réducteur et occidentalisé[1] ». C'est effrayant la naïveté qui entoure encore ce personnage en Europe, surtout dans les pays anglo-saxons. Ils sont en train de reproduire exactement la même erreur qu'avec Banna, sans réaliser qu'ils enterrent un peu plus l'espoir de voir une réforme moderniste de l'islam naître depuis l'Europe…

TN : Je ne comprends pas pourquoi vous, les intellectuels, accordez tant d'importance à des gens comme Tariq Ramadan. Il est considéré comme un

1. *Peut-on vivre avec l'islam ?, op. cit.*, p. 126.

intellectuel alors qu'il essaie de défaire votre société laïque. Il s'exprime très bien, pour que les gens pensent qu'il est modéré. En réalité, il est beaucoup plus dangereux que les fondamentalistes caricaturaux. Ils n'accompliront jamais autant de choses que lui, avec toute son habileté. Il a réussi à devenir professeur à l'université d'Oxford, ce qui est une honte pour cette université.

CF : Ce titre abuse beaucoup de journalistes et certains intellectuels. En réalité, il occupe une chaire au sein de l'Institut oriental d'Oxford, qui est financée par le Qatar. Vive l'autonomie des universités… Mais voilà précisément pourquoi j'ai dû lui « accorder tant d'importance ». Comme Banna, Tariq Ramadan a échoué à entrer à l'université publique par manque de talent académique. Son premier jury de thèse a refusé de la valider parce qu'elle n'avait rien de scientifique et tout d'une apologie des Frères musulmans. Mais cela ne l'empêche pas d'avoir d'autres casquettes pour intervenir dans le débat public. Or, vous avez raison, il est beaucoup plus dangereux qu'un fondamentaliste que l'on peut décrypter au premier regard.

Quand j'ai commencé à travailler sur lui, il était présenté dans tous les médias européens comme l'intellectuel le plus moderniste de l'islam. Vous imaginez ! On s'acheminait vers des débats où Tariq Ramadan apporterait la contradiction à des salafistes djihadistes, tandis que les musulmans laïques et modernes – 70 % de l'islam d'Europe – auraient totalement disparu du spectre médiatique. C'est encore le cas quand les journalistes se montrent inconscients au point de l'inviter pour représenter l'islam d'Europe.

J'en veux beaucoup à ces pyromanes qui font de l'audience avec un sujet aussi grave. Aux Franz-Olivier Giesbert et aux Frédéric Taddeï qui l'ont invité mille fois comme s'il s'agissait d'un simple intellectuel musulman controversé. Les musulmans laïques leur en veulent encore plus que moi. Ils savent que c'est eux qu'on étouffe un peu plus chaque fois qu'on l'invite à parler à leur place. Après, les gens se demandent où sont les musulmans modernistes, ceux qui condamnent sans réserve la lapidation au lieu de prôner un moratoire… C'est d'ailleurs tout l'intérêt du double discours de Ramadan : parler à la place des musulmans laïques et faire croire que l'islamisme bon teint des Frères musulmans incarne le « juste milieu » en islam… Même en Europe !

TN : Il ne dit pas les mêmes choses ici et là ?

CF : C'est plus compliqué que s'il disait une chose dans les médias et le contraire dans les cercles islamistes. En fait, très souvent, il se contente d'enfoncer des portes ouvertes dans les médias, de tenir un discours creux qui rassure, tout en complétant les « sous-entendus » dans ses conférences devant un public plus averti. Dans ses cassettes, il invite à refuser l'intégration qui interdit le voile, comprend le Fis, soutient le Hamas et réhabilite Hassan al-Banna comme le plus grand « réformiste » musulman. Il m'a fallu neuf mois pour décrypter toutes ses cassettes, lire tous ses livres et la plupart de ses entretiens donnés à la presse afin de vous le dire aussi clairement. Ça été un cauchemar. Vous n'imaginez pas à quel point il est prolixe.

TN : (*Rires.*)

CF : En plus, je suis cartésienne, je doute de tout. Je n'étais pas sûre de trouver un « double discours ». Peut-être était-il plus moderniste qu'intégriste après tout, c'était une possibilité. Durant neuf mois, tous les matins, je me levais en me disant « donne-lui une chance ». Peut-être qu'il est en train d'évoluer, qu'il fait plus de bien que de mal. Peut-être essaie-t-il de convaincre certains intégristes d'évoluer. Il y a une part de vrai. Il contribue à ouvrir l'esprit de certains fondamentalistes, mais il n'a aucun impact sur les plus durs (qui le trouvent hypocrite) ni dans le monde musulman. Peu de gens le savent, mais il ne maîtrise pas suffisamment l'arabe littéraire pour passer sur les chaînes arabes dans cette langue. Il parle l'arabe dialectal mais pas cet arabe érudit qu'il faut pour être compris au Moyen-Orient. Il m'a rétorqué une fois qu'il passait sur Al-Jazira, oui, mais en français ou en anglais sous-titré. En Algérie, il est repéré. Au Maroc, il a des fans mais beaucoup de détracteurs. En revanche, il n'est pas connu au Moyen-Orient. Beaucoup voient en lui un médiateur avec les durs du monde musulmans, mais ils ne le connaissent pas ! C'est en Europe, auprès des musulmans européens, qu'il a de l'influence… Une influence négative. Puisque ces musulmans européens ne seraient jamais venus au fondamentalisme et à l'islam politique des Frères musulmans sans lui. Bien sûr, ce n'est pas un salafiste littéraliste. Mais c'est un réformiste *salafi*, c'est-à-dire un fondamentaliste, doublé d'un intégriste politique, qui combat les musulmans modernistes au cœur de l'Europe. La seule terre qui leur reste.

TN : Quand avez-vous réalisé qu'il était en train de radicaliser les musulmans ?

CF : Après avoir écouté en boucle plusieurs dizaines de ses cassettes. Je commençais à entrer dans la peau d'un de ses disciples et à avoir en main toutes les clés du puzzle. À compléter tous les non-dits ou les fins de phrase qu'il se garde de prononcer en télévision. Ses cassettes sur Hassan al-Banna sont décisives, elles donnent une partie du mode d'emploi. Celles sur les rapports hommes-femmes sont très proches des discours des fondamentalistes protestants. Celles sur la culture ressemblent aux discours de l'Opus Dei. Pour donner un exemple, il a prononcé un discours sur la culture musulmane en Europe. Et voici ce qu'il apprend à ses disciples : la communauté doit s'organiser pour sélectionner les livres et les films que nos enfants peuvent voir, parce que nous sommes dans une société où le mal est partout. Nous devons nous protéger par cette sélection. Pour lui, par exemple, *Titanic* est un film qu'un bon musulman européen ne devrait pas avoir vu. À cause des scènes d'amour. Et parce que c'est une grosse machine hollywoodienne.

TN : Mais comment peut-il commencer par affirmer qu'il croit à la liberté d'expression ?

CF : Il peut tout. Il peut passer à la télévision comme musulman respectant la liberté d'expression et signer une tribune accusant *Charlie Hebdo* d'incitation à la haine pour avoir publié les dessins sur Mahomet. Je l'ai vu faire des tours de passe-passe incroyables en télé… Où il arrive systématiquement à se faire passer pour l'inverse de ce qu'il est, rien qu'en arrondissant les angles, par des astuces rhétoriques ou parfois même en mentant. Tout le monde le trouve très doué. C'est vrai, mais il faut dire qu'il a face à lui des gens de télé souvent très faciles à berner. Ils ne connaissent rien à l'histoire de l'islam politique. Si on leur dit « je suis un réformateur », ils entendent « moderniste », et Ramadan n'a pas besoin de préciser qu'il est réformateur fondamentaliste.

Je l'ai vu gagner tous ces duels jusqu'à notre confrontation à *Ce soir ou jamais*. Le fait que je le connaisse par cœur l'a déstabilisé. C'était un vrai duel, pas du tout la même configuration que son face-à-face avec Nicolas Sarkozy, en 2003. À cette émission, il était en duplex, il ne voyait pas le débat, il l'entendait juste dans son oreillette. Sarkozy a donc pu lui mettre un *uppercut* sans vraiment prendre un retour. Moi, je l'ai eu une heure sur le ring à égalité, il a même beaucoup plus parlé. Il n'a marqué qu'un point : lorsqu'il a relevé que j'avais fait une erreur en pensant qu'à ce fameux débat, Nicolas Sarkozy l'avait déstabilisé en citant la préface d'un livre, alors qu'il faisait référence à un autre livre préfacé par Ramadan. C'est une vraie arnaque médiatique car cela ne change rien au fond. L'important, ce n'est pas que Nicolas Sarkozy ait fait référence à telle préface plutôt qu'à telle autre, l'important c'est que Tariq Ramadan ait préfacé les deux livres, dont l'un explique que le vrai féminisme est de retourner aux fondements de l'islam et l'autre glorifie une militante des Sœurs musulmanes égyptiennes totalement fanatique comme un modèle à suivre pour les musulmanes d'Europe… Ils sont tous les deux gravissimes ! C'est le fond du débat. Mais justement, c'est le fond du débat que Ramadan voulait éviter en focalisant sur un détail. C'est de bonne guerre. Je venais de lui faire assez mal à l'estomac en passant à l'antenne l'extrait de l'une de ses conférences où il invite ses fidèles à militer pour des piscines non mixtes en Europe…

TN : La structure même de l'Europe serait révolutionnée !

CF : Ce n'était pas le Tariq Ramadan que les gens avaient l'habitude d'entendre. Pendant qu'on diffusait l'extrait, il a changé de couleur, il bougeait tout le temps. À la télévision, il est toujours doux, intelligent, etc. Là, les gens l'ont entendu prêcher pour la première fois. Et quand il prêche, même le ton de sa voix change.

TN : Il était agressif ?

CF : Il perdait ses nerfs. À l'antenne, ce n'est jamais bon. Dans l'extrait qu'on a entendu, il a sa voix de prédicateur. Il tonne sur le mode : « Qu'est-ce que tu regardes à la piscine : tu peux pas y aller parce que ton regard est posé sur des choses que tu ne dois pas voir ! C'est pas simplement comme toi tu es habillé, c'est aussi qu'est-ce que tu peux regarder ! Parce que tu vas là-bas et forcément ça t'attire ! Donc il faut développer des lieux où c'est sain, où l'on aura des piscines tout en respectant nos principes éthiques. »

TN : Le « nous » s'applique aux musulmans ? Quand il dit « nos principes », il ne parle pas de tous les Européens ? À cet instant, il n'est plus européen, il est musulman ?

CF : Oui, là c'est un prédicateur qui parle à sa communauté. Il lui demande de se battre pour avoir des particularités et des exceptions dans les piscines publiques en Europe. Pendant qu'on entendait sa voix, il était filmé, il était blême. Après, il a dû s'expliquer, et il a tenté le coup de : « C'est un vieux prêche. » Je lui ai demandé : « Il n'est plus valable ? » Et il m'a répondu : « Si, bien sûr. »

TN : (*Rires.*)

CF : Mais fermons la parenthèse. Je crois avoir fait tout ce qui était en mon pouvoir pour informer sur le vrai visage et sur l'impact d'un tel personnage : mon livre sur lui, *Frère Tariq*, vient de sortir en poche, je l'ai actualisé. J'ai livré ce duel et réalisé un documentaire audio[1] pour ceux qui ne veulent pas faire l'effort de lire. Je ne vois pas ce que je peux entreprendre de plus. Et franchement le seul fait de prononcer son nom commence à me donner la nausée. Par contre, je me battrai toujours pour que l'islam des Frères musulmans ne parle pas à la place des musulmans laïques. C'est trop grave. Parce que l'Europe est peut-être le continent où la réforme moderniste peut l'emporter sur la réforme fondamentaliste. Et que cette erreur de casting

1. « Tariq Ramadan et son double », France Culture, 17 décembre 2009, podcast sur : http://carolinefourest.wordpress.com/2009/12/17

lui coupe toute chance d'y parvenir. Il faut donner la parole aux musulmans laïques en priorité.

TN : Et les athées ?

CF : Je suis totalement d'accord avec vous. À force de rendre le débat confessionnel, on finit par marginaliser les véritables libres-penseurs nés de culture musulmane. Et cela aussi décale tout le débat en faveur des intégristes. Après toutes ces années, je suis arrivée comme vous à la conclusion que la résistance, la vraie, ne viendra pas des croyants « modérés ». Il faut des musulmans modernes et laïques pour incarner l'alternative aux intégristes, mais ce sont rarement eux qui ont le courage de les défier. Sauf s'ils ont un passé particulier, s'ils viennent d'Algérie par exemple, où ils ont dû prendre des risques pour se battre contre les islamistes. Mohamed Sifaoui fait partie de ceux-là. Il a bien connu le FIS et le GIA en Algérie. Le journal où il travaillait a été soufflé par un attentat. Les bureaux ont explosé quelques minutes après qu'il soit sorti pour acheter des cigarettes. Il a ramassé des collègues en morceaux. Des confrères français ne comprennent pas pourquoi il a du mal à garder son calme face aux intégristes sur les plateaux de télé… Ils le trouvent trop méditerranéen. Trop algérien quoi… Aux yeux de certains animateurs télé, il fera toujours moins chic qu'un prédicateur suisse d'origine égyptienne à la barbe bien taillée. Sauf qu'il est vraiment moderniste, et courageux en plus. Moi je connais son histoire. Je sais pourquoi il peut perdre son calme. Avant qu'il ne devienne mon ami, j'ai fait comme avec Tariq Ramadan, je l'ai jugé sur pièces, c'est-à-dire à son travail. Sous ses airs débonnaires et passionnés, c'est un très bon journaliste et un très bon documentariste. Ses livres sont sérieux, beaucoup plus que sa médiatisation ne le laisse croire. Il a un don pour l'enquête et la réalisation. Mais il a failli ne plus être journaliste tellement il a été attaqué. On l'a traité de tout sur Internet : de traître, de pédophile, d'assassin, de vendu au pouvoir algérien, de bidonneur…

TN : Toute personne qui critique les intégristes subit l'insulte et la diffamation.

CF : Bien sûr. Je le sais. Vous le savez. Mais ces attaques troublent certains confrères. Et pourtant, je connais de vrais vendus au pouvoir algérien qui font le tour des plateaux de télé comme représentants de l'islam éclairé. Ce n'est pas le cas de Mohamed, qui ne peut plus vivre en Algérie à cause de ses critiques contre Bouteflika et sa « concorde civile ». Je connais aussi de vrais bidonneurs… Mohamed n'en est pas un. Mais il dérange. À tout moment, un islamiste peut le reconnaître et vouloir lui régler son compte. Je ne sais pas comment il fait pour être toujours croyant et faire le ramadan avec ce que lui font les islamistes, mais il l'est. On en plaisante souvent. On a un code. Il m'appelle « sœur Caro » et moi je l'appelle « frère Mo ». Mais ce sont plus que des mots. On a traversé pas mal de choses ensemble, que ce soit pendant l'affaire des caricatures ou en travaillant tous les deux sur Tariq Ramadan… En ce moment, on écrit une BD sur le pape. On se marre. On a besoin de rire pour dédramatiser quand la pression intégriste devient trop forte ou lorsqu'un énième animateur croit malin d'offrir une tribune à Tariq Ramadan.

Notre petite fraternité ne pèse pas lourd face aux Frères musulmans, mais elle existe. Quand j'y pense, mes frères humanistes sont aujourd'hui très souvent des démocrates laïques algériens, marocains ou tunisiens. Les musulmans laïques français ou européens veulent bien parader sur les plateaux de télévision, mais quand il faut prendre des coups, monter au créneau face aux intégristes et que vous vous retournez, ils ne sont plus derrière... ils ont disparu sous terre.

TN : C'est ce que je vous disais tout à l'heure. Les musulmans libéraux n'étaient plus à mes côtés quand les intégristes m'ont vraiment menacée.

CF : Je l'ai vécu au moment de l'affaire des caricatures et je comprends ce que vous dites. Mais dans cette affaire, je dissocie deux choses. Les musulmans laïques dont la raison d'être est d'incarner l'alternative aux islamistes et ceux qui combattent l'intégrisme. Le changement ne viendra pas des mous, de ceux qu'on voit donner des interviews sur la « sexualité en islam » ou l'islam éclairé. Ceux-là veulent bien la gloire, mais pas livrer bataille. Il faudra partager la victoire sur les intégristes avec eux, mais le combat, le vrai, se mène avec ceux qui bousculent les fanatiques, qui désacralisent le Coran, qui dessinent Mahomet malgré les menaces et tournent la religion en dérision. Exactement comme pour le christianisme. S'ils n'y avaient pas de blasphémateurs, de caricatures anticléricales, les laïques comme Jean Jaurès ou Ferdinand Buisson, qui était protestant et croyant, n'auraient pas pu apparaître comme le juste milieu.

Pour permettre aux musulmans laïques d'incarner le « juste milieu » à la place des Frères musulmans, il faut que des provocateurs fassent vivre une critique franche et lucide sur l'islam, quel qu'en soit le prix à payer. Ce sont eux, ce sont des gens comme vous qui maintiennent la pression pour qu'un regard critique et historiographique, sur le Coran ou la vie même de Mahomet, habitue les fanatiques à la critique. C'est cette critique qui permettra aux musulmans laïques de finir par incarner le « juste milieu ».

TN : Au bout du compte, on n'a pas le choix, il faut rejeter tout ce qui est faux. Le texte est là. Le Coran est une forme de plagiat, une copie de l'Ancien Testament. La même histoire d'Adam et d'Ève. Adam mange la pomme. Le même Abraham, le patriarche, le même Dieu qui crée la terre, le soleil et la lune en six jours, la même histoire d'enfer et de paradis. Pour le reste, il y a tellement de contradictions ! Quand le Prophète était à La Mecque et qu'il n'était pas encore assez puissant, il appelait à la tolérance. Il disait : « À vous votre religion, et à moi la mienne. » (109 : 6.) Cette citation célèbre sert souvent à prouver que le Coran est guidé par des principes de tolérance. Mahomet recommandait à ses disciples de parler en bien de leurs ennemis (2 : 83) et disait « point de contrainte en religion » (2 : 256). Mais tout cela change du tout au tout quand il arrive au pouvoir. Le meurtre d'infidèles devient justifié dans d'innombrables versets, avec dureté et sans merci. Les versets cités pour prouver la tolérance musulmane ignorent les nombreux autres, ceux qui ne portent pas la moindre trace de tolérance ou de pardon. Est-ce normal qu'un livre dicté par Allah – le Dieu supra-naturel – comporte tant de contradictions profondes ?

CF : Mahomet a vécu plusieurs siècles après Moïse ou Jésus. On peut voir plus clairement la part de stratégie et de politique dans ses choix. Le Coran est censé être révélé par Dieu mais il se contredit, ses versets varient fortement selon qu'ils aient été « révélés » quand Mahomet vivait à La Mecque, où il était en situation de minorité, persécuté, ou à Médine, où il devient chef de guerre...

TN : Exactement. Quand Mahomet n'était pas encore au pouvoir, il « écrivait » différemment le Coran. « Il n'y a pas d'obligation dans la religion, comportez-vous bien avec les femmes, avec les autres religions », etc. Mais après son arrivée au pouvoir, il change. Il commence à frapper les femmes, à les tuer, à tuer les incroyants. On peut distinguer ces deux époques : quand il écrivait de bonnes choses, comme « ne battez pas les femmes »... Enfin... « ne battez pas *trop* les femmes, mais battez-les un peu quand même ». Ceux qui interprètent positivement le Coran disent que ce texte est « bon pour l'humanité, tellement bon pour les droits des femmes ». Mais en fin de compte, cette tentative est vouée à l'échec parce qu'il y a aussi cette seconde partie, qui fait tout autant partie du Coran. Quoi qu'il en soit, les deux parties ont été mélangées, donc...

CF : Justement tout a été mélangé de façon totalement aléatoire. Le calife Othman a peut-être été tué à cause de cette compilation, qui regroupe les textes par ordre de grandeur et non par un souci de cohérence. C'est un de problèmes, puisque certaines parties du Coran en contredisent d'autres et que la règle de l'antériorité veut que le dernier verset ait raison sur le premier... Sauf qu'on ne peut pas être sûr : s'agit-il vraiment du dernier verset « révélé » ou du dernier verset publié ?

TN : Certains mots manquent. Nous devons supposer quels mots devraient se trouver là. Avez-vous entendu parler d'Abdullah, l'assistant de Mahomet, qui était censé écrire les versets ? Un jour, Mahomet lui dit : « Il faut que tu comprennes, ces versets viennent d'Allah. » Abdullah était ravi et se convertit à l'islam. Mais un beau jour, Mahomet a tué Abdullah. Pour quelle raison ? Mahomet lui avait demandé de changer les versets, de les modifier pour qu'ils soient plus jolis. Abdullah fut très surpris : « Comment pouvez-vous changer les versets, puisqu'ils viennent directement d'Allah ? Nous ne devons pas y toucher. » Et alors Abdullah commença à douter. Ces versets venaient-ils vraiment d'Allah, ou étaient-ils créés par Mahomet ? Et c'est pour cela qu'il a été tué. Ce récit, je l'ai trouvé dans l'histoire islamique, écrite il y a bien longtemps. Maintenant qu'ils connaissent les droits de l'homme, qu'ils ont appris de nous ce qu'ils étaient, les biographes coupent toutes ces histoires.

CF : C'est le plus troublant chez les croyants : leur capacité à oublier toutes ces histoires pour continuer à croire. C'est à la fois fascinant et terrifiant.

TN : Mais là encore, que pouvons-nous faire ? Devrions-nous faire quelque chose ? Devrions-nous nous détendre, devenir cyniques, ou simplement rire ou pleurer ? Moi, par exemple, je ne pleure plus – j'ai suffisamment pleuré. Ce que je peux, c'est écrire. Je peux m'exprimer contre une telle folie. C'est exactement ce que j'ai fait dans mon autobiographie. Et alors, que s'est-il passé ? Mon livre a été interdit, sous prétexte que j'avais parlé des absurdités qu'on pouvait trouver dans beaucoup des prétendues écritures saintes. En conséquence, j'ai été mise à l'index dans mon propre pays. Trois de mes ouvrages y sont interdits.

Il y a de quoi devenir physiquement malade en voyant tout le mal que la religion fait à l'humanité. Mais je ne suis pas pessimiste. Je veux simplement vivre dans un monde habitable, où personne n'aurait d'illusions. Je rêve qu'un jour notre monde soit entièrement laïque, que la religion ne puisse plus rendre misérables des vies humaines. Un jour, je le crois, les gens seront suffisamment rationnels pour comprendre que la religion n'est pas nécessairement bonne. On comprendra que, grâce à elle, certaines personnes imaginatives et cupides ont essayé de prendre le pouvoir sur le monde. En pensant à notre époque, on se demandera comment et pourquoi nous avons pu être aussi aveugles, aussi dupes !

CF : L'une des questions à se poser, c'est pourquoi, malgré toutes ces contradictions, il semble si difficile pour des musulmans d'être non-croyants.

TN : Cela ne devrait pas être difficile. C'est le Coran qui a fait de moi une incroyante ; je pourrais faire perdre leur foi à des millions de croyants. Mais le problème est qu'ils ne le lisent pas avec ouverture d'esprit. La plupart des gens ne savent pas réellement ce que dit le Coran. Après avoir longtemps lu le Coran, je suis devenue athée à cent pour cent. Le lire de manière impartiale devrait suffire, pour des personnes rationnelles, à rejeter l'islam. On n'a besoin de rien d'autre pour être athée. Je vous ai raconté l'histoire de Mahomet et Hafsa. Beaucoup d'histoires dans l'islam concernent Mahomet. Si le messager d'Allah lui-même est un homme sans caractère, il s'ensuit que les lecteurs devraient avoir des doutes sur Allah. Mais les gens en savent si peu sur l'islam !

Il n'est pas nécessaire de connaître de nombreuses histoires – une seule suffit. N'importe quel musulman avec un tant soit peu de cerveau abandonnerait l'islam s'il en connaissait l'histoire. Il pourrait se documenter sur les versets sataniques.

CF : Le livre de Salman Rushdie ?

TN : Non, je parle des vrais versets sataniques. Mahomet appliquait déjà sa propagande sur l'islam – c'est une religion monothéiste, il n'est de Dieu qu'Allah. À l'époque, la tribu des Quraychites était la plus influente à La Mecque, et ses membres détestaient Mahomet. Mahomet a dû quitter La Mecque pour Médine ; mais après avoir monté une armée, il retourna à La Mecque et demanda aux Quraychites de se convertir. Les chefs de tribu posèrent une condition : la tribu entière se convertirait s'il reconnaissait les trois filles d'Allah, le dieu de la Lune de la religion polythéiste païenne. Mahomet accepta, et récita les versets comme si Gabriel était venu avec un message d'Allah – à partir de maintenant, les filles du dieu de la Lune seront révérées comme des déesses. Il demanda aux musulmans d'adorer les trois filles d'Allah, Al-Lat, Al-Uzza, et Manat. Entendant cela, la tribu des Quraychites se convertit à l'islam.

Sauf qu'ensuite, Mahomet affirma que ces versets n'avaient pas été dictés par Allah. En fait, c'était Satan qui lui parlait, il avait malencontreusement confondu avec Allah. Il effaça ces trois versets du Coran – ceux qu'on appelle les versets sataniques. Les premiers biographes de Mahomet racontèrent toutes ces histoires, bien plus authentiques que les biographies actuelles.

De nos jours, les biographes ont entendu parler des droits de l'homme, ils savent qu'épouser une enfant est un crime, que le soleil ne tourne pas autour de la terre, que l'univers ne peut pas avoir été créé en six jours, que ce n'est pas bien de battre une femme. Alors ils interprètent le Coran de telle sorte qu'il soit convenable pour notre monde actuel. Ils ont demandé que le Coran respecte les femmes. Habilement, ils ont évité l'histoire des versets sataniques. Mais comment le messager d'Allah, le Prophète, peut-il avoir confondu les voix d'Allah et de Satan ? Il y a là un humour tragique.

CF : Vous voyez que l'interprétation est possible ! (*Sourires.*) Même si, clairement, Mahomet nous complique la tâche en disant que ses consignes viennent directement de Dieu. Moïse aussi croyait entendre dieu et agir sous sa dictée mais il a vécu des siècles plus tôt, dans un temps où l'on trouvait moins facilement des scribes. Du coup, la Bible a clairement été écrite par plusieurs mains et ne rapporte qu'indirectement les prophéties, des siècles plus tard. Peut-être est-ce une clé pour expliquer pourquoi il est plus difficile de défendre la liberté d'expression et d'interprétation dans la foi islamique.

TN : Vous pensez vraiment que cela s'explique par le fait que les gens pensent que le Coran a été écrit par Dieu ? Je ne le crois pas. Si les gens deviennent laïques dans les pays islamiques, si une éducation laïque est propagée et comprise, si les gens ont l'opportunité d'avoir un esprit rationnel et logique, alors je pense que la question de savoir si le Coran a été écrit ou non par Allah n'aura plus vraiment besoin de se poser. L'enjeu concerne plutôt ce qu'on observe dans les pays musulmans, où les madrasas et les écoles religieuses poussent comme des champignons, où l'on lave le cerveau des gens pour terroriser la société avec la religion.

Des petits garçons de deux ou trois ans sont envoyés dans ces madrasas. Ils ne reçoivent aucune autre éducation, aucune éducation scientifique ou séculière. On ne leur donne que le Coran, les hadiths et un pistolet. Voilà le monde de cette jeunesse. « Lisez le Coran, Allah vous dit de tuer tous les incroyants et d'opprimer les femmes. » C'est tout ce qu'ils apprennent, ils n'ont pas de possibilité de questionner et d'apprendre d'autres choses. Ensuite, ils rejoignent les rangs des talibans. Pourquoi devrions-nous en vouloir aux talibans ? Je n'en veux pas aux talibans. On devrait plutôt s'en prendre au système qui produit ces talibans.

Sans un tel système – des madrasas et mosquées, qui sont des usines à fondamentalisme, et des autorités corrompues qui encouragent le développement du fondamentalisme –, il serait possible d'organiser la séparation de l'Église et de l'État. Et si c'est impossible, alors on dira que « le problème vient du fait que le Coran a été dicté par Dieu ». Mais non ! On pensait que la Bible venait directement de Dieu, mais les choses ont évolué grâce aux Lumières. De la même façon, cela doit être possible d'aider à faire advenir la séparation de l'Église et de l'État dans certains pays musulmans… Quand je suis devenue athée, comme tant de personnes dans ces pays, ce que les gens pensaient du Coran n'avait pas grande importance. Nous étions éclairés par l'éducation scientifique, par la raison. Si seulement d'autres personnes avaient la même opportunité d'étudier les sciences et de respecter la raison, elles riraient, elles riraient du Coran bien plus qu'elles ne rient de la Bible.

CF : Nous sommes d'accord, ce n'est pas du tout une fatalité, mais un cercle infernal, qui a des causes historiques et politiques. Le facteur numéro un, en effet, c'est ce bourrage de crâne auquel se livrent certains gouvernements de pays musulmans en guise d'éducation nationale. On retrouve au Pakistan les mêmes maux qu'en Algérie.

Dans son livre, *Ma vie à contre Coran*, Djemila Benhabib raconte la même révolte que vous face à ce mode d'éducation : elle s'ennuyait terriblement à réciter par cœur des versets où on lui apprenait à haïr les mécréants. C'était l'époque de l'arabisation en Algérie. Après l'indépendance, l'école publique algérienne a eu pour mot d'ordre d'enseigner aux enfants à réciter leurs leçons à partir de versets du Coran. Les enfants maghrébins comprennent à peine mieux que les enfants parlant bengalî... Puisqu'ils parlent souvent un arabe dialectal et ne comprennent pas l'arabe littéraire du Coran ! En quelques années, les écoles sont passées de la transmission de connaissances à la propagande religieuse. Et comme je vous l'ai dit, le bourrage de crâne était d'autant plus copieux que l'Égypte venait d'envoyer tous ses islamistes enseigner dans les écoles algériennes... Avec le résultat que l'on sait. Djemila avait une enseignante voilée particulièrement bornée. Un jour, elle a convoqué son père : « Votre fille est réfractaire à la religion ! » Heureusement, ses parents étaient communistes et tout aussi réfractaires. (*Sourires.*) Son père a promis d'y veiller tout en protégeant sa fille et en continuant à lui inculquer le goût de l'esprit critique, de la lecture... Mais combien d'enfants, algériens ou pakistanais, n'ont pas eu cette chance ?

TN : La plupart d'entre eux.

CF : Je suis souvent frappée par la très grande paranoïa, proprement conspirationniste, qui fait office d'esprit critique chez certains enfants éduqués ainsi. Au lieu d'avoir appris à douter de façon structurée, par la lecture de philosophes critiques, ils ont été incités à croire en des fables religieuses apprises par cœur, tout en se méfiant des médias – qui relaient la propagande d'État. Cela donne une façon d'être critique souvent désorientée et désarticulée, où toute information dérangeante pour la foi est un complot. Mais je suis comme vous, j'en veux surtout à ces gouvernements. Ils ont tué l'esprit critique de générations entières pour faire de l'arabité ou de l'islamité les mamelles de leur pouvoir. Et ils s'étonnent d'être dépassés par les intégristes ! Mais ce sont eux qui ont fabriqué des générations de « cerveaux disponibles » pour l'intégrisme ! Comment espérer une alternative démocrate et laïque quand l'enseignement, la Constitution et le pouvoir massacrent l'esprit critique et bâillonnent la liberté d'expression tout en glorifiant la religion à des fins politiques ? Si des gens veulent se révolter contre leur défaillance, qui est grande, ils se saisissent logiquement du seul pouvoir qui paraît au-dessus du politique : le religieux. Du coup, les intégristes sont les seuls à avoir l'air crédible et à séduire les masses face à leur tyrannie.

Si l'islamisme est aujourd'hui plus dangereux que l'intégrisme juif ou chrétien, c'est avant tout parce qu'il évolue dans un grand nombre de pays trop peu sécularisés, trop peu démocratisés, où les pouvoirs politiques ont instrumentalisé le religieux et interdit l'esprit critique par peur d'une opposition démocratique. Ils nourrissent le feu intégriste et l'utilisent ensuite comme épouvantail pour se maintenir au pouvoir, avoir des soutiens internationaux et justifier un état de siège qui permet de bâillonner les démocrates laïques. Avant de finir par pactiser ou composer avec les islamistes pour contenir la paix sociale. C'est une erreur qu'ils commettent maintenant depuis des années.

TN : Ils ne commettent aucune erreur. Ils savent très bien ce qu'ils font. Vous savez ce que je pense ? Je crois qu'en réalité, ces dirigeants qui se servent de l'islam et ces leaders du fondamentalisme musulman ne croient pas en Dieu. C'est un jeu de pouvoir, et ce jeu est d'une telle simplicité ! C'est tellement simple de duper les gens ! Phineas T. Barnum, le propriétaire américain de cirques, l'avait bien compris : « On peut tromper quelques personnes tout le temps et tout le monde quelquefois, mais on ne peut pas tromper tout le monde tout le temps. »

Tous les groupes islamiques sont en réalité artificiellement créés par les dirigeants de différents pays pour conforter leur propre situation. Souvent, ces groupes sont fabriqués par des despotes, qui se servent de l'islam pour perpétuer leur despotisme. Même si nous considérons certains pays musulmans comme des démocraties, ça n'est jamais vraiment le cas. Ils ont toujours des lois contre le blasphème, ils appliquent la charia, qui ne tolère aucune liberté de parole. Les autorités encouragent souvent le fondamentalisme ou se servent de la religion pour rester au pouvoir, parce qu'ils peuvent ainsi obtenir les suffrages de populations religieuses ignorantes. Ils bâtissent des madrasas et des mosquées pour acquérir une popularité auprès des croyants.

Le Bangladesh est censé être une démocratie, mais je n'ai pas pu y rester au motif que j'avais défendu les libertés des femmes, qui ne s'accordent pas avec la culture islamique. Certes, le pays n'est pas encore dirigé par des mollahs, le pouvoir politique n'est pas encore aux mains d'un parti religieux fondamentaliste. Quand les mollahs publient une fatwa de temps en temps, elle n'a aucune légitimité constitutionnelle, aucune valeur légale. Mais rares sont les actions entreprises contre eux. N'est-ce pas le signe d'un compromis avec le fondamentalisme ? Je ne sais pas comment améliorer cette situation. Je ne crois pas que le gouvernement ou les partis démocratiques se fassent réellement du souci concernant cette évolution. Un jour, ils devront peut-être payer le prix fort pour leurs petits profits actuels. Pendant ce temps, le peuple devra souffrir à cause des activités des intégristes.

Si seulement la croissance économique était plus rapide, s'il y avait moins de chômage, un meilleur accès à l'éducation, je pense que la situation serait différente. En attendant de tels miracles, les démocrates devront subir le poids du fanatisme. Les femmes devront endurer non seulement la discrimination, mais aussi l'ignominie et la violence. Pour beaucoup, les droits de l'homme resteront un rêve.

CF : La démocratie sans la sécularisation ne veut rien dire. Ces dirigeants corrompus et cyniques ont vraiment imité le pire des administrations coloniales dont ils voulaient délivrer leur pays. Quel rôle a joué cette histoire dans la montée du fanatisme selon vous ?

TN : Quand les puissances coloniales se sont enfin retirées des pays qu'elles occupaient en Asie et en Afrique, certains chercheurs occidentaux ont pensé que ces nations avaient laissé derrière elles un héritage durable d'idées et d'institutions démocratiques séculières. La plupart de ces jeunes nations se sont d'ailleurs constituées en tant qu'États laïques, y compris certains pays à population majoritairement musulmane. Mais cinquante ans plus tard, on se rend compte que la sécularisation est soit en train de céder la place au fondamentalisme, soit menacée par lui. Avec l'effondrement de l'Union soviétique et la chute des États laïques d'Europe de l'Est, on a assisté à une résurgence de différents types de nationalismes, dans lesquels la religion est considérée comme un élément vital de l'identité nationale. Une interrogation émerge donc de ces nouveaux développements : la sécularisation était-il une question essentielle pour les nouveaux dirigeants de ces pays africains et asiatiques ou leur a-t-il été imposé d'en haut par leurs anciens maîtres coloniaux ?

CF : La laïcité n'a pas été imposée en Algérie sous la colonisation. Au contraire, les Algériens étaient enfermés dans leur identité musulmane pour les tenir à distance des autres citoyens. La religion servait à contrôler les masses. Les Anglais aussi ont beaucoup joué à ça. Tandis que les premiers leaders indépendantistes s'inspiraient du communisme, ils étaient laïques et voulaient bâtir des pays modernes...

TN : Jinnah, le père fondateur du Pakistan – dont la raison d'être a été la religion – a déclaré après son arrivée au pouvoir que « le Pakistan ne serait pas un État théocratique dirigé par des religieux ayant une mission divine ». La politique de Sukarno en Indonésie consistait à « tolérer l'islam comme religion pour l'affaiblir comme force politique ». En Égypte, Nasser a apporté des restrictions à la polygamie, supprimé les tribunaux religieux, et accordé le droit de vote aux femmes ; cependant, son objectif n'était pas de faire disparaître l'islam, mais de le transformer – de le « neutraliser dans la politique intérieure et de l'utiliser dans la politique étrangère ». Le Tunisien Bourguiba, « le plus iconoclaste de tous les dirigeants musulmans contemporains », a accordé – tout en engageant des réformes modernistes – aux oulémas une certaine visibilité et un statut comme chefs religieux.

En résumé, ces dirigeants musulmans, tout comme les dirigeants bouddhistes du Sri Lanka et de la Birmanie, ont essayé d'utiliser la religion comme idéologie unificatrice tout en l'adaptant aux finalités de la modernisation.

CF : Saïd Sadi, le leader de l'opposition laïque algérienne, m'a montré l'un des premiers textes imaginés par les militants pour l'indépendance : la plate-forme de la Soummam, rédigée en août 1956. Nous étions six ans avant les accords d'Évian et cette plate-forme disait : « Il ne s'agit pas de construire une quelconque théocratie aujourd'hui révolue. L'État algérien sera un état démocratique et social. » Sauf que comme au Bangladesh, ces promesses de laïcité ont fait long feu. La plupart de ces indépendantistes ont été évincés par leurs rivaux du FLN. Ceux qui ne voulaient pas l'indépendance pour la liberté mais pour le pouvoir ont pris le dessus. Ils ont bâti l'Algérie sur une identité islamique propre à légitimer les intégristes en cas de défaillance de l'État… C'est eux qui ont imposé aux écoles publiques d'apprendre aux enfants à réciter par cœur le Coran, quitte à importer des militants Frères musulmans d'Égypte. Eux qui ont censuré toute opposition progressiste, comme les militants communistes qui avaient participé à la lutte pour l'indépendance ou les démocrates laïques. Au point de faire fuir tous ceux qui auraient pu redresser l'Algérie et de laisser l'opposition être incarnée par les plus archaïques, les islamistes. L'espace de résistance pour les démocrates, pris entre un régime autoritaire et le mouvement totalitaire que représente l'alternative intégriste, est devenu très étroit.

TN : Naturellement. Quand les fondamentalistes religieux ont défié des leaders nationalistes de deuxième et troisième génération, il a été très difficile de résister. L'argument de base des fondamentalistes étant que la notion même de sécularisme est d'origine occidentale.

CF : Ce qui permet de rejeter la sécularisation en l'amalgamant avec une forme de néocolonisation. La colonisation n'est pas directement responsable du succès de l'intégrisme, puisque des pays qui n'ont jamais été colonisés comme la Turquie ou l'Arabie Saoudite connaissent aussi la fièvre islamiste, à des degrés très différents. Mais la colonisation a incontestablement servi de prétexte aux islamistes pour convaincre les masses de refuser le progrès et la modernité en les associant à l'Occident. Ce qui explique pourquoi un pays comme la Turquie a connu son Atatürk et n'a eu aucun scrupule à se moderniser et à se séculariser, tandis que les intégristes parvenaient à discréditer l'idée de progrès et de sécularisation en Égypte et au Pakistan, les deux foyers de naissance de l'islamisme contemporain. À l'exception, bien sûr, de l'Arabie Saoudite où le wahhabisme s'est développé pour des raisons tout à fait politiques et conjoncturelles : une tribu, les Saoud, avait besoin d'asseoir son autorité sur les autres. Elle a passé un accord avec un prédicateur fondamentaliste, Abd al-Wahhab, pour élaborer une doctrine qui lui donnerait un pouvoir divin et unificateur, et cette monarchie a répandu son poison grâce aux pétrodollars quand ils se sont mis à jaillir du sol… Ailleurs, c'est plutôt la désillusion face aux régimes issus du nationalisme arabe qui explique le succès de l'islamisme.

TN : Oui. Parce que dans de nombreuses parties du monde, l'État laïque n'a pas tenu ses promesses : de liberté politique, de prospérité économique et de justice sociale. C'est parmi les membres éduqués de la classe moyenne – élevés avec les hautes attentes propagées par les dirigeants politiques nationalistes séculiers – qu'on trouve certains des cas les plus poignants de désenchantement vis-à-vis du sécularisme. Ils ont été propulsés vers le nationalisme religieux après avoir essayé d'être des nationalistes. Ils se sont sentis trahis ou, du moins, insatisfaits.

Beaucoup ont également l'impression que les sociétés occidentales se sont trahies : les scandales gouvernementaux, les inégalités sociales persistantes et les difficultés économiques dévastatrices des États-Unis et de l'ancienne Union Soviétique dans les années 1980 et 1990 ont rendu la démocratie et le socialisme moins attirants comme modèles… Les médias de masse mondiaux, avec leurs exagérations, ont transmis aux chefs religieux des nations non occidentales le message suivant : il y a un profond malaise aux États-Unis, causé par les problèmes sociaux comme les mères célibataires, le divorce, le racisme et la dépendance à la drogue.

CF : Ces maux existent, mais c'est évidemment de la propagande que d'en faire des maux « occidentaux ». La drogue se porte bien dans les pays très religieux, en Afghanistan, au Yémen ou en Iran. J'avais lu un chiffre effarant sur le nombre de jeunes qui se droguent en Iran. La seule bonne nouvelle, c'est que beaucoup sont devenus athées grâce au régime. Comme quoi, après la vague nationaliste, et la vague islamiste, l'athéisme a de l'avenir… Par cynisme, certains chercheurs acceptent d'ailleurs volontiers la dictature religieuse comme une étape nécessaire pour sortir des régimes actuels. Combien de chercheurs au CNRS, en France, ont soutenu le FIS comme un moindre mal face à l'autoritarisme, voire comme une forme de résistance à l'arrogance occidentale ! Comme si on pouvait combattre l'autoritarisme par le totalitarisme et l'impérialisme par le fanatisme…

TN : On ne peut accepter l'idée que l'intégrisme puisse représenter une alternative aux idées laïques ou même à l'Occident. Certes, l'Occident impérialiste ne s'est pas établi et n'a pas dirigé ses colonies par des moyens pacifiques. Il n'a pas colonisé ces pays par l'idéalisme, les Lumières et les valeurs démocratiques. Quand les fondamentalistes affirment qu'ils rendent la monnaie de sa pièce à leur vieil adversaire, ils peuvent donc trouver des auditeurs favorables, même en Occident. Mais le combat ne se joue pas entre les anciennes puissances coloniales et les nations devenues indépendantes. Il se joue entre deux idées de notre temps : le sécularisme et l'intégrisme. La doctrine de « vie pour vie, œil pour œil, dent pour dent » est complètement inappropriée ici.

CF : Surtout que les intégristes ne rendront pas les clés une fois qu'ils seront au pouvoir…

TN : Ils n'encouragent ni n'entretiennent le débat ouvert, ils refusent aux autres le droit d'exprimer librement leurs points de vue. Ils ne peuvent tolérer quoi que ce soit qu'ils percevraient comme allant à l'encontre de leur foi. Ils ne croient pas en une société ouverte et, bien qu'ils prétendent représenter une force morale, leur langage est fait de haine et de violence. En tant que vrais croyants, ils sont là pour « sauver les âmes » de leurs concitoyens, par la force des armes s'il le faut.

CF : Bien entendu. Ces mouvements intégristes qui prétendent vouloir la démocratie ne la veulent que pour eux, le temps de gagner les élections et de prendre le pouvoir. Pour la tuer de leurs propres mains. Chez eux la démocratie n'est qu'un moyen, pas un objectif.

TN : Ils veulent remplacer la démocratie par la théocratie et imposer aux membres de leurs propres sociétés leurs vieilles lois théocratiques à la place des lois séculières modernes. Nous avons appris de l'histoire les dangers de la théocratie. Nous ne pouvons pas nous permettre de revenir en arrière, nous devons aller de l'avant, quoi qu'il arrive.

Démocratiser ou séculariser ?

Caroline Fourest : Nous parlons en termes généraux car bien entendu, sur le terrain, les situations varient néanmoins d'un pays à l'autre. L'islamisme turc est très différent de l'islamisme égyptien ou pakistanais.

Taslima Nasreen : Disons que bien qu'il ait une dimension mondiale, l'intégrisme est également un phénomène local. Aucun « front islamique » n'existe, qui regrouperait tous les États majoritairement musulmans.

CF : À part quand ils siègent ensemble à l'ONU au sein de l'Organisation de la conférence islamique.

TN : Oui, mais c'est pour la façade. Il a été prouvé maintes fois que le panislamisme n'était pas une réalité. Des luttes entre les différents États musulmans ont toujours existé. La guerre entre l'Irak et l'Iran comme l'invasion irakienne du Koweït sont des exemples de cette animosité entre États conduits par des musulmans, tout comme la guerre civile en Afghanistan. En fait, même si on suppose que la première loyauté d'un musulman va à sa religion, cette personne est avant toute chose membre d'un État nation. La guerre du Bangladesh en 1971 a démontré que l'unité musulmane était un mythe. Les musulmans vivraient mieux ensemble ? Non ! Et l'Irak ? Les sunnites et les chiites s'affrontent. Au Pakistan, les sunnites ont brûlé les mosquées des ahmadis, brûlé leurs corans. Les minorités musulmanes (kadianis, ahmadis, etc.) ont toujours été torturées en terre d'islam. Quand les chiites sont majoritaires, les sunnites sont opprimés, comme en Iran. Sinon, c'est l'inverse.

CF : C'est important d'avoir en tête cette complexité. Dans les médias, les intervenants parlent systématiquement au nom d'un milliard de musulmans, dont beaucoup sont opprimés par… des musulmans. On finit par l'oublier en entendant les intégristes se revendiquer de tous les musulmans. Lorsqu'ils protestent contre un dessin ou un film, ils disent souvent : « Vous venez de fâcher un milliard et demi de musulmans. » Mais ce milliard et demi enrôle des musulmans opprimés par ces intégristes, qu'ils soient femmes, athées, laïques ou simplement membres d'un courant de l'islam minoritaire.

TN : C'est très cynique. Les bourreaux comptent leurs victimes parmi leurs troupes pour avoir l'air plus nombreux.

CF : Le plus cynique, c'est d'entendre des pays musulmans monter au créneau contre l'« islamophobie » supposée de l'Europe, où la liberté de culte des musulmans est respectée, alors qu'eux-mêmes oppriment leurs minorités religieuses, y compris musulmanes, et se moquent des minorités musulmanes opprimées par la Chine ou la Birmanie.

En Chine, Rebiya Kader, la leader des musulmans ouïgours, m'a expliqué que les autorités chinoises avaient brûlé des corans pour les humilier. Aucune nation musulmane n'est monté au créneau, aucune ne s'est plaint des discriminations dont ils sont victimes. Au contraire, si des Ouïgours parviennent à s'échapper et à aller en Arabie Saoudite, ils sont ramenés aux autorités chinoises pour être emprisonnés. Quand j'ai demandé à Rebiya Kader ce qu'elle pensait de ce cynisme, de cette absence de solidarité, elle m'a dit : « Où est la fraternité musulmane dans cette histoire ? Nous sommes des Asiatiques. Nous ne les intéressons pas, parce que ce sont d'abord des Arabes. Et de plus, nous ne sommes pas opprimés par les Américains ou les Israéliens, nous ne sommes pas intéressants. Nous sommes opprimés par les Chinois, donc ils s'en fichent. »

Il y a d'autres exemples de ce double discours qui brisent le mythe de l'Oumma. Lors de la première conférence contre le racisme, à Durban en 2001, j'ai rencontré un militant sindhi qui me disait : « Nous sommes occupés par le Pakistan, c'est un gouvernement raciste. Nous sommes des indigènes, confrontés à un gouvernement raciste. » Personne ne parle de ces « Palestiniens de l'État pakistanais », de ces minorités indigènes – parfois musulmanes, mais laïques –

opprimées. Elles n'intéressent personne. Tout le monde se penche sur le conflit israélo-palestinien. Pourquoi personne ne s'intéresse au Pakistan, qui a les mêmes problèmes et qui est historiquement très proche d'Israël par sa confusion entre identité nationale et religion, ou par l'oppression de ses populations indigènes ? D'ailleurs, ces deux pays sont à peu près nés en même temps.

TN : La guerre de 1971 a prouvé que diviser ou créer un pays selon la religion est une très mauvaise idée. Aucun pays musulman n'est uni, parce que ses habitants se détestent. L'unité musulmane, la fraternité musulmane, sont impossibles. Ce n'est pas uniquement à cause des chiites, des sunnites, des ahmadis, des kadianis et de toutes ces sectes. La majorité des habitants du Bangladesh et du Pakistan sont des sunnites, mais même les sunnites n'arrivent pas à vivre ensemble.

CF : Cette complexité est fascinante. Nous vivons dans un monde qui essaie de simplifier toutes ces questions, de les réduire à un affrontement entre religions, entre Orient et Occident, etc. Nous savons que cela ne fait que recouvrir des conflits historiques très complexes, parfois basés sur des problèmes ethniques, où parfois la religion ne sert qu'à masquer ces problèmes ethniques. Mais nous continuons à réfléchir en termes de bloc contre bloc.

TN : Je crois qu'il y a énormément de malentendus. Certains prétendent que l'Occident est contre l'islam pour que les intellectuels de gauche se taisent. En

Occident comme en Orient. Ce que je m'échine à faire comprendre, c'est qu'il ne s'agit pas d'un conflit entre Occident et islam, entre christianisme et islam, entre judaïsme et islam, entre hindouisme et islam. C'est un affrontement entre forces progressistes et conservatrices. C'est un affrontement entre sécularisme et intégrisme, entre des esprits rationnels et logiques et une foi aveugle et irrationnelle, entre raison et barbarie, entre innovation et tradition, entre futur et passé, entre ceux qui valorisent la liberté et ceux qui ne la valorisent pas. C'est extrêmement clair. Mais parfois les gens ne comprennent pas ce simple fait : beaucoup, dans les pays musulmans, deviennent ce qu'ils disent. Ils affirment : « Je veux devenir fondamentaliste parce que l'Occident est contre l'islam ; nous devons donc défendre notre foi. » De cette façon, ils essayent de pousser leur société dans l'arrière-cour de la société moderne. Car c'est sûr, c'est une arrière-cour !

CF : Je pense que nous allons redécouvrir tous ces conflits et avoir dans les années à venir une vision plus complexe que celle qui s'est imposée au lendemain du 11 Septembre. Les néoconservateurs et les islamistes se sont donné le mot pour faire croire à un conflit entre l'islam et l'Occident chrétien. Avec l'essoufflement de cette vision manichéenne, on redécouvre non seulement que l'Occident n'est ni homogène ni entièrement chrétien, mais que l'Orient est surtout asiatique et que le monde musulman est traversé de tensions interreligieuses, de sous-conflits ethniques ou régionaux, qui n'en font pas non plus un bloc homogène.

Il n'y a qu'à voir les tensions entre supporters égyptiens et algériens depuis que l'équipe algérienne a été agressée en prévision d'un match éliminatoire pour la Coupe du monde. Ça n'a l'air de rien, mais ça a réveillé de vieilles rivalités. La presse égyptienne a tenu des propos particulièrement méprisants sur les Algériens et les Algériens se sont souvenus de tout le mal que leur avait fait l'Égypte... La redécouverte de cette complexité peut casser le panislamisme que la « guerre » contre la terreur menée par Bush n'a fait qu'attiser.

TN : C'est certain.

CF : J'étais aux États-Unis quelques mois avant le déclenchement de la guerre en Irak, dans un *think-tank* qui rassemblait des intellectuels américains et européens. Je n'ai cessé de les mettre en garde : « Vous allez non seulement perdre beaucoup de sang mais donner des armes à la propagande des djihadistes. » Il n'y avait rien à faire. Je prêchais dans le désert. Et vous, quelle est votre position : comment pensez-vous qu'on doive combattre le terrorisme ?

TN : Je n'ai jamais soutenu la moindre guerre. Elles ne servent qu'à créer le meilleur environnement possible pour que croissent terrorisme et intégrisme. Les bombardements sur l'Afghanistan ont ouvert la voie à un déchaînement de rage dans tout le monde islamique. Cette stratégie ne contient pas l'incendie, mais aggrave la situation. Si l'on n'arrête pas cette logique de terreur et de contre-terreur, la violence continuera à atteindre de nouveaux sommets. Les personnes innocentes en Afghanistan ont été conduites à la misère, à la faim et à la mort.

L'intervention en Irak n'aidera pas non plus à résoudre le problème. Nous ne devrions accepter aucun prétexte visant à bombarder ce pays. La véritable raison, n'est-ce pas de déterminer qui devrait contrôler la deuxième réserve mondiale de pétrole ? Qui a aidé Saddam Hussein à fabriquer les armes de destruction massive pour combattre l'Iran ? Les États-Unis. Saddam Hussein était bien plus dangereux alors.

CF : Le pire, c'est d'avoir utilisé le drapeau des droits de l'homme et de la démocratie pour générer le chaos...

TN : La démocratie ne peut pas venir de l'extérieur, il faut que cela vienne de l'intérieur. Si les citoyens d'un pays ressentent le besoin de la démocratie, alors ils se battront pour la faire advenir et elle s'imposera. C'est impossible d'injecter la démocratie du dehors. Cela ne marche jamais, cela n'a pas marché en Irak. Et que s'est-il passé pendant ce temps-là ? Il y a eu de nombreux morts. Les gens ont commencé à s'entretuer. Tout le monde savait que Saddam Hussein ne faisait pas partie d'Al-Qaïda, qu'il ne possédait pas d'armes de destruction massive. Mais Bush a fait ce qu'il voulait.

C'était une bonne chose d'avoir tous ces rassemblements contre la guerre en Europe. Même si l'on pense que les Américains n'ont pas une grande conscience politique, je crois qu'ils ont progressivement réalisé que c'était une erreur. Ils ne s'en sont rendu compte que lorsque les cadavres de soldats ont été rapatriés. Vous savez, le peuple américain était pour la guerre du Vietnam au début ; ils ont changé d'avis quand les cadavres des soldats sont revenus sur son sol. C'est la même chose aujourd'hui : quand ils ont commencé à comprendre que des cadavres revenaient d'Irak, les Américains ont réalisé que ce n'avait peut-être pas été une aussi bonne idée de partir en guerre.

CF : C'est l'avantage des grandes démocraties sur les régimes autoritaires. Elles peuvent commettre des dégâts terribles, mais au moins leurs gouvernements vivent sous la pression d'une opinion publique libre, qui peut changer d'avis…

TN : Oui, une grande prise de conscience a eu lieu politiquement. Barack Obama s'exprime publiquement contre la guerre, tout en décidant de renforcer sa surveillance sur le Pakistan.

CF : C'est une bonne chose. Le Pakistan est beaucoup plus le foyer du terrorisme et de l'intégrisme que ne l'était l'Irak avant l'occupation américaine…

TN : Je crois aussi que le Pakistan est en train de devenir un pays de terrorisme islamiste. Mais je ne sais pas ce qu'Obama peut faire de l'extérieur. Si on lance beaucoup de bombes, beaucoup d'innocents périront à cause des dommages collatéraux. Et peut-être que quelques fanatiques mourront également. Mais tant qu'on maintient les écoles coraniques, le fondamentalisme continuera à se développer. Si l'on souhaite réellement la démocratie, il faut commencer par arrêter de construire autant de madrasas dans les pays musulmans.

CF : Chaque fois que des gouvernements occidentaux lâchent une bombe sur des civils, ils aident les intégristes à ouvrir de nouvelles madrasas ou de nouvelles usines de propagande en faveur de l'islamisme. Mais cela ne semble pas être la stratégie d'Obama concernant le Pakistan. Il est plus dans une logique de pression politique. J'espère qu'il ne cédera pas pour autant à la tentation anglo-saxonne de négocier avec les islamistes, comme les Frères musulmans, pour acheter la paix sociale dans certains pays au lieu de soutenir les démocrates laïques... Même s'il est certain qu'après l'époque Bush, la marge de manœuvre est très réduite.

La première erreur était de concentrer son énergie sur l'Irak au lieu de travailler les foyers de l'islamisme comme l'Égypte et le Pakistan. Du coup, l'Amérique n'a plus trop de muscles pour faire peur au régime d'Ahmadinejad en Iran. Là non plus, je ne crois pas à une solution militaire mais le danger, cette fois, est bien réel. Il faut souhaiter que les démocrates iraniens renversent ce régime avant qu'il ne se dote de la bombe. Si l'Amérique n'était pas intervenue en Irak, sous un faux prétexte, elle serait en position de menacer l'Iran. Mais la plus grosse erreur, celle qui va laisser des traces historiques, outre le nombre de morts en Irak, c'est d'avoir à ce point violé les droits de l'homme, notamment en matière de procès. Depuis la Seconde Guerre mondiale, les USA étaient la police du monde. Ils étaient respectés parce qu'ils avaient défait le nazisme. Puis ils ont gagné la guerre froide. Mais avec Guantanamo, avec la guerre en Irak, et toutes ces exceptions au droit international, ils ont perdu leur capacité à représenter une sorte de moralité internationale. Nous allons le payer cher, et très longtemps. Parce que tous les pays autoritaires et liberticides peuvent maintenant donner des leçons de morale aux États-Unis et à l'Occident en général à cause de cela.

TN : Mais ce n'est pas nouveau. Ce n'est rien d'autre que la suite de l'ancestrale politique américaine. Le gouvernement américain a-t-il jamais voulu la démocratie ? Est-ce ce qu'ils l'ont fait en Amérique latine ? Non, ils ont soutenu leurs dictateurs et tué les gens de gauche. Ils n'ont jamais rien entrepris pour la démocratie, dans aucun pays. Tout le monde le sait, donc il ne faut pas attendre beaucoup mieux de leur part. Si maintenant leur politique étrangère a changé, alors c'est différent. Mais leur politique étrangère est toujours allée à l'encontre de l'humanité : les Philippines, la Corée, l'Indonésie, l'Amérique latine sont des exemples forts des atrocités qu'ils ont commises contre l'humanité.

CF : Bien entendu, ce n'est pas la première fois qu'ils instrumentalisent la démocratie et les droits de l'homme pour servir leurs intérêts. Ce qui n'est pas si surprenant de la part d'une première puissance. Mais cette fois, cela aura un impact plus important sur la diplomatie mondiale.

Le nombre de pays a quadruplé depuis la Seconde Guerre mondiale et bien peu, notamment les régimes issus de la décolonisation, sont à la fois démocratiques et sécularisés. Dans un monde où les démocraties sécularisées sont ultraminoritaires, leur seul levier pour pousser les autres à respecter les droits de l'homme est soit d'ordre économique soit d'ordre moral. L'Amérique semble avoir perdu les deux au tournant du siècle. Elle a facilité la montée en puissance du rôle diplomatique de la Chine, avant même qu'elle ne devienne une première puissance économique. Or la Chine n'exercera pas du tout le même impérialisme que les États-Unis. Elle est profondément différentialiste et non universaliste. Elle rappelle qu'elle était à Bandoeng aux côtés du Mouvement des non-alignés et rafle tous les marchés avec les pays qui ne souhaitent pas voir leurs partenaires poser des questions sur les droits de l'homme. La Françafrique, ce n'était pas reluisant, mais la Chinafrique ce ne sera pas joyeux… Cette grande puissance va pouvoir exploiter toutes les matières premières dont elle a besoin sans jamais chercher à pousser ses partenaires à respecter les droits de l'homme, parce qu'elle-même croit à la supériorité de la souveraineté sur la Déclaration universelle et parce qu'elle n'a pas d'opinion publique ni de presse libre capables de faire pression sur ses choix.

Cela ne promet rien de bon. Au Conseil des droits de l'homme, je vous l'ai dit, la Chine a voté la résolution contre la « diffamation des religions » aux côtés des pays musulmans. Il est évident qu'elle ne le fait pas par volonté de protéger les religions mais pour soutenir tous les pays qui ont en commun de vouloir restreindre la liberté d'expression. On espère que cela changera avec le retour des États-Unis au Conseil des droits de l'homme. Ils essaient de proposer à l'Égypte et à l'Algérie des alternatives de langage. Mais eux non plus n'ont pas une vision très claire sur ces sujets. Barack Obama a indirectement condamné la loi sur les signes religieux à l'école publique dans son discours du Caire… Je crains parfois que la réconciliation des États-Unis avec ce qu'ils appellent le « monde musulman » se fasse sur le dos de l'Europe et sa conception de la laïcité.

TN : Pour autant que je sache, aux États-Unis, 86 % des gens croient en Dieu alors qu'en Europe, 86 % des gens ne croient pas en Dieu. Ceux qui ne croient pas en Dieu aux États-Unis doivent faire semblant ; les couples doivent montrer qu'ils sont très heureux, même quand ce n'est pas le cas. Ils doivent s'embrasser en public pour montrer qu'ils s'aiment. Quelle hypocrisie ! Pourquoi ont-ils besoin de dire *God Bless America* ? J'espère qu'ils arrêteront un jour de dire ça, tout comme j'espère qu'ils enlèveront de leurs billets de banque *In God We Trust.* Ceci dit, je ne crois pas qu'Obama soit croyant. Sa mère ne l'était pas en tout cas, j'en suis certaine.

CF : Il l'est, mais il est plus laïque que Bush.

TN : C'est le seul président américain à avoir mentionné l'existence des non-croyants dans son discours inaugural. J'étais tellement heureuse. Un Noir président des États-Unis ! C'était impossible à imaginer il y a seulement quelques années. Bien sûr, les Noirs sont mieux reconnus qu'avant, mais les femmes ne sont pas encore reconnues aux États-Unis. Je pense que les femmes seront reconnues, que les homosexuels le seront et je rêve que les non-croyants ou les athées le soient, même à la tête de l'État. Et qu'ils affirmeront fièrement ne pas être de fervents chrétiens, mais plutôt des non-croyants. Mais je ne serai certainement plus là pour voir ça.

CF : Il y a un autre sujet dont nous devrions parler, parce que la question revient systématiquement sur le tapis à chaque fois qu'on parle d'islamisme : Israël. L'accusation d'être pro-israélien, voire un agent du Mossad, est une vieille stratégie qui permet d'éviter tout débat sur l'islamisme, comme si le fait de critiquer l'intégrisme revenait à prendre partie dans ce conflit contre les Palestiniens ! On ne peut pas y échapper. Pendant longtemps, j'ai simplement répondu : « Écoutez, je travaille sur l'intégrisme, ça n'a aucun rapport avec le conflit israélo-palestinien en tant que tel ». Bien sûr, il y a de l'intégrisme dans ce conflit, de part et d'autre. Chez les ultrareligieux sionistes qui occupent des territoires palestiniens au nom de leur vision biblique, en estimant qu'ils font partie de la Judée-Samarie. Et du côté du Hamas qui exploite le désespoir palestinien, fanatise cette cause et persécute les Palestiniens laïques, notamment en faisant la chasse aux couples qui s'embrassent sur la plage ou en balançant les homosexuels du haut des murs… Mais je tiens à cette précision : en tant que spécialiste de l'intégrisme, ce sont ces aspects du conflit qui m'intéressent. Je peux prendre position en tant qu'humaniste, comme au moment de Gaza, où l'on pouvait difficilement rester insensible à ce qui était en train de se passer. J'ai eu l'occasion d'affronter un avocat pro-israélien, William Goldnadel, sur un plateau de télévision et de lui dire que même si personne ne souhaite avoir le Hamas pour voisin, la façon dont Israël ripostait était pire que le mal lui-même. Mais en tant que spécialiste de l'intégrisme, j'y tiens, je ne travaille pas sur le conflit du Proche-Orient à proprement parler, qui est avant tout un conflit territorial.

On a trop souvent tendance à tout mélanger pour exciter les passions et ne poser finalement aucune bonne question, ni sur l'islamisme ni sur ce conflit. On se retrouve donc entre ces deux extrêmes : ceux qui sont complètement obsédés par le Moyen-Orient – et parfois de façon antisémite – et ceux qui traitent d'antisémite toute personne qui se sent solidaire du sort des Palestiniens. Qu'en pensez-vous ? Comment gérez-vous cela, vous-même ?

TN : Je pense que des solutions devraient émerger. Les Palestiniens devraient avoir un État, Israël devrait arrêter d'opprimer les Palestiniens, et le terrorisme islamique devrait cesser.

CF : Évidemment, c'est plus facile à dire qu'à faire puisque c'est un cycle infernal : les Palestiniens sont opprimés et se fanatisent, Israël est agressé et riposte de façon disproportionnée. Pour le reste, je suis comme la plupart des gens : pour que ces deux États existent et cohabitent, vite. Donc pour la création d'un État palestinien et contre le Hamas, cette émanation des Frères musulmans qui fanatise la cause palestinienne. Quitte à me faire traiter la même semaine d'agent du sionisme parce que je combats les

Frères musulmans et d'antisémite parce que je critique la politique menée par la droite israélienne ! Ce n'est pourtant pas une position si sulfureuse ni détonante ! Mais ce sujet est totalement piégé. Il déclenche l'ire des paranoïaques de part et d'autres. Les uns croient au complot sioniste. Les autres au complot « eurabien ».

TN : Eurabien ?

CF : C'est une expression qui vient d'un livre signé Bat Yeor, pour qui toute relation diplomatique entre l'Union européenne et un pays arabe est le signe d'un complot contre Israël. J'exagère à peine, hélas. Au lendemain d'un article où j'ai critiqué la décision du gouvernement de Netanyahu d'annoncer de nouvelles implantations de colonies alors qu'Obama essayait de relancer la paix, un article a circulé sur des sites juifs radicaux contre moi sous le titre : « Le tournant eurabien de Caroline Fourest ». Je n'en revenais pas. L'auteur de ce délire, Paul Landau, est un avocat Israélien. Son article a été repris par toutes sortes de sites communautaires. Il explique, en gros, que je suis vendu au lobby arabe parce que je participe à des instances de dialogue interculturel. Il a fallu courir après ce délire et expliquer, rationnellement, la vérité. À savoir que j'ai accepté pour trois ans, et à titre purement bénévole, de faire partie de la Fondation Anna Lindh. Ce n'est pas une succursale de l'Organisation de la Conférence islamique, comme semblent le penser Landau et quelques autres ! Mais une fondation de l'Union européenne, imaginée dans le cadre du processus de Barcelone, pour favoriser le dialogue interculturel euro-méditerranéen. J'ai accepté d'y siéger pour veiller à ce que ce dialogue serve à faire reculer les préjugés et l'intégrisme. Ce qui fait partie des priorités du nouveau président de la fondation, André Azoulay, qui se bat aussi bien contre l'antisémitisme dans le monde arabe que pour le processus de paix au Proche-Orient.

Je ne crois pas qu'il faille tolérer l'intégrisme sous couvert de dialogue interculturel ou de « dialogue entre les civilisations ». Au contraire, il faut que ce dialogue serve à faire reculer et la théorie du « choc des civilisations », et l'intégrisme. Ça me paraît évident. Ça ne l'est pas pour certains juifs néoconservateurs pour qui le dialogue euro-méditerranéen ou même l'ONU sont par définition les antichambres d'un complot « eurabien » contre Israël puisque toutes les nations, y compris les pays arabes, s'y parlent. Mais Israël siège aussi à la Fondation Anna Lindh ! Ces néoconservateurs ont été jusqu'à m'accuser de pactiser avec l'OCI alors que j'ai été l'une des essayistes les plus engagées contre l'Organisation de la conférence islamique, que j'ai toujours dénoncé ses agissements à l'ONU. J'y ai même consacré un film (*La Bataille des droits de l'homme*). Leur mauvaise foi les décrédibilise. Tant mieux si elle fait fuir les fanatiques et les sectaires en tous genres. Mais je reste impressionnée par la centralité obsessionnelle qu'occupe ce conflit dans l'esprit de certains, de part et d'autre. Plus ils sont loin de l'épicentre de ce conflit, plus ils semblent compenser par l'irrationnel. Parler de ces sujets est vraiment très compliqué et l'on ne voit pas l'issue.

TN : Comment pouvons-nous résoudre ce problème ? Je n'en ai aucune idée. Les hommes politiques le savent et, de ce que j'en ai vu, ils ont échoué à chaque fois qu'ils ont essayé. Mais je crois qu'il faut agir vite, parce qu'autrement, beaucoup de vies seront perdues. Les terroristes islamistes peuvent commettre encore plus d'atrocités dans le monde en prenant comme prétexte le conflit israélo-palestinien. Je ne comprends pas pourquoi les dirigeants mondiaux n'essayent pas de régler cette question. Comme si l'on s'habituait à ce qu'Israël occupe de plus en plus de territoires, que des kamikazes tuent de plus en plus de juifs, que des tanks israéliens démolissent plus de Palestiniens. Nous ne sommes même plus choqués d'entendre ou de regarder les informations révoltantes qui nous viennent de cette région. La mort humaine n'est même plus une surprise. La haine devient la norme, la vie quotidienne.

CF : Nous n'avons pas les réponses, bien sûr, mais il est certain que la résolution de ce conflit – ou au moins le fait de la rechercher sincèrement, comme le fait Obama – ferait baisser la tension et affaiblirait la propagande des islamistes...

TN : Hélas, les islamistes se développent pour toutes sortes de raisons ! Parce que les États-Unis ont déclaré la guerre, parce que l'Occident est contre l'islam. Ils trouveront toujours des prétextes pour grandir. S'il n'y en avait plus, si le conflit israélo-palestinien cessait, s'il y avait la paix, si l'Amérique changeait de politique étrangère, ne s'immisçait pas dans les affaires du monde, ne bombardait aucun endroit, si Guantanamo était fermé et si tout rentrait dans l'ordre, est-ce que les islamistes n'existeraient plus ? Bien sûr que si ! Tant que le Coran existera, les islamistes existeront, parce que la source du fondamentalisme, c'est la religion. Tant que la religion existera, le fondamentaliste croîtra. Évidemment, c'est comme l'arbre du poison : si on a les racines, on a les branches. On peut trouver des prétextes à beaucoup de mal... non, je n'emploierais pas le mot « mal », c'est un terme très religieux... des prétextes à beaucoup de choses mauvaises, inhumaines.

CF : Comme humanistes, nous devons garder cette capacité à dénoncer tous ceux qui violent les droits de l'homme, d'où qu'ils viennent – États-Unis, Israël, régimes ou intégristes musulmans – et dans le même temps, nous sommes complètement conscients, comme vous le dites, que si le conflit au Moyen-Orient se règle, les islamistes trouveront un autre sujet. Ils existaient longtemps avant et ils existeront longtemps après.

TN : Mais peut-être pas ! Vous le disiez vous-même, les intégristes chrétiens ont fait régner à peu près la même terreur sur toute l'Europe. On appelle cette époque « l'âge des ténèbres ». De nos jours, le pouvoir des fanatiques chrétiens a énormément diminué. Les Églises ne peuvent plus diriger. Si l'on peut réduire le pouvoir des marchands de religion, on peut civiliser la société. Je pense que l'intégrisme musulman continuera à exister, mais pas de façon aussi puissante, pas aussi fortement, si l'on parvient à rendre laïques les pays musulmans. C'est une bonne chose pour ces pays que des laïques comme nous critiquent l'islam. Ceux qui défendent l'islam font en réalité du mal aux sociétés islamiques, ce ne sont pas de vrais amis des musulmans, ils ne leur veulent pas du bien. Si l'on veut que l'islam dirige les pays islamiques, ces pays ne seront jamais civilisés. Il faut séparer la religion et l'État, c'est la première étape pour avoir un État civilisé. C'est à cause des apologues de l'islam que ces pays restent à la traîne de l'histoire moderne. Tant que l'islam restera la force motrice d'un pays, ce pays ne connaîtra jamais le progrès, il ne sera jamais laïque.

Nous faisons donc ce qu'il y a de mieux pour les pays musulmans, pour les musulmans. Nous voulons qu'ils deviennent des pays modernes, laïques, civilisés : les musulmans auraient plus d'opportunités d'être éclairés, ils auraient une perspective scientifique sur le monde, des esprits logiques, une pensée libre. Cela éloignerait l'obscurantisme, le dogmatisme. La liberté individuelle serait respectée, la vie humaine aurait de la valeur.

CF : La séparation de l'Église et de l'État est une urgence, mais suffit-elle ?

TN : Je pense que si, à l'avenir, les États islamiques deviennent laïques, les risques seront moins élevés. Mais tous les problèmes de l'humanité ne seront pas résolus. Nous devons combattre les traditions misogynes, fermement ancrées dans toute société. La première étape vers une société civilisée est la liberté d'expression. Nous devons affirmer encore et encore qu'aucune culture ou tradition ne doit justifier la torture des femmes. Les pays musulmans doivent bien sûr se séculariser, mais même cela n'est pas suffisant pour apporter l'égalité aux femmes. Certains laïques n'acceptent pas l'idée de l'égalité des femmes – ils ne sont pas contre les traditions misogynes patriarcales autant qu'ils sont contre la religion. Nous avons besoin des femmes laïques pour ce combat.

CF : Les femmes sont déjà à la pointe du combat pour la sécularisation. Plus cette sécularisation avance, plus le patriarcat recule, plus elles sont autonomes, plus elles seront nombreuses à défendre la laïcité…

TN : On parle beaucoup d'éducation et de liberté économique, mais il faudra davantage. Dans de nombreux pays, des femmes économiquement indépendantes sont traitées comme des esclaves et des objets sexuels. On les force à gagner de l'argent pour le confort des membres de la famille, mais elles ne peuvent profiter de leur liberté de vivre comme des êtres humains égaux, prisonnières du patriarcat, enchaînées par des traditions ancestrales.

Les femmes – à la demande des membres masculins de la famille – doivent préserver leur virginité avant le mariage. Elles doivent ensuite se marier, être soumises et rendre heureux leurs maris, même si elles sont traitées de façon cruelle et égoïste, même si elles sont battues. Le mariage est pour la vie, elles doivent faire la cuisine et nourrir les membres de la famille, elles doivent être timides, pudiques, réservées et modestes ; elles ne doivent pas traîner avec des hommes qui ne sont pas de leur famille. Elles doivent donner naissance à des bébés masculins, uniquement masculins. Elles ne doivent pas s'intéresser au sexe. Le sexe est un domaine masculin. Elles doivent vouer leur vie au bien-être de leur famille. Elles ne doivent pas vivre seules, mais être dépendantes de leur père, mari, frère ou fils. Elles ne doivent pas rire fort, mais elles devraient pleurer. Elles devraient être féminines, pas féministes. Elles ne devraient rien demander, mais se sacrifier. Les femmes sont non seulement la propriété des hommes, mais elles sont aussi la propriété de la société. La société s'intéresse beaucoup à leur vie privée. La société décide d'avec qui les femmes devraient dormir, de comment elles devraient parler, de ce qu'elles devraient porter. On attend de la société qu'elle garde un œil sur elles.

Quand je vivais en Inde, de 2004 à 2007, j'ai vu de près comment les traditions hindouistes tourmentaient les femmes. Et même si l'Inde est une démocratie – la loi n'est basée sur aucun livre saint hindou, mais sur l'égalité – la tradition y existe encore, et elle est misogyne. Les femmes sont obligées de se plier à ces traditions. Bien plus, on leur a inculqué pendant des siècles qu'elles étaient les esclaves des hommes, afin qu'elles suivent ces traditions.

Je crois profondément que l'éducation et l'indépendance économique ne sont pas des éléments suffisants pour l'émancipation des femmes. L Église et l'État doivent être séparés partout. Les États doivent être séculiers et, par le biais de l'éducation, la misogynie doit être combattue. Car aucune femme n'est libre tant que toutes les femmes ne sont pas libres.

CF : Mais c'est peut-être là la lueur d'espoir que nous cherchons depuis le début. La plupart des indicateurs anthropologiques montrent que cette révolution de fond, à savoir l'émancipation des femmes, ne recule pas. Au contraire, le nombre d'enfants par femmes continue de diminuer dans les pays du Sud. C'est finalement au Nord qu'il existe un retour de bâton à cause de la montée du communautarisme, mais dans les pays du Sud, l'intégrisme se rebelle et s'excite parce qu'il perd du terrain face à l'émancipation féminine…

TN : Je sais que le fondamentalisme hindou a diminué. Avant, les femmes hindoues ne recevaient aucun héritage de leurs pères. Maintenant, la loi établit que les fils et filles doivent recevoir la même part. Avant, les femmes hindoues étaient brûlées vives sur le bûcher funéraire de leurs maris. À présent, cette tradition est interdite. Avant, il y avait beaucoup de tortures et d'oppression religieuse contre les chrétiennes, les juives, et les femmes d'autres religions. Quand la sécularisation est arrivée avec la civilisation, le pouvoir des fondamentalistes religieux a lentement été éteint. Les changements ne sont pas venus du ciel. Des hommes et des femmes de bonne volonté ont travaillé dur pour changer le système oppressif de la société. Comme les États islamiques ne sont pas encore séculiers, les intégristes ont beaucoup de pouvoir. Mais je crois, en effet, que leur pouvoir diminuera après la séparation de l'Église et de l'État dans ces pays. L'intégrisme musulman ne gardera pas éternellement une telle influence.

CF : Je suis assez optimiste aussi. Mais il ne faut pas non plus tomber dans le piège de croire qu'il s'agit d'un processus historique inéluctable. Grâce à la laïcité, l'intégrisme chrétien n'est absolument plus le même qu'au Moyen Âge, mais il existe un retour de bâton depuis les années 1980. Ce combat n'est jamais gagné. Même dans les pays européens.

TN : Bien entendu, si nous laissons cet intégrisme œuvrer sans opposition, la sécularisation de ces pays restera une utopie. Nous, les écrivains et les artistes, ne pourrons pas provoquer de grands changements. Des forces laïques doivent s'activer partout – pas seulement pour les États islamiques. C'est valable pour toutes les sociétés. Si on pense qu'en séparant l'Église et l'État, on a terminé le travail, on se trompe. La religion demeure un outil magique pour tromper le peuple. Il y aura toujours des personnes rusées qui voudront se servir de la religion pour obtenir une forme de pouvoir. Tant que la religion existera, les serpents venimeux seront là, prêts à mordre. Tant qu'il y aura des idiots sur terre, nous ne pourrons écarter complètement la religion. Parfois, je me dis qu'il nous faudrait des centaines de Kamal Atatürk. Que pensez-vous de lui ?

CF : Du bien en tant que modernisateur, mais je ne le suivrai pas dans sa voie non démocratique.

TN : Parfois, c'est mieux d'avoir un dictateur laïque qu'un dirigeant démocrate qui est un fondamentaliste. Kamal Atatürk a réalisé de grandes choses dans les années 1920 ; il a combattu le fondamentalisme de la bonne manière, de façon à ce qu'il soit possible d'instaurer le sécularisme dans son pays. La démocratie ne fonctionne pas toujours, particulièrement dans les pays où les gens ne sont pas politiquement conscients, où les fondamentalistes sont très puissants, où les gens sont très croyants. Si on instaure la démocratie, alors les fondamentalistes prendront le pouvoir et ils créeront une théocratie, ils rejetteront la démocratie. Ils utiliseront la démocratie pour établir la théocratie, et c'en sera fini.

CF : Vous avez raison. Cela devrait suffire à justifier l'interdiction de partis intégristes, comme nous interdisons en France les milices. On ne devrait pas laisser des partis dont l'objectif est la mort de la démocratie pouvoir concourir à des élections. Mais jusqu'où restreindre la démocratie pour sauver la démocratie ?

TN : Je pense que, dans certains pays, la démocratie ne fonctionne pas. La démocratie ne marche que dans ceux où la majorité est politiquement consciente, civilisée. Je crois que la dictature laïque est une étape nécessaire et même souhaitable, si elle donne ce qu'elle a donné avec Kamal Atatürk.

CF : Seulement s'il s'agit d'une étape, et encore… Si nous devons choisir une première étape entre la démocratie et le sécularisme, nous savons que dans beaucoup de pays, la démocratie signifiera la victoire de la théocratie. Démocratiser sans avoir préalablement sécularisé, c'est offrir les clés d'une élection aux intégristes. On l'a vu en Algérie, on le connaîtra peut-être en Égypte. Il faut donc d'abord séculariser, puis démocratiser.

TN : Et que faites-vous des dictatures laïques comme celle de Kamal Atatürk ? Est-ce cela que vous souhaitez ? Dans de nombreux pays ? Pourquoi pas ?

CF : Cela dépend du pays. La Turquie a une histoire particulière, qui ne peut se transposer partout.

TN : Très bien ? Et l'Iran ? Voulez-vous une dictature laïque ou non ?

CF : Sous le shah, la sécularisation forcée par un régime autoritaire – qui a dévoilé de force les femmes dans la rue – a produit l'effet inverse. Elle a enragé les opposants au régime et permis l'alliance entre marxistes et islamismes au service de Khomeiny.

TN : Et le Pakistan ? Diriez-vous que c'est une dictature laïque ?

CF : Non. C'est un régime autoritaire, mais ce n'est pas un pays laïque. Certaines de ses lois, comme celle sur le blasphème, s'inspirent de la charia.

TN : Mettons-nous donc d'accord sur le fait que nous désirons la dictature laïque !

CF : Comme première étape ?

TN : Oui, comme première étape. Ensuite, la démocratie doit advenir.

CF : Je hais le mot dictature… même si on ajoute le mot laïque. Ce que nous souhaitons, c'est un effort de modernisation et de sécularisation, même s'il doit venir d'en haut et faire passer l'effort de démocratisation au second plan. À condition de ne pas attendre trop longtemps.

TN : Nous avons été quelque peu politiquement incorrectes, parce que nous avons dit quelque chose contre la démocratie. Mais la démocratie doit-elle constituer le point d'arrivée ? N'y aura-t-il pas quelque chose comme la post-démocratie, de la même façon que les gens parlent aujourd'hui de post-modernisme et de post-féminisme ?

CF : Nous sommes hors du champ du politiquement correct, c'est totalement vrai ! Mais on a tendance à réduire la démocratie à sa plus simple expression : des élections libres et non truquées. Or ce n'est qu'un aspect de la démocratie. Une démocratie, c'est aussi une justice indépendante et un peuple un minimum éduqué, en état de comprendre ses droits et ses devoirs en tant que citoyens. Les régimes qui ont utilisé la sécularisation en tant que première étape, comme la Turquie, s'en sortent mieux que les pays ayant joué sur la fibre du panislamisme comme l'Égypte. Mais même en Turquie, si on attend trop longtemps pour instaurer la démocratie, on nourrit l'islamisme. L'islamisme est moins dangereux, mais le cercle infernal reste enclenché.

TN : À partir de quand est-ce trop long pour vous ? Quel serait le délai idéal ?

CF : Malheureusement, ce n'est pas aussi simple qu'une recette de gâteau ; il n'y a pas de mode d'emploi pour chaque pays. Ça dépend. Ce qui se passe aujourd'hui en Turquie est assez intéressant. Mais je ne suis pas angélique. C'est intéressant grâce à ce que Kamal Atatürk a fait. Si l'AKP – le parti des islamistes au pouvoir – va trop loin, il sait qu'il peut être arrêté à chaque instant par les juges, qui sont très kémalistes. Le fait que la Constitution soit laïque et que l'armée veille les contient. Du coup, ils ont un impact plutôt démocratique, mais je ne suis pas sûre du tout qu'il en serait ainsi si la justice se rapprochait du pouvoir. C'est ce mélange, un gouvernement islamiste face à une justice et à une armée très laïques, qui fait que la Turquie ne va pas si mal, comparée à l'Égypte, au Pakistan, à l'Iran ou à l'Arabie Saoudite.

TN : C'est une bonne chose qu'ils aient une armée laïque. Au Bangladesh, l'armée est ouvertement pro-islam. Au Pakistan aussi.

CF : La question de la justice et de l'armée est essentielle, mais ne soyons pas angéliques. L'armée turque est laïque, mais la laïcité sert aussi à légitimer les projets de coups d'État venant de militaires terriblement autoritaires. En Tunisie, c'est la police qui pose problème. On peut aussi dire que Bourguiba a fait un bon travail… Mais Ben Ali est en train de tuer cet héritage en refusant la démocratie, en censurant la presse, en surveillant les e-mails et en emprisonnant les journalistes embarrassants. C'est un gâchis terrible, qui détruit l'université tunisienne et sa tradition laïque, qui salit et compromet toute la sécularisation.

TN : Et l'Égypte ?

CF : L'Égypte, non. Nasser était autant nationaliste que socialiste, voire fasciné par le nazisme. Son autoritarisme a fini par compromettre la sécularisation.

TN : Et le parti Baas en Irak ? Saddam Hussein était laïque. Les femmes irakiennes ont obtenu plus de droits que dans tout autre pays du monde arabe.

CF : Oui, mais c'était un fasciste ! Il y a un certain point où la sécularisation ne vaut pas d'accepter la tyrannie. D'autant que face à un régime fasciste, même s'il est laïque, les gens voudront le changer, et l'une des options sera la religion.

TN : Dans ce cas, on ne devrait pas accuser leurs idées laïques. Saddam Hussein était un fasciste, mais il n'a pas commis toutes ces tueries et cette corruption parce qu'il était laïque. Staline était athée, mais son caractère fasciste n'a aucun rapport avec son athéisme. Hitler était un homme religieux, mais c'était un fasciste. Ses croyances ont peut-être un lien avec son fascisme. Mais bien sûr, le fascisme de Staline et de Saddam Hussein ne venait pas de leur athéisme. L'histoire nous apprend que la religion a été la cause de la plupart des bains de sang sur terre, mais pas l'athéisme. Quand nous parlons de « dictature laïque », je pense que le dictateur ne doit pas être un fasciste. Disons plutôt, alors, que nous souhaitons une « dictature laïque humaniste » !

CF : Aucune dictature n'est jamais souhaitable. Ce que vous souhaitez, c'est un régime imposant une certaine sécularisation par l'éducation…

TN : Oui.

CF : Dans ce cas, oui. Mais attention, nous connaissons tous la chanson. Une fois au pouvoir, chaque leader pense qu'il n'a pas fini sa mission et qu'il n'est pas encore temps de passer le relai. Et quand il devient vieux, il redécouvre la religion… Regardez Bouteflika. Depuis qu'il approche de la mort, il n'a jamais fait autant de concessions aux islamistes. Les Algériens ont résisté, les armes à la main, et lui leur vend un bout de l'âme de l'Algérie en pensant sauver la sienne… Même Saddam Hussein a fini par jouer la carte du panislamisme. Il a ressorti son Coran pour orner son uniforme militaire. Une fois au pouvoir, qu'ils soient laïques ou religieux, les tyrans ne pensent qu'à rester en place et la religion est le meilleur moyen de consolider leur fonction.

TN : C'est tellement merveilleux d'être au pouvoir, vous ne pensez pas ? Personne ne veut le quitter. Le pouvoir crée la cupidité.

CF : Non, j'avoue que je ne comprends pas pourquoi ces gens se sentent si bien à ce niveau de responsabilités, de souffrance et de travail. Ca doit être éreintant et terriblement astreignant. Je ne comprends pas, mais visiblement ils y prennent beaucoup de plaisir.

TN : Je pense que cela fait partie de la nature humaine. Tout le monde veut le pouvoir.

CF : Je ne pense pas. Je crois qu'il y a deux sortes de gens : ceux qui veulent le pouvoir et ceux qui veulent la liberté. La plupart veulent les deux. Mais la grande différence se joue entre les gens qui veulent la liberté avant le pouvoir et ceux qui veulent le pouvoir avant la liberté. Pour moi, le pouvoir à ce niveau-là, ce n'est pas la liberté. C'est un esclavage. Un homme politique se doit d'être l'esclave de tout le monde autour de soi.

TN : Il devrait l'être. Mais en réalité, ceux qui sont au pouvoir deviennent facilement corrompus et ils se servent du pouvoir pour leurs propres intérêts. Le pouvoir est comme une drogue, comme le sang. On en a besoin. Tout le monde veut un certain degré de pouvoir. Le pouvoir se trouve à la maison : une femme veut le pouvoir, un mari veut le pouvoir. Les hommes veulent le pouvoir sur les femmes, ça a été l'image de la société humaine. Mais nous, les féministes, qui voulons obtenir l'égalité, nous ne voulons pas le pouvoir sur les hommes. Nous voulons juste l'égalité.

CF : Récemment, on m'a proposé de m'impliquer dans la vie politique, à un niveau tout à fait intéressant.

TN : Allez-vous le faire ?

CF : Je ne suis pas intéressée du tout. Je préfère ma liberté. En tant qu'intellectuelle, je suis libre de penser ce que je veux et de changer d'avis si je veux. Et en plus, j'ai le pouvoir d'obliger les politiques à changer d'avis si mes papiers ou mes livres frappent juste. Sans avoir à passer de compromis avec qui que ce soit. J'ai carte blanche dans le quotidien le plus lu de France et à la radio. Qui voudrait échanger ça pour un statut et un peu de pouvoir politique ?

TN : Le pouvoir n'est pas forcément le pouvoir politique. On peut également avoir du pouvoir au niveau intellectuel.

CF : Mais le pouvoir intellectuel est liberté avant d'être pouvoir. C'est une lourde responsabilité, parfois elle me pèse, mais je peux prendre l'air, du recul et revenir quand je me sens prête à affronter tout ce qu'il faut affronter pour rester libre de penser et de parler. J'ai conscience que c'est un immense privilège, à mon âge, de jouir de cette liberté tout en ayant le pouvoir d'influencer le cours des choses. J'ai énormément de respect pour ceux qui font le choix de la politique, parce que je pense qu'il faut beaucoup de patience, d'écoute et d'abnégation avant d'avoir le moindre pouvoir de changer quoi que ce soit. Il n'y a que les cyniques pour être heureux au pouvoir. Parce qu'ils ne visent pas la transformation, mais un statut qu'ils obtiennent dès qu'ils sont élus.

TN : Cela dépend de la mentalité des gens au pouvoir. Ils peuvent se servir du pouvoir pour leur propre intérêt ou s'en servir pour créer une société meilleure et plus égalitaire. Cela dépend de leur idéologie et de leur engagement.

CF : Le pouvoir d'être utile est un esclavage que je peux accepter s'il ne me prive pas de ma liberté. Dans votre cas, vous avez dû faire d'immenses sacrifices pour préserver cette liberté : votre maison, un pays où vous parlez votre langue, votre sécurité…

Je ne suis pas du tout au même niveau que vous, mais je sens parfois que l'adversité se lèvera si j'écris sur tel ou tel sujet et il faut vaincre cette appréhension, cette immense fatigue, pour ne jamais lui céder. C'est là que le sens de l'engagement aide, à mon avis, à être un meilleur journaliste. À une condition : le respect absolu et prioritaire des faits. Parfois, les gens sont un peu perdus : « Êtes-vous une militante ou une journaliste ? ». Je n'aime pas beaucoup le mot « militant » lorsqu'il fait penser qu'on abdique une part de soi pour prendre la carte d'un collectif. Je préfère « engagée ». Je fais un journalisme d'analyse engagé, de l'observation engagée…

TN : Oui, on me pose la même question : « Êtes-vous auteur ou militante ? » Je réponds que je suis les deux à la fois. « Les deux ? Mais comment pouvez-vous être les deux à la fois ? » Comme si ce n'était pas possible ! Mais c'est possible. Comme auteur, je peux être une personne ayant une conscience politique. Le but est important, mais je peux essayer de m'approcher de la cible. Je ne peux imaginer la vie d'un écrivain qui n'aurait pas de cible. Certains écrivent pour faire rire, c'est leur objectif. Le mien est différent : je veux soulever les consciences par mes écrits.

CF : J'écris aussi pour changer le monde. Le journal pour lequel je travaillais à mes débuts m'a demandé d'aller assister à un week-end de *snowboard* dans une station de ski très chic où j'étais bien traitée, où j'ai reçu beaucoup de cadeaux. C'était sympathique, mais tellement ennuyeux ! Je ne peux pas être journaliste pour faire ça, c'est impossible. Je préfère tuer des arbres pour imprimer des choses qui soulèvent des montagnes.

Je me sens à mi-chemin entre le journalisme et l'engagement politique mais je n'aime pas les journalistes doctrinaires, ceux qui critiquent des hommes politiques parce qu'il faut servir les intérêts du camp adverse. Je suis engagée mais pas encartée. J'annonce la couleur : mes convictions sont républicaines, humanistes, féministes et laïques. Des valeurs relativement simples, mais que je défends sans concession, justement parce qu'elles sont équilibrées. Je redouble d'énergie parce que je crois que ces valeurs servent l'intérêt général, qu'il faut les préserver et qu'elles sont utiles, mais je ferai toujours passer le respect des faits avant mes idéaux.

TN : Je vous comprends parce que j'avais les mêmes activités en Inde et au Bangladesh. J'ai toujours voulu faire quelque chose qui soit utile aux autres... Je peux aider l'humanité. Je n'étais pas particulièrement ravie de recevoir des prix. J'ai reçu des prix et beaucoup d'admiration. Quand une femme modeste, d'une petite ville, dit qu'elle a lu mes livres, qu'elle en a été transformée, qu'elle a commencé à travailler, à devenir un être humain indépendant, qui vit dignement, c'est ma plus belle récompense. Si j'arrive à aider les gens, si je rends les gens heureux, ça me comble.

Épilogue autour de l'universel

Caroline Fourest : Qu'est-ce vous manque le plus en Occident ? À part parler votre langue ?

Taslima Nasreen : En tant qu'écrivain, en tant que militante, le sous-continent indien est l'endroit où je me sens le mieux. Être avec les femmes qui ont le plus besoin de moi me manque. Ce que je dis ou écris sur la liberté et les droits des femmes est bien plus important pour ces pays. Je peux être plus active là-bas, faire plus de choses qu'en Occident, parce qu'ici, le combat pour l'égalité des droits a déjà eu lieu. Les femmes ont déjà obtenu la liberté et les droits de base.

CF : Vous vous sentez moins utile ici ?

TN : Oui, bien sûr. Je ne parle pas seulement des femmes orientales, je parle aussi des femmes occidentales. Mais c'est là-bas que je suis née et que j'ai été élevée. Je connais la langue, la culture, et je peux avoir plus d'influence sur les gens. Ici, je dois m'exprimer dans ma seconde langue. Quel que soit mon degré d'engagement dans la société, je suis toujours considérée comme une étrangère. Je sais que je suis soutenue, mes livres sont publiés, je peux parler, mais ce n'est pas la même chose. Là-bas, je peux encourager les opprimés, leur permettre de s'exprimer ou leur en donner la force. C'est très différent.

CF : On peut voir à quel point vous êtes une combattante. Contrairement à des personnes qui doivent faire face aux mêmes menaces, mais qui sont assez satisfaites d'avoir du soutien en Occident, d'habiter à New York, d'avoir une nouvelle vie, cela vous rend malade de ne pas pouvoir retourner vivre en Inde et de vous sentir inutile.

TN : Ordinairement, des centaines de femmes venaient me voir et me racontaient leurs histoires. Les éditoriaux que j'écrivais avaient une vraie influence. Les femmes pleuraient, venaient à moi, touchaient mes mains, touchaient mes pieds, me disaient : « Vous me donnez de la force, la force de survivre. Un mari abusif me frappait en permanence. Après avoir lu votre livre, j'ai trouvé le courage de divorcer. » Ou alors : « J'étais une femme au foyer, dépendante ; maintenant, j'ai trouvé un travail et je suis autonome. » J'entendais ce genre d'histoires tous les jours, et cela m'encourageait : c'est pour elles que j'écrivais, que je soutenais financièrement les organisations des droits des femmes, des droits de l'homme, en allant là-bas parler avec elles. J'étais vraiment très active. Et d'un coup, me voilà en Occident, en sécurité, et j'ai perdu tout cela. Bien sûr, si je pouvais continuer, la vie aurait plus de sens pour moi. J'étais tellement heureuse d'être en mesure d'aider tant de personnes ! Ce n'est plus possible. Maintenant, je ne peux plus faire que deux choses : survivre et écrire.

Je ne devrais pas dire que la vie n'a pas de sens. Je peux donner du sens à ma vie en n'importe quel endroit du globe. Aucun endroit n'est un mauvais endroit. Mais le fait que tout le monde n'ait pas le droit d'habiter où il le désire m'attriste. J'ai appris à connaître l'Occident, j'y ai déjà vécu, et je comprends quelle vie je mènerais ici. Ça ne suscite pas beaucoup d'espoir en moi, ce genre de vie ne m'intéresse pas.

CF : Vous l'expliquez très bien. La grande différence, c'est qu'en Asie, vous agissez, vous avez une influence ; en Occident, le symbole que vous êtes peut faire de vous un objet d'une certaine façon. Vous êtes moins en mesure d'être un sujet. Comment vivez-vous le fait d'être la célèbre Taslima Nasreen menacée, un symbole presque « exotique »...

TN : Je n'aime pas être un symbole. J'aime travailler. Quel que soit le risque, je veux rentrer en Inde ou au Bangladesh. Mais mes amis, ou ceux qui me veulent du bien, me disent : « Tu dois survivre, on ne veut pas que tu sois assassinée. Tu sais qu'il existe un risque... » Mais je vivais là-bas et j'écrivais là-bas avec ce risque quand la fatwa a été lancée. Au Bangladesh, il y a eu quatre fatwas contre moi, et j'y habitais quand même. Je n'ai dû partir que quand les gouvernements m'y ont obligée. Je n'avais jamais pensé quitter ces pays. Certains croient peut-être que je suis partie parce que des fatwas ont été prononcées, que j'ai été attaquée au Bangladesh, et ensuite en Inde, que j'ai eu tous ces problèmes. Mais pas du tout ! Le gouvernement m'a arrachée à ma maison pour me conduire à l'aéroport et m'obliger à partir. En Inde, ça a été la même chose. Les policiers sont venus et m'ont tirée de chez moi ; j'ai ensuite été assignée à résidence et conduite à l'aéroport. À chaque fois, on m'a forcée à partir, ce n'était pas de mon fait. Moi je voulais y vivre, malgré le danger.

CF : Vous allez tenter de retourner en Inde ?

TN : Je me rends toujours en Inde pour voir si je suis autorisée à y vivre à nouveau. Je vais à Delhi avant que mon permis de séjour n'expire. Mais la plus vaste démocratie du monde a stipulé que je ne pouvais obtenir une prolongation de celui-ci que si je garantissais que premièrement, je quitterais l'Inde (je dois montrer mon billet d'avion pour prouver que je repars), que deuxièmement, je n'irais pas à Calcutta, que troisièmement, je ne parlerais pas à la presse, etc.

CF : Vous êtes traitée comme une criminelle.

TN : Les intégristes musulmans m'ont attaquée, ont lancé des fatwas contre moi, ont mis ma tête à prix et ont organisé de violentes manifestations, mais pas un seul d'entre eux n'a été puni. C'est moi qui suis punie pour les crimes que ces fondamentalistes musulmans ont commis à mon encontre. Ils se déplacent librement, heureux, alors qu'ils ont prononcé des fatwas contre moi, m'ont agressée, ont brûlé des véhicules dans la rue en signe de protestation et blessé des innocents. Aucun n'a été arrêté. Moi, j'ai perdu ma maison et mon rêve, sans avoir rien à me reprocher. Je dois subir l'exil. C'est moi qui suis sans abri partout. Parfois, j'ai l'impression de n'être nulle part chez moi. Je suis trop occidentale pour les Orientaux, et trop orientale pour les Occidentaux. Partout, je suis traitée comme une étrangère. En fin de compte, aucun pays n'est réellement le mien. Mon pays, mon chez-moi, ce sont les gens qui croient aux droits de l'homme, de la femme et à l'humanisme laïque.

CF : Je repense aux prêcheurs intégristes qui vous attaquent en décrivant votre discours comme « totalement occidentalisé » simplement parce que vous êtes une femme libre, féministe et laïque. Alors que quand on vous connaît, on sait que vous étouffez dès que vous restez trop longtemps en « Occident ». Le plus cynique est d'entendre ce reproche de la part de musulmans occidentaux, qui sont nés et ont grandi en Europe, mais se considèrent comme plus orientaux que vous parce qu'ils sont fondamentalistes et non rationalistes... C'est fou, quand on y pense, cette façon de redéfinir l'Orient et l'Occident non plus sur des critères culturels, mais sur des critères idéologiques. C'est une façon indirecte d'expliquer que l'égalité et le rationalisme sont des valeurs exclusivement occidentales, c'est la négation même de l'universalité des idées et des droits de l'homme.

TN : Les anti-occidentaux essaient de faire croire que tout ce qui vient d'Occident n'est valable que pour les Occidentaux. Puisque l'électricité a été inventée en Occident, les autres habitants de la planète devraient-ils vivre avec des lampes à kérosène ?

Arrêter d'utiliser les chemins de fer, les télévisions et les ordinateurs ? Naturellement non. Ces gens-là veulent prendre cela, mais pas les idées, pas les valeurs. Ils prétendent que la démocratie, la laïcité ou les droits de l'homme sont d'origine occidentale et ne conviennent pas aux pays musulmans. Mais les droits de l'homme sont universels. Les droits de l'homme chrétien ou musulman, ça n'existe pas. La religion et les droits de l'homme sont en rivalité. Il faut choisir. Je choisis le sécularisme, pas le fondamentalisme. Je choisis le rationalisme, pas la foi aveugle et irrationnelle. Je choisis le rationalisme, pas la barbarie. Je choisis la modernité, pas l'antimodernisme. Si certains peuvent dire qu'ils veulent choisir la barbarie, l'irrationalité, c'est leur droit le plus strict. C'est leur droit démocratique. Mais cette barbarie n'a rien d'orientale ou d'occidentale. Elle constitue simplement un grand danger pour la démocratie.

CF : Si ces prédicateurs assumaient qu'il s'agit d'un combat entre théocrates et démocrates, ils devraient tomber le masque. Il est beaucoup plus habile de faire croire que leur combat contre l'humanisme laïque est un combat contre la colonisation culturelle occidentale…

TN : Quand j'ai commencé à m'éveiller, à devenir consciente, ce n'était pas à cause de l'Occident ; je n'avais pas d'influence occidentale à cinq ans lorsque ma mère me disait de croire et que je répondais « pourquoi devrais-je y croire ? »… J'ai commencé à me révolter contre la burqa, contre la lecture du Coran en arabe, parce que j'avais lu des livres scientifiques, je savais que c'était faux. Je disais que la religion ne pouvait pas être vraie, que le Coran opprimait les femmes, sans rien savoir de la culture ou des idées occidentales. Quand je disais que les femmes devaient avoir des droits et libertés, cela venait de moi. Les femmes étant des êtres humains, pourquoi ne seraient-elles pas considérées comme des êtres humains ? Il nous faut l'égalité. J'ai publié mes premiers éditoriaux sans avoir lu le moindre livre féministe – de notre pays ou d'Occident. On m'accuse d'avoir importé le féminisme occidental. Mais quand j'ai commencé à écrire sur les droits des femmes, je n'avais pas connaissance du féminisme, je ne connaissais pas le féminisme occidental ! Un jour, j'ai dit à Gloria Steinem : « Gloria, j'ai lu votre livre récemment, j'ai trouvé dans ce que vous écriviez dans les années 1960-1970 exactement les mêmes mots, les mêmes phrases, les mêmes idées que celles que j'avais au Bangladesh. J'écrivais et je luttais comme vous luttiez en Occident. Et je n'avais lu aucun livre de féministe occidentale, je ne connaissais pas même votre nom. » Pourquoi le féminisme devrait-il être occidental ou oriental ? Sont-ils censés être différents ? Les droits devraient être universels, ils devraient être les mêmes pour tous. Si quelque chose est bon pour les femmes occidentales, pourquoi cela ne serait-il pas le cas pour toutes les femmes ? C'est applicable à la démocratie, et à tous types de droits et de libertés. Si vous avez une conscience, si vous faites preuve de logique et de raison, que vous soyez dans la jungle africaine ou en Europe, à Paris ou au Bangladesh, vous aurez la même réaction.

CF : Parfois des journalistes me demandent quelles lectures m'ont inspirée, quels auteurs, quels livres... Je cite Diderot, je cite Voltaire, mais j'ai lu ces auteurs bien longtemps après avoir été révoltée par l'injustice.

TN : C'est exactement pareil pour moi. Aujourd'hui, je lis des livres occidentaux. Quand j'entends Richard Dawkins, je réalise que ce qu'il dit sur l'ouverture des consciences, je l'écrivais dans les années 1980 sans le connaître. Si vous êtes rationnel, vous penserez les mêmes choses – que cela vienne tôt ou tard.

CF : On cherche dans les livres des échos de ce qu'on ressent en nous.

TN : Lorsqu'on me demande : « Quels livres vous ont inspirée ? », je ne peux en citer aucun, il n'y a que ma conscience, ma raison.

CF : C'est l'universalité de la raison humaine.

TN : Et c'est formidable ! Cette prise de conscience peut émerger simultanément, partout. Quand je parle à des laïques ou à des féministes en Occident, je me sens chez moi. Nous partageons les mêmes idées. Un jour, quelqu'un a voulu savoir pourquoi je n'allais pas voir les gens de ma communauté. Je lui ai demandé ce qu'il entendait par « ma communauté » et il m'a répondu : « Les musulmans. » Je lui ai alors répondu : « Mais qui vous a dit que la communauté musulmane était ma communauté ? » Il était très surpris. Il m'a dit : « Mais vous êtes née musulmane, n'est-ce pas votre communauté ? » Je lui ai dit qu'aucun enfant ne naissait avec une religion. Je n'ai jamais été musulmane, je n'ai jamais cru à l'islam. Ma communauté n'a jamais été la communauté musulmane. Quand il m'a demandé quelle était ma communauté, à quel groupe je pensais appartenir, je lui ai dit : « Ma communauté est celle des laïques, des humanistes, des féministes. » Il n'arrivait pas à comprendre comment cela pouvait être considéré comme une « communauté ».

CF : Je voyage beaucoup. Et à chaque fois, j'imagine quelle serait ma vie si j'étais née dans tel ou tel pays et non en France. Certaines personnes passent leur vie à chercher les différences entre les êtres humains. Elles sont en quête d'exotisme. Pour ma part, je suis toujours émue quand je trouve la même humanité au cœur d'une autre culture, à l'autre bout du monde. Lorsque je vois dans les yeux d'une femme d'un autre pays le même désir de révolte et la même aspiration à la liberté que ce que je ressens en moi.

TN : C'est formidable, et cela donne de l'espoir.

CF : Bien sûr.

TN : Beaucoup me demandent comment va mon pays, le Bangladesh. Je réponds la même chose. « Je n'appartiens pas aux Bangladesh simplement parce que je parle la même langue. J'appartiens à ceux qui partagent mes idées. Ce sont eux, ma communauté, ma famille, ma société, mor pays. Je leur appartiens. »

Si quelque chose se passe quelque part, en Inde ou au Bangladesh, je n'ai jamais l'impression d'appartenir à ces sociétés. Je n'aime pas être identifiée de cette façon. Je ne sais pas comment vous ressentez cela. Si j'étais française, je dirais aussi que j'appartiens à la société laïque, humaniste et féministe. C'est ma société, c'est là que je suis chez moi. La culture, la langue, l'ethnie ne suffisent pas à créer un sentiment d'appartenance. Lorsque je dis que je veux retourner vivre en Inde ou au Bangladesh, ce n'est pas parce que je pense que c'est chez moi. J'aime être là, c'est quelque chose de très différent. C'est une question de droits de l'homme que de pouvoir être là où j'ai envie d'être. Personne n'a le droit de m'empêcher de me déplacer librement, uniquement sous prétexte que mes opinions sont différentes. Est-ce un crime que d'avoir des opinions différentes ?

CF : J'aime vivre en France, follement. C'est un pays dont je connais les pulsations républicaines, l'esprit frondeur et égalitaire. J'adore Paris. Je ne me lasse jamais de regarder ses bâtiments, leur reflet dans la Seine. Chaque fois que je passe près du Palais de justice, j'imagine les communards occupant les locaux, j'entends les jacobins comploter au Procope, je pense à Napoléon revenant d'Égypte en voyant la Concorde. Cette ville est mon chez-moi. Mais je ne me sens pas chez moi dans une église traditionaliste française comme Saint-Nicolas-du-Chardonnet ou à une fête du Front national. Je me sens chez moi avec des personnes qui partagent mes idées, mes rêves.

TN : Je me sens chez moi avec vous !

CF : Moi aussi. Bien sûr. La compagnie des humains redessine en permanence nos frontières. Je me sens française quand je suis aux États-Unis, très française même, surtout lorsque je parle avec des Américains qui ne comprennent pas ma vision laïque. Mais je me sens très universaliste au sens où comme vous, je déteste les gens qui divisent l'humanité par catégories fondées sur l'ethnie, la religion, la culture ou la nation. C'est un monde d'animaux, pas d'humains. Si on veut diviser les humains, il faut les diviser selon leurs idées.

TN : Naturellement. Je partage toujours les gens en fonction de leurs idées. Beaucoup d'idiots vivent aussi en Occident, tout comme en Orient. Et on trouvera des gens du même avis aux quatre coins du monde. Je déteste ces frontières nationales. Pourquoi existent-elles ? Nous sommes les habitants de cette planète.

CF : Je comprends qu'on ait des frontières pour des raisons pratiques et d'organisation. Regardez Internet, c'est un espace fascinant mais sauvage. Il faut une délimitation pour tracer le début d'une histoire commune en vue d'un consentement démocratique qui forge des droits et des devoirs, même s'il faut souhaiter étendre ces délimitations.

Nous devrions aller vers des systèmes politiques de plus en plus vastes – cela devrait être le sens de l'histoire. Malheureusement, nous sommes à un moment de celle-ci où nous reculons. Il suffit d'observer les difficultés de l'Union européenne aujourd'hui. C'est un plus grand système politique et, à ce stade de l'Histoire, c'est trop vaste pour les gens. Face à la mondialisation, à son immensité et à la multiplication des mauvaises nouvelles, les populations se sentent plus en sécurité dans des petits groupes. On devine la tentation de revenir à des petites identités très tribales, ethniques, religieuses, au lieu de rêver à de grandes entités politiques.

Je ne rejette pas le sentiment d'appartenance communautaire en soi. À condition d'être l'un des éléments de son identité et de ne pas l'enfermer, cela peut être enrichissant. Mais cela ne doit pas empêcher de se rassembler avec d'autres sur la base d'idéaux communs. L'universalisme est un rêve tellement plus grand. Mais le vent souffle fort aujourd'hui ! Comme je l'ai écrit dans *La Dernière utopie* [1], face à la tempête de la mondialisation, on dirait que beaucoup préfèrent chercher ce qui *leur ressemble* plutôt que ce qui les *rassemble*. C'est l'une des clés de la confrontation actuelle entre un certain multiculturalisme et l'universalisme. Nos sociétés ont pris conscience de leur multiculturalité. C'est très bien. Mais la gestion politique différentialiste de cette multiculturalité, le multiculturalisme, ne doit pas servir à sectionner l'universalité des droits en fonction des cultures ou de la religion…

TN : Ce prétendu multiculturalisme influence les gens de gauche en Occident, qui pensent que chacun devrait suivre tout ce que sa culture comprend. « Si la culture africaine tolère l'excision, les Africains devraient y être autorisés. Si la polygamie est partie

1. Grasset, 2009.

intégrante de la culture musulmane, les musulmans devraient y avoir droit. » En Angleterre, un évêque a déclaré que la charia était applicable. Je comprends que tous les fondamentalistes soient proches les uns des autres. Mais même les hommes politiques soi-disant progressistes ne sont pas contre.

Parfois, je suis inquiète. L'Europe restera-t-elle encore longtemps laïque ? Déjà, on tolère la polygamie dans certains États européens – peut-être même en Angleterre – au nom de la culture. J'ai peur qu'au nom de la liberté culturelle, on honore aussi en Europe toutes ces cultures hostiles aux femmes. Si la minorité musulmane croît, devient de plus en plus importante, alors des hommes politiques promettront, pour obtenir les suffrages des musulmans, d'appliquer la charia, comme en Inde. L'Inde est considérée comme un pays séculier, mais il y existe des lois musulmanes pour les musulmans.

Le « sécularisme indien » est fort différent du « sécularisme occidental ». Dans le premier, toutes les religions sont traitées de la même façon. Cela signifie que l'État doit accepter la barbarie de toutes les religions, de la même façon – ne pas faire de discrimination contre une barbarie religieuse en particulier – pour être laïque. Aucun gauchiste ou parti politique d'extrême gauche ne demande de code civil identique pour les musulmans, parce qu'ils souhaitent obtenir les votes de musulmans ignorants qui vivent dans les ténèbres avec leur propre identité religieuse. Les hommes politiques disent donc que les musulmans devraient obéir à des lois spécifiques, « parce qu'ils le souhaitent ». Mais accepteraient-ils le *sati* – où les veuves sont brûlées vives sur le bûcher funéraire de leurs maris – si quelque fanatique hindou l'exigeait ? Non, évidemment. Aucun homme politique ne s'exprime contre ces lois, parce qu'il perdrait les suffrages des musulmans. Et dans l'*intelligentsia* libérale, aucun Indien ne s'y oppose, parce qu'ils défendent le multiculturalisme. Défendre une culture misogyne au nom de la défense du multiculturalisme est un crime. Voilà pourquoi je me fais parfois du souci et me demande si ce genre de logique dangereuse pourrait arriver en Europe. Qu'en pensez-vous ?

CF : C'est le nouveau défi. Quand le danger vient de la religion majoritaire, les gens le repèrent. Mais quand des demandes tout aussi dangereuses viennent de la religion minoritaire ou invoquent le respect des autres cultures, les gens sont perdus. Au nom du multiculturalisme, certains sont prêts à tolérer l'intégrisme, le recul de l'universalisme et de l'humanisme.

TN : Certes, il existe différentes cultures, ce que j'apprécie. Quand je pense à ma culture, c'est la nourriture bengalî, les vêtements, la musique, la danse, qui me viennent à l'esprit. Durant les récoltes, on célèbre le nouvel an et Pitha Utsab, (un festival de gâteaux). Pendant la mousson, on déguste un plat de poisson spécial. Voilà des exemples de notre culture. Les traditions qui oppriment les femmes, ce n'est pas de la culture. L'excision n'est pas une culture, c'est de la torture ! Brûler les femmes sur les bûchers funéraires de leurs maris, c'est de la barbarie. La polygamie ne peut être considérée comme une pratique culturelle : c'est de l'oppression. Je pense qu'il faudrait préciser ce qui relève de la culture et ce qui n'en relève pas.

Les traditions qui oppriment, dénigrent et répriment les femmes ne peuvent pas êtres considérées comme de la culture. Autrement, le multiculturalisme n'est pas un problème. Mais quand on inclut la torture dans la culture, ça devient un problème. Ce qui est amusant, c'est que quand des hommes sont torturés, c'est appelé ainsi. Quand des femmes le sont, on appelle ça des traditions.

CF : C'est exactement la clarification que nous avons tous besoin de faire. Les groupes extrémistes essayent de faire passer des actes de torture pour des faits culturels, essayent d'opérer une confusion entre une idéologie intégriste, comme le voile ou l'excision, et quelque chose de culturel. Je suis d'accord avec vous, le bon côté du multiculturalisme est qu'aujourd'hui à Paris, je peux manger des plats du monde entier quand j'en ai envie. Mais le voile intégral n'est pas un bon plat à partager !

TN : Chez vous, c'est très multiculturel, avec des saris indiens, des tapis marocains, etc. C'est vraiment une maison multiculturelle, mais ce n'est pas la maison d'une culture qui serait associée à la torture.

CF : Parfois, quand des journalistes viennent m'interviewer ici, comme je suis blanche aux yeux bleus et que je combats l'intégrisme musulman, ils sont surpris, ils me demandent : « Vous êtes sûre qu'on est chez vous ? »

TN : (*Rires.*)

CF : Je ne comprends toujours pas comment ils peuvent ne pas faire la distinction entre aimer les cultures étrangères et combattre l'intégrisme où qu'il soit. Ne serait-ce que parce que suis solidaire des hommes et femmes qui se battent, partout dans le monde, contre l'oppression. J'essaie vraiment de combattre en même temps, au même niveau, le racisme et l'intégrisme. Ce n'est pas toujours simple. Vous disiez tout à l'heure : « Il ne faut pas se sentir coupable parce qu'on combat l'islamisme. Ne vous laissez pas toucher par l'accusation de racisme. » Mais cela me touche. Parce que, justement, je combats l'islamisme parce que je suis antiraciste. Je ne peux accepter de me comporter différemment face à l'islam que face au christianisme. Mais ce n'est pas simple pour de nombreux Européens ; beaucoup se sentent tellement coupables à cause du passé, de la colonisation, du racisme qui existe contre les musulmans. Ils ne savent plus faire la différence entre une demande culturelle et une demande politique réactionnaire ou intégriste. Du coup, ils accommodent les intégristes, tolèrent leur fanatisme, facilitent le recul des droits des femmes et de la mixité sous prétexte de respecter les cultures des autres. Mais ce n'est pas de l'antiracisme, c'est du relativisme culturel, l'autre versant du racisme !

TN : Il y a deux jours, il y a eu une grande manifestation à Londres contre la charia : *One Law for All* (Une même loi pour tous). Je devais m'y rendre, mais je n'ai pas pu. Il n'y avait pas grand-monde… Je comprends que la manifestation n'a pas été un grand succès, parce que les gens ont peur de passer pour des racistes, des islamophobes. En Angleterre, beaucoup de pasteurs, d'évêques, parlent d'instaurer la charia. Vous vous rendez compte ? S'il y avait la charia en Angleterre, les autres intégristes européens demanderaient : « Et pourquoi pas en France ? » Ensuite, elle s'appliquerait partout.

CF : Ce que font Maryam Namazie et les autres militants de *One Law for All* est très important. Comme au Canada, où un grand mouvement a permis d'éviter la reconnaissance légale de jugements rendus par des tribunaux chariatiques, le mouvement est mené par des féministes d'origine iranienne. Elles sont lucides, courageuses et n'ont pas peur de se faire traiter d'« islamophobes », elles en ont vu d'autres en Iran. Ce qui les révolte, c'est l'idée de voir des démocraties laïques – où elles ont trouvé refuge – régresser. Toujours au nom du respect des cultures et des religions, certains pays laïques autorisent différents niveaux de droits, ce qui est totalement inacceptable pour des raisons démocratiques, humanistes et féministes. Notamment en Angleterre… Ils sont d'accord pour le communautarisme musulman, voire la reconnaissance de certains arbitrages familiaux rendus par des tribunaux communautaires islamiques, puisqu'ils ont déjà un système où l'église anglicane gère les affaires familiales des protestants.

TN : Mais ce n'est pas la laïcité.

CF : Mais la Grande-Bretagne n'est pas vraiment laïque. Elle a une religion d'État : l'anglicanisme. Elle n'a pas géré l'intégrisme par la séparation entre le religieux et le politique mais par la domestication du religieux par le politique. Ça n'a pas si mal marché quand Henri VIII a souhaité dompter l'Église, quitte à rompre avec Rome, pour que les religieux de son royaume acceptent tous ses caprices, notamment ses divorces à répétition. Mais aujourd'hui, cette sécularisation non séparative se trouve piégée par toutes sortes de demandes invraisemblables, formulées au nom de religions non domestiquées... En France, on y échappe grâce à la séparation de l'Église et de l'État. Notre problème, aujourd'hui, serait plutôt de conserver cet équilibre, de ne pas basculer dans une approche identitaire et nationaliste. C'est ma crainte.

TN : Vous croyez à ce risque ?

CF : Oui, j'y crois. Il y a deux façons de résister aux excès du multiculturalisme : identitaire ou universaliste. L'option universaliste est exigeante, utopiste et demande un véritable effort, à la fois de réflexion et de détermination. L'option identitaire est plus simple ; face aux demandes de minorités religieuses, elle répond : « À Rome, on fait comme chez les romains. Or ici, on est en terre chrétienne, l'Islam doit donc se faire discret ». Ce qui légitime l'approche de l'extrême droite, qui ne combat pas seulement le multiculturalisme et ses excès mais le multiculturel. Pas seulement l'extrême droite. Une certaine droite est tentée de profiter de ces débats pour réaffirmer la supériorité ou, à défaut, l'antériorité, d'une culture et d'une religion sur toutes les autres. Au nom de la nation. Ce n'est pas une solution. La solution n'est ni le retour illusoire au monoculturalisme ni le nationalisme. Il faut retrouver le sens de l'universalisme, le fait d'avoir des droits et des devoirs en commun, quelles que soient sa religion ou son origine.

Face aux demandes d'exception intégristes, la clé, c'est une véritable laïcité. C'est elle qui peut défaire à la fois les nationalistes et les intégristes. Même s'ils prétendent se combattre, ils sont du même bord. Ils sont du côté des identités ethniques, culturelles et religieuses. Nous devons défaire les deux à la fois.

TN : C'est possible.

CF : Bien sûr. Je ne suis pas pessimiste. Si nous gagnons le combat ici, contre cette gauche qui confond antiracisme et fascination pour l'islamisme, et contre cette droite qui confond lutte contre l'islamisme et lutte xénophobe contre l'immigration, si nous remportons ces deux combats, si nous maintenons à flot l'État providence et si nous fortifions la laïcité... L'obscurantisme reculera. Cela fait pas mal de si, mais c'est possible. On ne va pas convertir tout le monde d'un coup, bien sûr. Mais je crois profondément que cette aspiration bat très fort chez beaucoup, partout dans le monde. Même si certains endroits reculent, d'autres doivent maintenir en vie l'espoir qu'il y aura toujours un lieu accueillant pour ces esprits libres, croyants ou non, mais laïques. Il faut que l'Europe reste à la pointe de ce rêve. Que les libres-penseurs s'y sentent chez eux, qu'ils puissent y trouver refuge. Je pense à tous mes amis qui ont fui le FIS en Algérie pour vivre libres et qui sont désespérés de voir la complaisance de certains Européens envers les Frères musulmans et leur projet. Je pense à la comédienne Rayhana, qui a fui cette menace, qui parle librement des femmes et de la religion dans un spectacle joué à la Maison des métallos à Paris, et qui a été aspergée d'essence en France. Ses agresseurs ont essayé de l'enflammer et personne n'est venu lui porter secours. C'est un scandale. Il faut que le monde entier sache qu'en Europe, les Rayhana ont la priorité sur les fous de Dieu et leurs alliés. Nous devons les protéger comme des trésors. Pour que l'Europe reste le refuge de ces êtres libres, qui n'ont nulle part d'autre où aller pour penser librement.

TN : Il ne s'agit pas de rassembler les libres-penseurs. Les libres-penseurs sont partout. On les trouvera dans les endroits sales comme dans les endroits magnifiques. Ils se développent, et pas seulement dans les lieux accueillants.

CF : Non, bien sûr. Il faut qu'ils puissent penser librement partout. Il s'agit d'être aux côtés des rêveurs universalistes et des laïques qui, partout dans le monde, ne définissent pas les êtres selon leurs apparences ou leur religion, mais selon leurs rêves humanistes.

TN : Nous sommes les utopistes. Je viens de repenser aux paroles de la chanson de John Lennon, *Imagine*. Imaginez qu'il n'y ait plus de religions. Je suis une rêveuse et vous l'êtes également. Nous essayons de transformer nos rêves en réalité. Peut-être n'y parviendra-t-on pas au cours de notre vie, mais espérons que la prochaine génération continuera à vouloir transformer ses rêves en réalité pour rendre ce monde plus habitable.

Table

Mise en page
PCA
44400 Rezé

Cet ouvrage a été imprimé
en mars 2010 par

CPI

FIRMIN-DIDOT

27650 Mesnil-sur-l'Estrée

N° d'édition : L.01ELKN000259.N001
N° d'impression : 99032
Dépôt légal : mars 2010

Imprimé en France